„BÜCHER SIND WIE FALLSCHIRME. SIE NÜTZEN UNS NICHTS, WENN WIR SIE NICHT ÖFFNEN."

Gröls Verlag

Redaktionelle Hinweise und Impressum

Das vorliegende Werk wurde zugunsten der Authentizität sehr zurückhaltend bearbeitet. So wurden etwa ursprüngliche Rechtschreibfehler *nicht* systematisch behoben, denn kleine Unvollkommenheiten machen das Buch – wie im Übrigen den Menschen – erst authentisch. Mitunter wurden jedoch zum Beispiel Absätze behutsam neu getrennt, um den Lesefluss zu erleichtern.

Um die Texte zu rekonstruieren, werden antiquarische Bücher von Lesegeräten gescannt und dann durch eine Software lesbar gemacht. Der so entstandene Text wird von Menschen gegengelesen und korrigiert – hierbei treten auch Fehler auf. Wenn Sie ebenfalls antiquarische Texte einreichen möchten, finden Sie weitere Informationen auf www.groels.de

Viel Freude bei der Lektüre wünscht Ihnen das Team des Gröls-Verlags.

Adressen

Verleger: Sophia Gröls, Im Borngrund 26, 61440 Oberursel

Externer Dienstleister für Distribution & Herstellung: BoD, In de Tarpen 42, 22848 Norderstedt

Unsere „Edition | Werke der Weltliteratur“ hat den Anspruch, eine der größten und vollständigsten Sammlungen klassischer Literatur in deutscher Sprache zu sein. Nach und nach versammeln wir hier nicht nur die „üblichen Verdächtigen“ von Goethe bis Schiller, sondern auch Kleinode der vergangenen Jahrhunderte, die – zu Unrecht – drohen, in Vergessenheit zu geraten. Wir kultivieren und kuratieren damit einen der wertvollsten Bereiche der abendländischen Kultur. Kleine Auswahl:

Francis Bacon • Neues Organon • **Balzac** • Glanz und Elend der Kurtisanen • **Joachim H. Campe** • Robinson der Jüngere • **Dante Alighieri** • Die Göttliche Komödie • **Daniel Defoe** • Robinson Crusoe • **Charles Dickens** • Oliver Twist • **Denis Diderot** • Jacques der Fatalist • **Fjodor Dostojewski** • Schuld und Sühne • **Arthur Conan Doyle** • Der Hund von Baskerville • **Marie von Ebner-Eschenbach** • Das Gemeindekind • **Elisabeth von Österreich** • Das Poetische Tagebuch • **Friedrich Engels** • Die Lage der arbeitenden Klasse • **Ludwig Feuerbach** • Das Wesen des Christentums • **Johann G. Fichte** • Reden an die deutsche Nation • **Fitzgerald** • Zärtlich ist die Nacht • **Flaubert** • Madame Bovary • **Gorch Fock** • Seefahrt ist not! • **Theodor Fontane** • Effi Briest • **Robert Musil** • Über die Dummheit • **Edgar Wallace** • Der Frosch mit der Maske • **Jakob Wassermann** • Der Fall Maurizius • **Oscar Wilde** • Das Bildnis des Dorian Grey • **Émile Zola** • Germinal • **Stefan Zweig** • Schachnovelle • **Hugo von Hofmannsthal** • Der Tor und der Tod • **Anton Tschechow** • Ein Heiratsantrag • **Arthur Schnitzler** • Reigen • **Friedrich Schiller** • Kabale und Liebe • **Nicolo Machiavelli** • Der Fürst • **Gotthold E. Lessing** • Nathan der Weise • **Augustinus** • Die Bekenntnisse des heiligen Augustinus • **Marcus Aurelius** • Selbstbetrachtungen • **Charles Baudelaire** • Die Blumen des Bösen • **Harriett Stowe** • Onkel Toms Hütte • **Walter Benjamin** • Deutsche Menschen • **Hugo Bettauer** • Die Stadt ohne Juden • **Lewis Caroll** • *und viele mehr….*

Ernst Toller

Eine Jugend in Deutschland

Inhalt

Erstes Kapitel

Kindheit

Friedrich der Große erlaubte meinem Urgroßvater mütterlicherseits als einzigem Juden in Samotschin, einer kleinen Stadt im Netzebruch, sich anzusiedeln. Mein Urgroßvater bezahlte eine Summe Geldes, dafür ward ihm der Schutzbrief eingehändigt. Auf diesen Akt war der Urenkel stolz, er sah darin Auszeichnung und adlige Erhöhung und prahlte damit vor den Schulkameraden.

Mein Urgroßvater väterlicherseits, der aus Spanien gekommen sein soll, besaß ein Gut im Westpreußischen. Von diesem Urgroßvater erzählten die Tanten, daß ihm das Essen auf goldenen Schüsseln und Tellern gereicht werden mußte und seine Pferde aus silbernen Krippen fraßen. Die Söhne verkupferten erst die Krippen, dann versilberten sie die Schüsseln und Teller. Vom sagenhaften Reichtum des Urgroßvaters träumte der Knabe: Die Pferde fraßen den alten Mann, und er sieht zu, ohne Abscheu und ohne Mitleid, eher mit einem unerklärlichen Gefühl der Befriedigung.

Auf den Dachböden des Hauses verstaubten riesige vergilbte Folianten. Sie hatte der Großvater bei Tag und oft bei Nacht studiert, während die Großmutter im Geschäft stand, die Käufer bediente, Wirtschaft und Küche versah. Dieses Geschäft übernahm mein Vater, nachdem er als Primaner und Apotheker versagt hatte.

Samotschin war eine deutsche Stadt. Darauf waren Protestanten und Juden gleich stolz. Sie sprachen mit merklicher Verachtung von jenen Städten der Provinz Posen, in denen die Polen und Katholiken, die man in einen Topf warf, den Ton angaben. Erst bei der zweiten Teilung Polens fiel die Ostmark an Preußen. Aber die Deutschen betrachteten sich als die Ureinwohner und die wahren Herren des Landes und die Polen als geduldet. Deutsche Kolonisten siedelten ringsum in den flachen Dörfern, die wie vorgeschobene Festungen sich zwischen die feindlichen polnischen Bauernhöfe und Güter keilten. Die Deutschen und Polen kämpften zäh um jeden Fußbreit Landes. Ein Deutscher, der einem Polen Land verkaufte, ward als Verräter geächtet.

Wir Kinder sprachen von den Polen als „Polacken“ und glaubten, sie seien die Nachkommen Kains, der den Abel erschlug und von Gott dafür gezeichnet wurde.

Bei allen Kämpfen gegen die Polen bildeten Juden und Deutsche eine Front. Die Juden fühlten sich als Pioniere deutscher Kultur. In den kleinen Städten bildeten jüdische bürgerliche Häuser die geistigen Zentren, deutsche Literatur, Philosophie und Kunst wurden hier mit einem Stolz, der ans Lächerliche grenzte, „gehütet und gepflegt". Den Polen, deren Kinder in der Schule nicht die Muttersprache sprechen durften, deren Vätern der Staat das Land enteignete, warf man vor, daß sie keine Patrioten seien. Die Juden saßen an Kaisers Geburtstag mit den Reserveoffizieren, dem Kriegerverein und der Schützengilde an einer Tafel, tranken Bier und Schnaps und ließen Kaiser Wilhelm hochleben.

Ich bin am ersten Dezember 1893 geboren.

Suche ich nach Kindheitserinnerungen, werden mir diese Episoden bewußt:

Ich habe ein Kleidchen an. Ich stehe auf dem Hofe unseres Hauses an einem Leiterwagen. Er ist groß, größer als Marie, so groß wie ein Haus. Marie ist das Kindermädchen, sie trägt rote Korallen um den Hals, runde, rote Korallen. Jetzt sitzt Marie auf der Deichsel und schaukelt. Durchs Hoftor kommt Ilse mit ihrem Kindermädchen. Ilse läuft auf mich zu und reicht mir die Hand. Wir stehen eine Weile so und sehen uns neugierig an. Das fremde Kindermädchen unterhält sich mit Marie. Nun ruft sie Ilse: "Bleib da nicht stehen, das ist ein Jude."

Ilse läßt meine Hand los und läuft fort. Ich begreife den Sinn der Worte nicht, aber ich beginne zu weinen, hemmungslos. Das fremde Mädchen ist längst mit Ilse davongegangen.

Marie spricht auf mich ein, sie nimmt mich auf den Arm, sie zeigt mir die Korallen, ich mag nicht die Korallen, ich zerreiße die Kette.

Der Sohn des Nachtwächters ist mein Freund. Wenn die anderen „Polack" schreien, schreie ich auch „Polack", er ist trotzdem mein Freund. Die Polacken hassen die Deutschen, ich weiß es von Stanislaus.

Auf dem Marktplatz wird das Pflaster aufgebrochen, Gräben werden geschaufelt. Es ist Feierabend, die Arbeiter haben Spaten und Hacken in einen kleinen Schuppen getan, aus rohen Brettern gezimmert. Sie sind in die Kneipe gegangen, einen heben. Stanislaus und ich sitzen im Graben. Unser Versteck ist ein schmaler Schacht, mit Pfählen verschalt.

Stanislaus zielt und spuckt.

„Heute nacht wird ein Arbeiter sterben", sagt Stanislaus, „zur Strafe. Sie dürfen hier nicht graben, es ist polnische Erde. Die Deutschen haben sie gestohlen. Aber laß sie nur graben, hier unten, wo sie graben, hundert Meter tief, wartet der polnische König. Im Stall steht sein weißes Pferd, dagegen ist das Pferd vom Herrn Rittmeister ein Ziegenbock. Wenn es soweit ist, setzt sich der König aufs Pferd, reitet nach oben und verjagt euch. Euch alle. Dich auch."

Ich möchte Stanislaus fragen, wann es „soweit" ist, Stanislaus weiß mehr als ich, sein Vater ist Nachtwächter, aber die Lippen von Stanislaus pressen sich, und sein Mund wird hart und abweisend.

„Spuck jetzt, einen Murmel als Einsatz!"

Ich spucke und verliere. Nachts träume ich, daß Stanislaus auf dem Markt steht und auf dem Horn seines Vaters bläst. Aus unserm Schacht springt im Galopp ein weißes Pferd, auf dem braunen Sattel, rechts und links, oben und unten, sitzen Kaiserbilder. Jetzt ist es „soweit", denke ich.

Ich sammle Kaiserbilder. Im Geschäft meiner Eltern gibt es viele verlockende Dinge, Bindfaden und Bonbons, Limonaden und Rosinen, große und kleine Nägel, aber am schönsten sind die Kaiserbilder. Wenn auch am schwersten zu stehlen. In jeder Tafel Schokolade liegt eins. Der Schokoladenschrank ist verschlossen, der Schlüssel hängt an einem Bund, den Mutter an ihrer blaugewürfelten Umhängeschürze trägt. Früh, wenn ich aufwache, arbeitet Mutter. Sie arbeitet im Laden, sie arbeitet im Getreidespeicher, sie arbeitet in der Wirtschaft, sie schickt den Armen Essen und lädt die Bettler zum Mittag, und wenn der Knecht aufs Feld geht, den Acker zu pflügen und das Korn zu säen, mißt sie ihm das Korn zu. Abends liest sie bis tief in die Nacht, oft schläft sie ein über einem Buch, und wenn ich sie wecke, bittet sie:

„Laß mich lesen, Kind, es ist meine einzige Freude."

„Warum arbeitest du immer, Mutter?"

„Weil du essen willst, Kind."

Wenn Mutter nicht achtgibt, stehle ich erst die Schlüssel, dann aus den Schokoladentafeln die Bilder, Schokolade nur nebenbei. Schön sind die Bilder der alten Germanen, sie tragen Felle und Keulen, auf die sie sich stützen, ihre Weiber kauern auf der Erde und müssen die Schilde scheuern. Stanislaus meint, sie gebrauchten dazu ihre blonden Haare, die aussehen wie um den Kopf gelegte Bettvorhänge aus Stroh. In den meisten Tafeln liegen Bilder von unserem Kaiser, er hat sich einen Mantel von rotem Samt auf seine Schultern gelegt, in der einen Hand hält er eine Kugel, in der anderen einen goldenen Feuerhaken.

Wenn ich morgens in meinem Bett liege und die vielen Kaiserbilder ansehe, frage ich mich: Geht ein Kaiser auch aufs Klo? Die Frage beschäftigt mich sehr, und ich laufe zur Mutter. “Du wirst noch ins Gefängnis kommen“, sagt Mutter. Also geht er nicht aufs Klo.

Vom Marktplatz zu den Kirchhöfen führt die Totenstraße. Die Menschen, die dort wohnen, finden nichts dabei, daß ihre Straße „Totenstraße“ heißt, sie stehen vor den Türen und schwatzen, sie schimpfen auf den Bürgermeister, weil das Trottoir, auf das alle Leute in der Stadt stolz sind, mitten in der Straße aufhört. „Wie abrasiert“, sagt Kaufmann Fischer. Ich möchte nicht in der Totenstraße wohnen. Ich habe noch nie einen Toten gesehen, nur Schädel und Knochen, die haben Arbeiter gefunden, als sie neben der Mühle einen Brunnen gruben. Stanislaus und ich spielen Ball mit Schädeln, die Knochen dienen als Abschlaghölzer, Stanislaus gibt den Schädeln Fußtritte.

„Warum tust du das?“

„Großmutter hat gesagt, es sind böse Menschen gewesen, Gute bleiben nicht im Grab, Engel holen sie und fliegen mit ihnen in den Himmel zum lieben Gott.“

„Was tun sie da?“

„Pellkartoffeln fressen sie nicht.“

Ich esse Pellkartoffeln sehr gerne, zu Hause nicht, ich esse sie lieber bei Stanislaus. Seine Großmutter, seine Mutter, sein Vater, drei Schwestern und vier Brüder wohnen in der Dorfstraße, in einem kleinen Haus aus Lehm, oben deckt es ein Strohdach, alle schlafen in einer Stube, und gekocht wird darin auch. In der Dorfstraße fehlt das Trottoir, aber niemand schimpft auf den Bürgermeister. Immer, wenn ich um die Mittagszeit Stanislaus besuche, essen sie Pellkartoffeln und Grützsuppe oder Pellkartoffeln und Hering, ich stehe in einer Ecke, und das Wasser läuft mir im Mund zusammen.

„Lang zu“, sagt endlich Stanislaus' Mutter, „essen elf sich satt, wird es auch für zwölf reichen.“

Stanislaus pufft mich in die Seite:

„Braten und Gebackenes kannst du dir malen.“

„Wir essen auch nicht jeden Tag Braten und Gebackenes,“ “Ihr könntet so fressen, wenn ihr wolltet.“

Ich nehme meine Mütze und renne nach Haus.

„Was mußt du dort zu Mittag bleiben“, schilt mich Mutter, „du ißt den armen Leuten ihr bißchen Brot weg.“

„Warum haben sie so wenig?“

„Weil der liebe Gott es so will.“

Die Totenstraße ist sehr lang, ich denke mir, wegen der Toten, sie wollen noch ein bißchen spazierenfahren, ehe sie ins Grab gelegt werden und es sich entscheidet, ob sie darin bleiben oder in den Himmel fliegen.

Neulich ist Onkel M. gestorben. Ob er ein guter Mensch war? Ich stehe an der Friedhofsmauer. Von einer Weide breche ich mir eine Gerte und spitze sie an, ich klettere über die Mauer, laufe zum Grab und bohre, der Friedhofswärter überrascht mich, ich mache mich aus dem Staub.

Auf dem Nachhauseweg denke ich: „Was ist ein guter Mensch?"

Draußen krachen Türen. Im Zimmer ist es dunkel. Dort schläft Vater, dort Mutter. Es ist gar nicht dunkel. Und die Betten von Vater und Mutter sind leer. Haben Räuber sie überfallen? Von draußen blinkt es rötlich. Ein Horn bläst, immer den gleichen heulenden Ton. Ich springe aus dem Bett, reiße die Tür auf, renne auf die Straße, drüben, auf der anderen Seite des Marktes, brennt ein Haus, rot und grün und schwarz, Feuerwehrleute mit glänzenden Helmen auf dem Kopf rennen wild umher, und die Menschen stellen sich auf die Zehenspitzen. Jule, unsere Köchin, sieht mich und jagt mich ins Bett zurück.

„Warum brennt es, Jule?"

„Weil Gott strafen will."

„Warum will Gott strafen?"

„Weil kleine Kinder zuviel fragen."

Ich fürchte mich, ich kann nicht mehr einschlafen, es riecht nach Rauch, es riecht nach Versengtem, es riecht nach dem lieben Gott. Am andern Morgen stehe ich vor verkohlten Balken und Steinen, sie sind noch heiß.

„Nicht einen Knochen hat man gefunden, die arme Frau ist in ihrem Bett verbrannt."

Ich drehe mich jäh um, der Mann, der es sagte, ist weitergegangen.

Ich laufe nach Haus, setze mich in eine Ecke, der Stock, mit dem ich in der Asche gestochert habe, klebt in meiner Hand.

Herr Levi kommt. Er lacht.

„Schöne Sachen machst du."

Ich rühre mich nicht.

„Alle in der Stadt wissen es, du hast Eichstädts Haus angesteckt."

Herr Levi steckt sich eine Zigarre an und geht davon. Erst meinte Jule, ich sei schuld, nun sagt es Herr Levi.

Ich verkrieche mich auf dem Boden und bleibe dort bis zum Abend.

War es anders gestern? Ich hatte mich ausgezogen, mich gewaschen, ins Bett gelegt und geschlafen, gewaschen habe ich mich nicht, nur Mutter vorgeredet, ich hätte es getan, also gelogen. Darum das Feuer? Darum diese schreckliche Strafe? Ist Gott so streng? Ich denke an die Pellkartoffeln, an die verbrannte Frau Eichstädt.

Im Zimmer ist es dunkel. Ich liege und horche. Rechts von der Tür hängt ein rundes längliches Glasröhrchen, an das zu rühren mir verboten ist, das Stubenmädchen Anna bekreuzigt sich, bevor sie es abstaubt.

„Da wohnt der Juden ihr Gott drin“, brummt sie.

Mein Herz klopft. Noch wage ich es nicht. Wenn „Er“ nun aus der Rolle herausspringt und schreit: „Ich bin der liebe Gott! Zur Strafe, daß du gelogen hast...“ Ich lasse mir nicht länger Angst einjagen, und vor Pellkartoffeln fürchte ich mich auch nicht, mit einem Satz bin ich an der Tür, klettere auf die Kommode, reiße den „lieben Gott“ herunter. Ich zerschlage das Glasröhrchen. „Er“ rührt sich nicht. Ich werfe das Röhrchen auf den Boden. „Er“ rührt sich nicht. Ich spucke es an, ich nehme meine Schuhe und schlage drauf los. „Er“ rührt sich nicht. Vielleicht ist „Er“ schon tot. Mir ist leicht zumute. Ich packe Glas- und Papierfetzen, stopfe sie in die Sofafalte zwischen Lehne und Polster, morgen werde ich den „lieben Gott“ begraben.

Fröhlich lege ich mich ins Bett, mögen alle wissen, daß ich den „lieben Gott“ totgeschlagen habe.

Ich habe geglaubt, alle Jungen und Mädchen gehen zusammen in eine Schule. Ilse und Paul gehen in die „evangelische“, Stanislaus in die „katholische“, ich in die „jüdische“. Dabei lernen sie lesen und schreiben wie ich, und die Schulhäuser sehen eins aus wie das andere.

Der Lehrer heißt Herr Senger. Wenn er morgens die Türe aufreißt, rufen wir: „Guten Morgen, Herr Senger.“ Er setzt sich aufs Katheder und legt den Rohrstock neben sich. Wer seine Aufgabe nicht gelernt hat, muß seine Hände vorstrecken, dann schlägt Herr Senger mit dem Rohrstock darauf, „zur Strafe“, sagt er. Wer seine Aufgaben gelernt hat, den nimmt Herr Senger auf die Knie, er muß seine Backe an die Backe von Herrn Senger legen, die ist stachlig, und Herr Senger reibt sich daran, „zur Belohnung“, sagt er.

In der Pause zeigen wir uns die Frühstücksstullen.

„Ich habe Fleisch.“

„Ich habe Käse.“

„Was hast du drauf?“

„Er hat gar nichts drauf."

Kurt will seine leere Stulle verstecken, wir lassen es nicht zu, wir lachen ihn aus, Kurt ruft: „Ich werde es meiner Mutter erzählen", wir rufen: „Petzer", Kurt wirft sein Brot in den Sand und weint.

Wie wir von der Schule nach Haus gehen, sagt Max: „Meine Eltern erlauben nicht, daß ich mit Kurt spiele, seine Mutter wäscht bei uns jede Woche, alle armen Leute sind schmutzig und haben Flöhe."

Ich spiele mit Stanislaus. Ich habe eine Eisenbahn geschenkt bekommen. Ich bin der Lokomotivführer. Stanislaus ist Weichensteller. Mitten in der Fahrt bremse ich.

„Weiterfahren", ruft Stanislaus, er steckt zwei Finger in den Mund und pfeift schrill.

„Hast du Flöhe?"

„Fahr weiter."

„Bist du schmutzig?"

Stanislaus tritt mit seinem Fuß auf die Eisenbahn und zerbiegt das schöne Spielzeug zu einem Haufen Blech.

„Wenn Max doch sagt, daß alle armen Leute schmutzig sind und Flöhe haben. Jetzt hast du meine Eisenbahn kaputt gemacht, und du willst mein Freund sein?"

„Ich bin nicht dein Freund. Ich hasse euch."

Auf der Straße schreien die Kinder: „Jude, hep, hep!" Ich habe es früher nie gehört. Nur Stanislaus schreit nicht, ich frage Stanislaus, warum die anderen so schreien.

„Die Juden haben in Konitz einen Christenjungen geschlachtet und das Blut in die Mazzen gebacken."

„Das ist nicht wahr!"

„Daß wir schmutzig sind und Flöhe haben, das ist wohl wahr, wie?"

Lehrer Senger geht über den Marktplatz. Ein Junge läuft hinter ihm her und singt:

> „Jiddchen, Jiddchen, schillemachei,
> reißt dem Juden sein Rock entzwei,
> der Rock ist zerrissen,
> der Jud hat geschissen."

Lehrer Senger geht, ohne sich umzudrehen, weiter. Der Junge ruft: „Konitz, hep, hep! Konitz, hep, hep!"

„Glaubst du wirklich", fragte ich Stanislaus, „daß die Juden in Konitz einen Christenjungen geschlachtet haben? Ich werde nie mehr Mazzen essen."

„Quatsch! Gib sie mir."

„Warum rufen die Jungen Jude, hep, hep?"

„Rufst du nicht auch Polack?"

„Das ist etwas anderes."

„Ein Dreck! Wenn du's wissen willst, Großmutter sagt, die Juden haben unsern Heiland ans Kreuz geschlagen."

Ich laufe in die Scheune, verkrieche mich im Stroh und leide bitterlich. Ich kenne den Heiland, er hängt bei Stanislaus in der Stube, aus den Augen rinnen rote Tränen, das Herz trägt er offen auf der Brust, und es blutet. „Lasset die Kindlein zu mir kommen", steht darunter. Wenn ich bei Stanislaus bin und niemand aufpaßt, gehe ich zum Heiland und bete.

„Bitte, lieber Heiland, verzeih mir, daß die Juden dich totgeschlagen haben."

Abends im Bett frage ich Mutter:

„Warum sind wir Juden?"

„Schlaf, Kind, und frag nicht so töricht."

Ich schlafe nicht. Ich möchte kein Jude sein. Ich möchte nicht, daß die Kinder hinter mir herlaufen und „Jude" rufen.

Auf dem Hof des Tischlers Schmidt steht ein Schuppen. Dort versammeln sich die „Wahren Christen". Sie blasen Posaune und singen Haleluja, sie knien sich hin und schreien: „Dein Reich ist nahe, o Zion!" Sie umarmen sich und küssen sich und blasen wieder Posaune. Ich will auch ein wahrer Christ werden, darum gehe ich in den Schuppen. Der Herr Vorleser streichelt mich, schenkt mir Zucker und sagt, ich sei „auf dem rechten Wege".

„Wir werden alle in Liebe und Eintracht das heilige Weihnachtsfest feiern", sagt er.

„Ja", sage ich.

„Und du, mein Kind, wirst dieses Weihnachtsgedicht aufsagen."

Ich bin selig, ich bin kein Jude mehr, ich werde ein Weihnachtsgedicht aufsagen, keiner darf mir mehr „Jude, hep, hep!" nachrufen. Ich nehme meine Trompete und blase wie er die Posaune, dann spreche ich mit lauter, feierlicher Stimme das Weihnachtsgedicht. Am andern Tag sagt mir der Herr Vorleser, es täte ihm leid, aber dem Herrn Heiland sei es angenehmer, wenn Franz das Gedicht aufsage.

Alle Erwachsenen sind schlecht, alle. Sie sind stärker als wir, aber man kann sie überlisten, wenn man schlau ist. Unsere Räuberbande ist schlau. Ich bin der Hauptmann. Jeder Räuber trägt einen kurzen Holzsäbel, nur ich trage einen langen, der alte Hordig hat ihn geschnitzt. „Wie ein Offizier siehst du aus", sagt er und versteckt die Zigarren, die ich für ihn gestohlen habe.

Wir brechen den Schrank auf, in dem Mutter die eingemachten Früchte verwahrt, wir kosten von jedem Topf, und wenn die Früchte zu sauer sind, gießen wir Essig hinein. Wir schleichen uns abends an die Häuser heran, reißen die Türen auf, die Klingeln schrillen, wir stürzen davon und freuen uns über die schimpfenden Ladenbesitzer. Wir spannen Bindfaden über die Straße und johlen, wenn jemand hinfällt. Wir stehlen Geld, kaufen Zigaretten und rauchen sie, und keiner wird sagen, daß ihm übel ist. Wir haben allen Erwachsenen den Krieg erklärt. Der Streit unter uns ist vergessen, wir haben den großen Indianerschwur getan, daß dieser Krieg nicht enden soll.

Vater schenkt mir einen jungen Hund, er ist kaum zwei Monate alt, braune Tupfen klecksen auf seinem weißen Fell, ein kleines, weiches Pelzbündel, das ich auf den Schoß nehmen, auf der Erde rollen, in die Luft werfen kann. Ich bin Lehrer Senger und nenne den Hund Puck, ich befehle ihm, daß er „schönmacht", daß er die Pfote gibt und gehorcht, er gehorcht nicht, ich bade ihn in kaltem Wasser, „zur Strafe", sage ich.

Am andern Morgen ist der Hund tot. Ich lade die anderen Jungen ein, schaufle neben der Eismiete ein Grab für den Hund, feierlich tragen wir den Sarg zu Grabe, ich bin der Pastor, ich rede wie Lehrer Senger, ich sage: "Der Hund brauchte nicht zu sterben, er hat nicht gehorcht, jetzt hat er seine Strafe."

Vater ruft mich in sein Zimmer.

„Ein Brief kam von der Polizei, du hast ein Tier zu Tode gequält, dafür kommst du ins Kittchen."

Kittchen nennen wir das Polizeigefängnis, eine kleine Hütte auf dem Hof vom Bürgermeister. Die Hütte hat kein Fenster, nur eine Tür mit zwei Riegeln und zwei Schlössern, darin werden die Landstreicher eingesperrt. Gendarm Manthey führt sie am Schlafittchen hinein, schließt die Tür zu und sagt: „So."

Ich weiß nicht zu antworten. Ich sehe hinter mir den Gendarmen, er packt mich, er führt mich durch die Stadt, an allen Freunden vorbei, auch am Lehrer Senger, auch an Gott, der wieder lebt, die Tür vom Kittchen schließt er zu und sagt: „So."

Ich bin allein, ich bin im Dunkel.

Ich habe Angst. Ich verstecke mich. Ich schreie:

„Ich laufe in den Wald und komme nicht mehr wieder."

„Warum spielst du nicht mehr mit uns?" sagt Frieda.

„Weil ich nicht will."

„Komm, spiel mit mir."

Frieda nimmt mich bei der Hand. Es ist Sommer. Wir haben Ferien. Wir gehen vor die Stadt und stehlen in Mannheims Garten Äpfel, wir laufen ins Feld, der Roggen riecht wie frisches Brot, wir verstecken uns im Roggen. Frieda kuschelt sich an mich, ich nehme sie in den Arm, wie die Großen es tun, ich küsse sie auf den Mund.

„O weh, du hast mich auf den Mund geküßt, jetzt bekomm' ich ein Kind", sagt Frieda.

Am nächsten Tag besucht mich Frieda.

„Du, ich hab' ein Kind", sagt sie.

„Ist es schon gekommen?" frage ich.

„Du bist aber dumm. Ich hab's im Bauch, wie kann ich es da sehen, es ist schon so groß", und sie umkreist die Masse des Kindes mit den Händen in der Luft.

„Es ist ja größer als du", sage ich erschreckt.

Frieda läuft davon. Am nächsten Tag gehe ich zu Frieda.

„Ist es da?"

„Nein, ich denke, es kommt morgen."

„Weiß dein Vater es schon?"

„Meinem Vater sag' ich es nicht. Er hat Anna 'rausgeschmissen, die hat auch ein Kind bekommen."

In der Früh warte ich vor Friedas Haus und pfeife. Frieda kommt zum Fenster, sieht mich, streckt mir die Zunge hin und geht weg. Ich warte. Frieda geht aus dem Haus, geht an mir vorbei, das Kind ist vergessen.

Ich bin neun Jahre alt, als ich die Volksschule verlasse und zu Herrn Pfarrer Kusch in die Knabenschule geschickt werde. Stanislaus besucht mich nicht mehr.

„Du bist was Besseres“, sagt er, „außerdem ist dein Vater Stadtverordneter geworden, das kommt gleich hinter dem Kaiser, adiö.“

Bisher haben wir mit allen Jungen gespielt, jetzt sehen wir hochmütig auf die Kinder der armen Leute, die in die Volksschule gehen und nicht lateinisch lernen.

Pfarrer Kusch unterbricht alle zehn Minuten den Unterricht.

„Ich habe es auf dem Herzen“, sagt er, greift nach der Medizinflasche und trinkt einen kräftigen Schluck.

In der Medizinflasche ist gar keine Medizin, wir haben es bald heraus, in der Medizinflasche ist Schnaps. Einmal vergißt Pfarrer Kusch die Flasche, wir gießen den Schnaps aus und füllen die Flasche mit Wasser. Pfarrer Kusch sagt: „Ich habe es auf dem Herzen“, aber wie er trinkt, verzieht sich sein Gesicht, er springt auf, greift nach dem Rohrstock, er hat es gar nicht mehr auf dem Herzen, wir müssen unsere Hände hinhalten, jeden schlägt er darauf, nur Helmut nicht, der hat ihm ein Huhn mitgebracht, zu Helmut sagt er:

„Du hast gewiß damit nichts zu tun.“

Hinter der Schule liegt ein Tümpel, die Pratsche. Im Winter friert die Pratsche zu. Vor Schulbeginn laufen wir Schlittschuh. Auf dem Eis warnt ein Stock, mit Stroh umbunden, dort ist das Eis dünn.

„Lauf da nicht hin“, rufe ich Max zu.

Aber schon ist Max eingebrochen bis zur Brust, ich springe hin, er zieht mich ins Wasser, mit letzter Anstrengung ziehe ich ihn heraus. Pfarrer Kusch befiehlt, daß ich mir trockene Kleider zu Haus anziehe und dann zu Herrn Sel, dem Vater von Max, gehe.

„Wo ist die Rute?“ schreit Herr Sel. Max muß am nächsten Tag, an Kaisers Geburtstag, im Bett bleiben, wir haben frei. Ich besuche Max. Seine Tante hat eine Schachtel Schokoladenfedern dagelassen, darauf steht „Für den Lebensretter“. Max sieht böse auf die Schokolade, dann auf mich.

„Ich wär' auch ohne dich herausgekommen“, sagt er, „mehr als die Hälfte der Schokolade kriegst du nicht.“

Nachmittags schickt mich Mutter in den Saal, wo der Bürgermeister und die Stadtverordneten und der Kriegerverein Kaisers Geburtstag feiern. Vater ist sehr stolz, ich werde dem Bürgermeister vorgestellt, der Bürgermeister sagt:

„Du bist ein kleiner Held.“

Ich sage: „Max sagt, er wäre auch allein herausgekommen“, und wie ich den Saal verlassen habe, werfe ich die Schokolade fort.

Die Großen sind unsere Feinde, nur Jule, unsere alte Köchin, versteht mich. Ihr sage ich meine ersten Verse, die ich im Frühling bei einer Spazierfahrt durch die blühende Kirschenallee dichte. Ich sitze neben dem Kutscher, im Wagen die anderen Kinder singen und sind fröhlich, ich singe nicht mit, ich bin nicht fröhlich, ich will nicht wie sonst die Zügel der Pferde führen, nicht die Sonne freut mich noch der Frühling, mich ergreift eine schmerzlich-süße Traurigkeit, und während der Himmel blau und strahlend uns überglockt, denke ich an Krähen, an Nebel, an den Tod.

Das Gedicht lese ich Jule vor.

Jule ist gerührt und weint.

„Willst du einen Eierkuchen essen oder ein Kotelett?"

„Ich werde ein Märchen schreiben, Jule, man wird es in Berlin spielen, und du wirst in der Kaiserloge sitzen." Jule erzählt niemandem, wie alt sie ist. Fragt man sie, gibt sie zur Antwort: „Über mein Alter ist noch keiner nicht gefallen" und bekreuzigt sich. Jule hat einen Bräutigam, von Beruf Schneidermeister in Margonin, ach, er lebt nur in ihrer Phantasie, Freunde meines Vaters haben ihn erdichtet. Aber das menschliche Herz ist größer als die Lüge. Jule liebt den Bräutigam, trotzdem sie ihn nur einmal gesehen hat. Der fremde Mann, ahnungslos für diese Rolle bestimmt, weiß nichts von der erwachten Liebe, aber Jule glaubt an sie. Die Großen vergessen den Scherz einer Stunde, ich gebe ihm Dauer und besessenes Leben, ich schreibe die schönsten Liebesbriefe, ich bringe sie Jule, ich lese sie ihr vor, ich preise mit ihr die Treue des Bräutigams, ich weine mit ihr über das Schicksal, das ihn fernhält, ich hasse mit ihr die Menschen, die neidisch sich ihrem Glücke sperren. Jule ist selig, und ich bin es mit ihr, wir haben ein Geheimnis, wir hüten es mit großer Würde. Die Menschen lachen, ich lache längst nicht mehr, ich werde böse, wenn die Menschen Jule verspotten.

„Antworte gar nicht, wenn sie dich fragen", sage ich zu Jule, „oder binde ihnen einen Bären auf, sag, dein Bräutigam ist fort, nach Amerika."

Ich bekomme noch mehr Eierkuchen als früher, doch nicht um der Eierkuchen willen bleibe ich der Liebesbote. Bald genügt es mir nicht, daß dieser Bräutigam als gewöhnlicher Schneider den Handwerkern und Kaufleuten Anzüge anmißt. Ich lasse den Schneidermeister ins Heer eintreten, binnen wenigen Wochen avanciert er zum Leutnant, zum Major, zum General. Jule, der kein Fleischermeister ein Bruststück für ein Lendenstück verkaufen kann, die mit Feldherrnblick die Hühnerscharen übersieht, jene im Stall läßt, die Eier legen werden, und die Faulen herausjagt, glaubt alles. Der General wird geadelt, der

Baron ein Herzog, am Ende wählt ein fernes Land, das ich Mariko nenne, den Herzog zum Kaiser. Ich ernenne Jule zur Kaiserin von Mariko, mich zum Minister des exotischen Landes. Eine unterirdische Bahn, zu der mich eine unsichtbare und allen geheime Treppe führt, verbindet unser Haus mit der Hauptstadt von Mariko. Der Kaiser ist ein frommer Mann, er bekriegt die Heiden und tauft sie, der Krieg währt niemals lange, seine Dauer richtet sich nach meinem Appetit auf Sandtorten. Ich komme zu Jule in die Küche und verschließe die Tür.

„Majestät", rufe ich, „ein Telegramm ist da."

„Lies es vor", sagt Jule und wischt sich die nassen Hände an der Küchenschürze.

„Geliebte Juliana", lese ich, „in blutiger Schlacht habe ich die Heiden geschlagen, müde vom heißen Kampf sehne ich mich nach einem Kuchen von Deiner Hand, back sofort eine gute Sandtorte und übergib sie meinem Minister Ernst."

Schweigend entnimmt Jule dem Speiseschrank Eier, Zucker und Mehl, schweigend rührt sie den Teig. Kein scheltender Einspruch meiner Mutter kann sie hindern. Mit hinkendem Schritt geht sie an den Herd, das großflächige Gesicht mit der fleischigen Nase und den wasserblauen Augen rötet sich, die blonden Haare, die in dünnen Strähnen fest um den Kopf sich legen, glänzen von duftendem Öl. Ich nehme die Sandtorte in Empfang, ich verbeuge mich tief, in der Kinderstube warten meine Freunde, die Marikaner, wir verzehren den Kuchen an Kaisers Statt.

Eine Kaiserin muß Orden tragen. Ich stehle meiner Schwester papierne Kotillon-Orden, mit Nadeln hefte ich sie auf ein Sofakissen, um den Spazierstock meines Vaters winde ich ein Taschentuch und ernenne den geschmückten Stock zum Degen, ich führe Jule unter den Weihnachtsbaum, in feierlichen Worten begrüße ich sie, ich heiße sie niederknien, ich schlage sie mit dem Degen auf die Schulter, schlage sie zum Ritter und verleihe ihr die vom Papst und vom Kaiser gesandten Orden. Jule, vom Vater befragt, ob ich sie wirklich zum Ritter geschlagen habe, antwortet: „Und wie hat er mich geschlagen!", und sie lehnt stolz und höhnisch die tausend Mark ab, die Herr Müller ihr zahlen will, wenn sie ihm einen Orden verkauft.

Eines Tages wird Jule krank, die in ihrem Leben nie krank war, nur Kranke pflegte, die Mutter, den Vater, uns Kinder, die nie vor Ansteckung Furcht empfand, die an unseren Betten wachte, Nacht um Nacht. Der Arzt kann sie nicht retten, Jule, im Fieber, weiß nicht, daß der Tod naht. Sie arbeitet, wie sie ihr Leben lang gearbeitet hat. „Was wollen Sie in der Küche, Frau Toller", ruft sie, „das mache ich alles alleine", sie kocht und brät, sie schilt die nachlässigen Hausmädchen, sie rennt zum Wagen, dem Vater eine Pelzdecke um die Füße wickeln, daß er sich nicht erkälte – so stirbt sie.

Nach ihrem Tod finden wir in Kisten und Kästen ihre Habe, Geld hat sie nie gespart, aber Dutzende von Strümpfen, Dutzende von Kattunhemden und Flanellunterhosen, Dutzende von Röcken und Blusen zur Aussteuer gekauft. Sie hatte sich gewünscht, als Jungfrau begraben zu werden, im bräutlichen Gewände, den Myrtenkranz auf dem Kopf, der Pfarrer sollte ihrem Sarg vorangehen, auf ihrem Grabstein die Inschrift künden: „Hier ruht die Jungfrau Juliane Jungermann."

Es blieb Jule nichts erspart. Mutter allein wußte, daß sie keine Jungfrau war und einen Sohn hatte. Sie benachrichtigt den Sohn, groß und stattlich geht er hinter dem Sarge her, in dem Jule ohne Myrtenkranz ruht, er zählt die Strümpfe, die Hosen, die Hemden, die Röcke, die Blusen, er tut alles in eine große Kiste, dann fährt er ab. Aber der Pfarrer, der die treue Seele kannte, läßt sich erweichen und schreitet ihrem Sarge voran, er segnet die Tote und preist ihre Tugend.

Die Knabenschule löst sich auf, zuletzt bin ich der einzige Schüler. Pfarrer Kusch unterrichtet mich in seiner Wohnung, er hat es immer noch auf dem Herzen, die kleine Medizinflasche ist verschwunden, er trinkt den Schnaps aus Literflaschen.

Ich besuche das Realgymnasium in Bromberg, der Hauptstadt des Regierungsbezirkes. Anfangs wohne ich bei Lehrer Freundlich, später bei Frau Dr. Ley. Sie ist von ihrem Mann geschieden, als der zum Sanitätsrat ernannt wird, überlegt sie lange, ob sie das Namensschild nicht ändern und an der Erhöhung teilnehmen soll. Es gehört zum guten Ton, Klavier zu spielen, ich nehme Stunden beim Pianisten Spielmann. Spielmann ist zufrieden, doch ich darf nur zwischen fünf und sechs üben, mich empört diese Beschränkung, ich gebe das Klavierspielen auf.

Ich schreibe weiter Gedichte. Sie haben einen rebellischen Ton, eins beginnt:

> Auf, erwacht!
> Nennt ihr das ein freies Leben,
> wenn ihr stets den Rücken beugt,
> ob sie einen Blick euch geben,
> seid ihr dazu denn gezeugt?

Wehret euch, ergreift die Peitsche,
duldet nicht die harte Fron,
tretet sie zu Boden nieder,
Freiheit ist dann euer Lohn!

Ich bekomme als Taschengeld fünfzig Pfennige die Woche, ein Apfelkuchen mit Schlagsahne kostet zwanzig Pfennig, ich will jeden Tag Apfelkuchen mit Schlagsahne essen. Ich schicke der „Ostdeutschen Rundschau“ in Bromberg Berichte über meine Heimat. Für jede Zeile bezahlt mir die Redaktion zwei Pfennige. Es ist nicht schwer, Berichte zu dehnen, den Urtext finde ich in der Samotschiner Zeitung, ich schmücke ihn mit Beiworten und verändere die Zahlen. Wenn der Blitz beim Bauern Nowak einschlug und einen Ochsen tötete, schildere ich den schrecklichen Tod von einem halben Dutzend Ochsen. Das Schreiben gefällt mir, es ist schön, Worte zu reihen, ich feile die Phrasen, ich wechsle Verben und Adjektive, nicht mehr Zahlen, ich bastle stundenlang an holprigen Sätzen.

Klempnermeister Grun hat sein Grundstück einem Polen verkauft, ich bin darüber tief empört, ich stelle Gruns mangelnden Patriotismus bloß, ich fordere das Einschreiten der preußischen Behörde, welche Zeiten, schreibe ich, Moral und Sitte verfallen, die Deutschen sind nicht mehr auf der Wacht, was soll aus dem Vaterland werden.

Die Schulferien verbringe ich zu Hause. In Weißenhöhe verlasse ich den Zug, unser Wagen holt mich ab, am Eingang von Samotschin erwartet mich Julius.

„Schramms Kuh hat gekalbt“, schreit er. In den Wagen zu steigen, lehnt er ab, er läuft neben dem Wagen her und kündet allen Menschen, die uns begegnen:

„Tollers Ernst ist da.“

Wie oft habe ich Julius geärgert, wie oft habe ich mit den Kindern hinter ihm hergeschrien: „Tellerlecker Rawitsch!“

Julius ist ein närrischer Armenhäusler, dem jeden Tag eine andere Familie zu essen schenkt, und Rawitsch ist die Stadt, die das Zuchthaus beherbergt. Kein härterer Schimpf konnte Julius treffen, er blieb trotzdem mein Freund, er blieb aller Leute Freund, trotzdem alle ihn mit rohen Späßen demütigten. Seit Samotschin Bahnstation ward, geht er zu jedem Zug auf den Bahnhof. Steigt ein katholischer Priester aus dem Zug, will Julius ihm etwas Freundliches antun, er verbeugt sich und weist auf die Stadt: „Alles katholisch.“

Eines Abends laden ihn Bauern zum Schnaps ein. Es vergnügt sie zu sehen, wie er sich betrinkt. Als er, von epileptischen Krämpfen geschüttelt, Schaum vor dem Mund, auf die Erde sinkt, lassen sie ihn allein. Julius stirbt. Die Kunde seines armseligen Todes verbreitet sich nachts in der Stadt. Ich kann nicht schlafen, ich bin zum ersten Mal der Grausamkeit der Welt begegnet, ich fasse das Tun der Menschen nicht, sie könnten gut sein, ohne Mühe, und sie freuen sich am Bösen, am anderen Morgen schreibe ich diesen Aufsatz für die Samotschiner Zeitung:

„In voriger Woche starb der Arbeiter Julius.

Er lag von drei bis halb zehn in Krämpfen am Bahnhof, ohne daß man ihm Hilfe brachte oder einen Arzt herbeirief. Durfte es so weit kommen, daß ein sterbender Mensch von Gassenjungen mit Steinen beworfen und mit Wasser begossen wurde? Als die Polizei davon Kenntnis erhielt, wurde gesagt, daß sie das nichts anginge, da Julius auf dem Gebiete der Königlich Preußischen Eisenbahn liege. Konnte sie sich hier, wo es sich um das Leben eines Menschen handelte, an den Buchstaben des Gesetzes klammern? Hier war es doch gleichgültig, ob ein Mensch auf städtischem oder anderem Gebiet lag. Man sagt, so viel Aufhebens verdiene Julius gar nicht. Würde einem Tiere etwas zugestoßen sein, so wäre sofort Hilfe zur Stelle gewesen."

Herr Knaute, der Redakteur, ist zufrieden.

Der Bürgermeister glaubt, seine Feinde in der Stadt steckten hinter diesem Angriff, er fühlt sich bedroht und beleidigt, in der nächsten Nummer der Zeitung inseriert er auf Stadtkosten:

„Warnung. Wenn der anonyme Schreiber des „Eingesandt" sich nicht binnen drei Tagen meldet, werde ich einen Prozeß gegen Unbekannt anstrengen."

„Habe ich Ihnen nicht gesagt, anonym wirkt immer. Sie melden sich nicht", sagt Herr Knaute.

Nach drei Tagen erstattet der Bürgermeister Strafanzeige, ein Verfahren gegen Unbekannt wird eingeleitet, Herr Knaute wird als Zeuge vernommen.

„Ich bin ein Journalist", sagt er, „und werde niemals meine Mitarbeiter preisgeben, nur so viel darf ich verraten, es ist ein Jude gewesen."

Herr Knaute wird wegen Zeugnisverweigerung zu dreißig Mark Geldstrafe verurteilt.

„Ich habe Sie nicht verraten", sagt er, „ich bin ein Ehrenmann, auf mich können Sie bauen, die dreißig Mark zahlen Sie mir, bis morgen muß ich das Geld haben."

Dreißig Mark! Von wo sollte ich dreißig Mark nehmen? Wenn ich sie nicht beschaffe, wird Herr Knaute meinen Namen nennen, ich werde mit Schimpf und Schande aus der Schule gejagt. Die Gemüter der kleinen Stadt sind erregt, man verfolgt mit Spannung den Prozeß. Der furchtsame Bürgermeister, wenn er über die Straße geht, läßt sich stets vom Polizisten begleiten. Durch einen Zufall erfährt mein Vater, daß ich der Verfasser des Aufsatzes bin, ich hätte es ihm nie gesagt. Er spricht nicht mit mir darüber, aber er geht zum Bürgermeister, er ist Stadtverordneter, der Bürgermeister zieht noch am selben Tage die Klage zurück.

Die Einstellung der Klage freut und empört mich; weil der Sohn eines Stadtverordneten ihn angegriffen hat, kneift der Bürgermeister, denke ich. Ich begreife, auch der Mut der Behörden hat Grenzen.

Wenige geleiten Julius zu Grabe, meist Kinder und Narren. Einer von ihnen heißt Louis. In jener Stunde necken ihn die Kinder nicht wie sonst. Louis ist unser Straßenkehrer. Immer war es sein Schmerz, daß er den Schmutz auf eine zweirädrige Karre laden mußte, darum hatte er in vielen Eingaben die Stadt gebeten, ihm einen Wagen zu bewilligen. Den Wagen bekam Louis nicht, wohl aber eine Karre mit drei Rädern, die liebte er zärtlich, und er nannte sie einen Wagen. Die Kinder rufen trotzdem: „Louis mit der Karre!"

Hört Louis diesen Ruf, hält er in der Arbeit inne und schimpft, und während er schimpft, steigert sich sein Schmerz, mit trauriger Stimme und mit tiefem Ernst versucht er den Kindern zu bedeuten, daß sein Leben eine Wendung erfahren habe, er schiebe nicht mehr eine zweirädrige Karre, sondern einen dreirädrigen Wagen, auch an ihm sei Gott nicht vorübergegangen, und die Zeit sei gekommen, da die Menschen das einsehen müßten.

Ein Freund meines Vaters, Besitzer eines Gutes, lädt mich ein, ich gehe mit ihm auf die Jagd, ich schieße Rebhühner und Bekassinen und Hasen. Herr Schauer fragt mich:

„Haben Sie gestern ein Reh angeschossen?"

Ich erschrecke. Ich war einem Reh begegnet, hatte angelegt, einen Moment bedacht, daß kein Rehposten, nur Hasenschrot in der Flinte stecke, dann in hitziger Leidenschaft geschossen. Das Tier war davongelaufen.

„Haben Sie gestern ein Reh angeschossen?" fragt mich wieder Herr Schauer.

„Ja", sage ich leise.

„Hatten Sie Rehposten?"

„Nein, Schrot."

„Sehen Sie sich das Tier an, es liegt an der Waldwiese, Sie werden nie mehr mit Schrot auf ein Reh schießen."

Ich gehe auf die Waldwiese. Wie ich mich dem Reh nähere, steht es auf, schleppt sich ein paar Schritte und fällt zusammen. Ich sehe die großen feuchten braunen Augen, es ergreift mich die stumme Klage des hilflosen Tiers, ich weiß, ich werde nie mehr ein Gewehr in die Hand nehmen.

Die Lehrer des Gymnasiums grüßen die Lehrer des Realgymnasiums niemals zuerst, selbst die Mädchen flirten lieber mit den Gymnasiasten. Die Gymnasiasten lernen von alten Sprachen griechisch und lateinisch, die Realgymnasiasten nur lateinisch. Das Gymnasium gilt als die unverfälschte Pflanzstätte des klassischen Idealismus, vom Realgymnasium sagt man, daß es die jungen Menschen für das praktische Leben vorbereite.

Die Vorbereitung fürs praktische Leben heißt Mathematik. Wir lernen Formeln, die wir nicht verstehen und bald vergessen. Die Geschichte ist um der Zahlen willen da, unwichtig, daß wir Ereignisse in ihren Zusammenhängen erfassen, wichtig, daß wir die Daten von Schlachten und Regierungsantritten der Fürsten beherrschen. Napoleon war ein Dieb, der deutsche Schätze gestohlen hat, sogar die Ziegel der Kirchendächer. Wer in solchem Geist die Fragen des Lehrers nicht beantwortet, ist ein Gezeichneter, der unweigerlich im Zuchthaus enden wird. Vergrämte Lehrer stellen uns die gleichen Aufsatzthemen, die ihnen als Schüler gestellt wurden, ehrwürdige Phrasen, die Rost ansetzten. „Das Leben ist der Güter höchstes nicht, der Übel größtes aber ist die Schuld.“ Wehe, wenn ein Schüler zu solchem Wort eigene Gedanken bringt, es stempelt ihn zum Verdächtigen, zum Anarchisten. Gottesfurcht und Untertanensinn, Gehorsam soll er lernen.

Ich bin heute ein schlechter, morgen ein guter Schüler, habe ich den Lehrer gern, bin ich fleißig, habe ich ihn nicht gern, bin ich faul.

Immer noch kämpfe ich um Gott, der Knabe hat ihn erschlagen, aber der Jüngling versucht ihn mit den erwachenden Kräften seiner Vernunft. Den Lehrer verwirre ich durch Fragen, er soll die Wunder biblischer Legenden mir erklären. „Wenn es am Anfang der Welt“, frage ich, „nur zwei Menschen gab, Adam und Eva, müssen die Kinder, Schwestern und Brüder, einander geheiratet haben.“ Da er nicht antworten will, bestraft er mich und beschwert sich über den störrischen, unmoralischen Schüler. Über die Aufsatzthemen zu schreiben ist mir langweilig, ich wende mich an ein Institut in Leipzig, für solche Fälle geschaffen, und lasse mir den Aufsatz schicken, für jede Seite zahlt man zwanzig Pfennig.

Ich liebe die Bücher, die die Schule verbietet: Hauptmann und Ibsen, Strindberg und Wedekind.

Clio heißt unser literarischer Schülerverein. Professor Thieme, der Schuldirektor, erfährt, daß ich dort eine Szene aus „Rose Bernd" vorgelesen habe. Er zitiert mich in sein Zimmer. „Gerhart Hauptmann", sagt er, „ist ein übermoderner, demokratischer Flachkopf, ich verbiete Ihnen solche Lektüre, lernen Sie Mathematik, das ist wichtiger fürs Leben." Ich habe andere Vorstellungen vom Leben, ich schreibe Gedichte, Märchenspiele und Dramen. Die Dramen schicke ich dem Bromberger Stadttheater, ich bekomme nie eine Antwort, darum halte ich mich für verkannt. Ich will Schauspieler werden, bei Schüleraufführungen darf ich die großen Rollen spielen, in Geibels „Tod des Tiberius" bin ich Tiberius, ich sterbe mit dröhnender Pathetik.

In den Schulferien werde ich in einen kleinen Ferienort auf Rügen geschickt, ich bleibe nicht lange, ich fahre mit dem Dampfer nach Dänemark, ich durchwandere das Land, ich stehe an Hamlets falschem Grab, ich schwanke wie er zwischen Taten- und Todessehnsucht, und wenn ich wieder in der Schulklasse sitze, fühle ich mich gefesselt und gefangen.

Ich will Landwirt werden, ich träume das natürliche Leben im Wechsel der Jahreszeiten. Ich vergesse den Traum, ich nehme mir vor, es noch ein Jahr mit der Schule zu versuchen. Es quält mich, daß ich nicht weiß, was ich werden will, alle wissen es, nur ich nicht.

Mein Vater stirbt. In der Sterbestunde bin ich bei ihm, allein. Seine Hände tasten suchend über die Bettdecke, die Augen brennen blicklos, schwer stößt der Atem, er will aufstehen, ich drücke ihn ins Bett zurück.

„Ihr seid schuld", stöhnt er, „du bist schuld."

„Vater!" schreie ich entsetzt.

Mutter läuft ins Zimmer.

„Hol den Arzt!" ruft sie.

Vater beginnt zu röcheln, ich jage hinaus. Wie ich wiederkomme, ringt Mutter fassungslos die Hände und schluchzt ohne Tränen.

„Kinder, der Vater", sagt sie und ist still.

Sie nimmt ein Tuch, bindet es dem Toten um Kinn und Haupt, drückt ihm die Augen zu, setzt sich neben sein Bett, und wie sie ihn ansieht, unverwandt, beginnt sie endlich zu weinen.

Ich liege in meinem Bett und friere, Frost kriecht die Beine herauf. Ich kann die Worte nicht vergessen, die Vater zuletzt gerufen hat, ich werde sie nicht vergessen, obwohl ich weiß, daß das Fieber sprach. Ich möchte, daß Vater noch einmal mich hört, möchte ihm sagen, daß ich wirklich keine Schuld trage, der Krebs ist schuld, Vater wird nie mehr antworten, er wird kalt, die Nase spitz, bald werde ich ihn nie mehr sehen, das ist der Tod.

Ein deutsches Kriegsschiff ist vor Agadir erschienen. Alle reden vom Krieg zwischen Frankreich und Deutschland. Die Professoren der Schule warnen uns vertraulich vor dem französischen Lektor, der als Austauschlehrer Sprachunterricht erteilt, alle Franzosen seien Spione, die harmlosen seien am gerissensten, wir sollten uns nicht ausfragen lassen, Monsieur melde jeden Furz nach Paris.

Wir Jungen wünschen den Krieg herbei, der Friede ist eine faule und der Krieg eine große Zeit, sagen die Professoren, wir sehnen uns nach Abenteuern, vielleicht werden uns die letzten Schuljahre erlassen, und wir sind morgen in Uniform, das wird ein Leben. Aber der Friede bleibt erhalten, die Lehrer auf dem Katheder vergessen die kriegerische Haltung, uns wird nicht eine Schulstunde geschenkt.

Die Haustür fällt ins Schloß. Ich höre das blecherne Knarren des Schlüssels. Aus dem Toreingang, der mich verbirgt, gehe ich quer über den Fahrdamm auf die andere Seite der Danziger Straße, bleibe dort stehen und starre auf das vertraute Fenster im zweiten Stock. Jetzt muß sie im ersten Stockwerk innehalten, ihre Hand wird im Dunkel des Flurs nach den Bogen des gewellten Geländers tasten, ihr Fuß die schiefe, ausgetretene Stufe der Treppe suchen, die zum zweiten Stockwerk führt.

Auf der schwarzen Hauswand leuchtet gelb ein Lichtfleck. Am Fenster schattet eine schmale graue Silhouette, helle Vorhänge schieben sich vor. Ich warte. Der Lichtfleck verschwindet, schwarz und traurig vermischt sich die Fläche mit der Finsternis.

Der Achtzehnjährige geht heim.

Seit einem Monat spielt sie am Bromberger Stadttheater, das erstemal sehe ich sie in „Jedermann“. Wie sie im weißen, faltigen Kleid auf die Bühne tritt, beuge ich mich weit über die Brüstung der Galerie und sehe nur noch sie, höre nur noch ihre Worte, spüre nur noch ihre Nähe. Jeden Tag sitze ich in der kleinen

Konditorei gegenüber dem Theater und warte auf sie. Schweigend folge ich ihr bis zu dem vertrauten Haus in der Danziger Straße.

Zwei Monate später sagt Frau Möller, bei der ich wohne: „Maria Groß war eben hier, sie wird das Zimmer neben Ihnen mieten."

Sie hat das Zimmer nicht gemietet, ich weiß nicht warum, aber wenn ich sie wiedersehe, grüße ich sie. Eines Mittags spricht sie mich an.

Sie ist die uneheliche Tochter einer Schauspielerin, sie sagt, das sei eine Schande. Ich sage, das sei keine Schande, im Gegenteil, manches Kind aus einer richtigen Ehe ist eine Schande. Sie sagt: „Sie wollen mich trösten." Ich sage: „Ich schwöre, es ist die Wahrheit."

Wir treffen uns jeden Tag. Ich erzähle Maria, daß ich Gedichte schreibe, ich sträube mich nicht, ihr einige vorzulesen.

„Herrlich sind sie", sagt sie, „der Tonfall erinnert mich an Schiller, ich werde eines beim Wohltätigkeitsfest der Grenadiere zu Pferde vorlesen, obwohl mein Vater nicht bei der Kavallerie gedient hat."

Ich sitze in ihrem Zimmer, ich bringe kein Wort hervor, sie sagt auch nichts, sie scheint auf etwas zu warten, ich weiß nicht, worauf sie wartet.

„Ich habe einen Bräutigam", sagt sie endlich.

„Lieben Sie ihn?"

„Er nützt mich aus", sagt sie, „er ist auch Schauspieler."

„Er ist ein Schuft", sage ich, „ich werde ihn töten."

Maria steht auf, setzt sich neben mich aufs Sofa, lehnt ihren Kopf an meine Brust.

Ich möchte sie küssen, aber sie ist eine Heilige, Heilige darf man nicht küssen, wenn ich sie jetzt küsse, wird sie denken, ich nütze sie auch aus, wie der Schuft, der Bräutigam, ich schwöre mir, sie nie mehr zu küssen, ich werde sie retten.

Ich schreibe an Marias Mutter diesen Brief:

„Verehrte Frau", schreibe ich, „vertrauen Sie mir, Ihre Tochter ist einem Schuft in die Hände gefallen. Ich liebe Ihre Tochter. Aber trotzdem dürfen Sie nichts Schlimmes von mir denken. Ich bin noch jung. In einigen Wochen mache ich mein Abiturientenexamen. Dann werde ich Ihre Tochter aus den Händen des Verführers befreien."

Marias Mutter hat mir geantwortet.

„Junger Mann", schreibt sie, „es ist schön, daß Sie meine Tochter lieben. Aber meine Tochter wird für sich selber sorgen. Bestehen Sie Ihr Examen mit Auszeichnung und vergessen Sie meine Tochter. Dieses wünscht Ihnen Marias unglückliche Mutter."

Ich langweile Maria. Wenn ich in ihre Pension komme, sagt mir die Wirtin, Maria lerne und wünsche nicht gestört zu werden.

Am zweiten Examenstag liegt neben meinem Frühstück ein Brief vom Gericht. Ich öffne ihn und lese:

Ich hätte den Schauspieler X beleidigt, indem ich ihn einen Schuft nannte, Zeugin hierfür sei die Schauspielerin Maria Groß, und der Termin sei in zwei Wochen, ich solle vor Gericht erscheinen.

Ich gehe zurück in mein Zimmer, ich packe das Messer, mit dem ich den Schauspieler töten wollte, sie soll sehen, wie ich sie geliebt habe. Wenn ich vors Gericht komme, ist es sowieso mit dem Examen vorbei.

Mein Onkel, der Rechtsanwalt, lacht.

„Dem Schauspieler werde ich fünfzig Mark bieten, und er wird sich nicht mehr beleidigt fühlen."

Das Examen habe ich bestanden, trotz der ungenügenden Arbeit des zweiten Prüfungstages.

Die Ehre des Schauspielers kostete fünfundzwanzig Mark mehr, als mein Onkel meinte.

An den Mauern des Gymnasiums locken die Reklameplakate der Universität Grenoble. Fort aus Deutschland, in Frankreich werde ich studieren und Maria verachten.

Zweites Kapitel

Student in Frankreich

Ich bin Student in Grenoble. Wenn ich Monsieur angesprochen werde, komme ich mir wie ein Abenteurer vor, der ferne Meere durchkreuzt, auf einer Insel landet, von fremden Stämmen bewohnt. Jede Mademoiselle ist eine exotische Prinzessin, geheimnisvoll und unergründlich. Ich treibe mich in den Bars umher, trinke Absinth, der mir nicht schmeckt, und komme mir dabei sehr lasterhaft vor. Ich sitze im Café, es macht auf mich großen Eindruck, daß niemand den Hut abnimmt, auch ich behalte meinen Hut auf, ich denke mir, voilà, das ist die verruchte Grande Nation.

Neben mir in der Pension wohnt eine Russin, Tochter eines Ministers, sie ist sehr häßlich, aber was liegt daran, sie ist eine Russin, wahrscheinlich eine

Nihilistin, sie weiß, wie man Bomben wirft, und wenn sie zurückkehrt, wird sie „ins Volk gehen", und eines Tages werde ich von ihr lesen, daß sie einen tyrannischen Großfürsten getötet hat. Links von mir wohnt ein ehemaliger österreichischer Offizier, er hat eine Freundin, eine kleine französische Schneiderin. Er lehrt mich das Abc des Mannes von Welt. „Hüten Sie sich vor den Studentinnen", sagt er, „die philosophieren sogar im Bett und sind auch keine Jungfrauen. Wenn Sie etwas lernen wollen, gehen Sie ins Puff, die Besitzerin ist eine Dame der großen Welt, kutschiert ihren Wagen mit zwei Vollbluthengsten und hat ein Bankkonto beim Credit Lyonnais, sie versteht das Leben, sie ist eine Psychologin, und wenn Sie ihr gefallen, gibt sie Ihnen Kredit." Ich gehe lieber in den Verein deutscher Studenten. Wir sprechen über Nietzsche und Kant, wir sitzen steif auf unseren Stühlen, wir trinken mit gewinkelten Armen und gewölbter Brust große Gläser dünnen Biers, um uns „zu Hause zu fühlen", wir schimpfen auf den „französischen Schmutz", wir dünken uns Pioniere einer höheren Kultur und beschließen den Abend, indem wir die Fenster öffnen und „Deutschland, Deutschland über alles, über alles in der Welt" singen. Auf dem Platz sammeln sich die Franzosen, sie hören unseren Liedern zu, schütteln die Köpfe und lachen. Wir gehen niemals allein nach Haus, immer zu zweien, wir sind im Lande des „Erbfeindes", man kann nie wissen, wir haben den Krieg von 1870/71 gewonnen, wir haben Elsaß-Lothringen erobert, eines Nachts wird man von uns Revanche fordern. Auch Frauen sind in unserem Verein, ältliche Lehrerinnen, die für ein halbes Jahr beurlaubt wurden, damit sie Französisch wie Französinnen sprechen. Sie lernen es nie, ihr Hochmut erlaubt es ihnen nicht, sie tragen Reformkleider und breite Gesundheitsschuhe, sie warnen uns vor den leichten Sitten des degenerierten Volkes und ermahnen uns, immer daran zu denken, daß wir eine Mission haben.

Die Universität besuche ich selten. Die seichten Vorlesungen langweilen mich, die meisten Professoren erinnern an Etagenchefs eines Warenhauses, sie preisen die verschiedenen Artikel offiziöser Kultur an, ihre Sätze ähneln den Schlagzeilen der Reklameinserate. Grenoble ist die französische Propagandauniversität für Ausländer.

Ich lebe in Frankreich und habe Deutschland nie verlassen. In der Universität und beim Mittagessen, im Café und in den Abendstunden lebe ich mit Deutschen, treffe Deutsche und verlerne mein bißchen Schulfranzösisch. Ich beschließe, den Verein zu meiden. Der österreichische Offizier fragt mich, ob ich Karten spiele, ich kann nicht Karten spielen, aber ich gehe mit ihm, vielleicht lerne ich beim Kartenspielen Französisch.

Jeden Nachmittag treffen sich in einem Café Studenten aus aller Herren Länder, sie spielen ein Spiel, das „Polnische Bank" heißt und weder etwas mit Polen noch mit einer Bank zu tun hat, Silber- und Goldstücke wandern aus einer Hand in die andere. Man trinkt schwarzen Kaffee, es ist sehr unterhaltsam. Ich schaue den Spielern zu. Die kleine französische Schneiderin sitzt neben mir, der Österreicher verliert ein Zwanzigfrancstück nach dem anderen, die kleine Schneiderin lächelt mich an, mein Knie streift ihr Knie, sie steht auf, ich folge ihr, sie fragt mich, wo ich wohne, sie muß es wissen, aber sie hat es wohl vergessen, sie will mein Zimmer sehen, sie sagt „Mon petit", ich sehe mich nach dem Offizier um, er verliert immer noch, sie hakt sich in meinen Arm, ich bin sehr glücklich, ich lerne Französisch.

Auch am nächsten Tag verliert mein Zimmernachbar. Ich muß ihm Geld borgen. Das Mädchen muß sich hinter ihn setzen und ihre Hand auf seine linke Schulter legen. Er verliert trotzdem und wird wütend, er verliere nur, weil ich nicht mitspiele. Ich setze fünf Francs und gewinne. Das Mädchen legt heimlich die andere Hand auf meine rechte Schulter, ich setze zehn Francs und gewinne wieder, die rechte Schulter bringt mehr Glück als die linke, ich setze zwanzig Francs, setze und setze, vor mir liegt ein Haufen Geld. Der Offizier hat nicht bemerkt, wie das Mädchen die Hand von seiner Schulter gezogen hat und sie mir gewölbt hinreicht. Ich fülle sie mit Geldstücken, ohne das Mädchen anzusehen, und bin dem Spiel verfallen. Die Kellner rücken die Tische, es ist zwölf Uhr. Der Wirt will schließen, ich habe das Geld, mit dem ich meine Pension und die Universität bezahlen sollte, verloren bis auf zwanzig Francs. Längst ist des Mädchens Hand auch von meiner Schulter geglitten, sie ruht jetzt auf einem Polen, von dem man sich erzählt, daß er seine Spielgewinne in französischen Papieren anlege. Wir gehen in eine Bar und spielen weiter. Ich gewinne wieder, ich sehe keine Menschen mehr, das grüne Tuch des Spieltisches verschwimmt in einem grünen Nebel, der alle verdeckt, ich setze die höchsten Einsätze, ich muß sehr viel gewonnen haben, ich spüre das Mädchen hinter mir. Morgens um drei Uhr wird die Bar geschlossen, einer sagt: „Wir gehen zu Madame Aline", ich frage: „Wer ist Madame Aline?" – „Das ist die Dame der großen Welt, von der ich Ihnen erzählt habe", sagt der Österreicher.

Die kalte Nachtluft ernüchtert mich, ich will nach Hause gehen. „Das können Sie nicht", sagt der Österreicher, „nachdem Sie so viel gewonnen haben, und außerdem haben in den letzten Stunden Huren mitgespielt, und von Huren gewinnt ein Mann von Welt nicht, kommen Sie schon mit ins Puff, wenn Sie dort weiter gewinnen, dann hat das Schicksal es gewollt, und Sie müssen es mit Fassung tragen."

Im Salon von Madame Aline sitzen französische Sergeanten. Der Erbfeind, denke ich, und trotzdem trinken sie Bier, sie würden eine gute Figur machen im Deutschen Verein, man müßte sie zur Aufnahme vorschlagen, auf ihren Knien sitzen ältliche Lehrerinnen, es sind die professionellen Damen des Salons, die Reformkleider und die breiten Sandalen haben sie abgelegt, sie sind nackt.

Madame Aline begrüßt uns. Die Königin von England würde uns nicht vornehmer begrüßen. Sie fragt nach unseren Wünschen, bedauert die jungen Damen, die uns entbehren müssen, und lädt uns zu einer Flasche Champagner ein, sie wolle auf unser Wohl trinken und auf das Glück jedes Spielers. Ich sitze mit schwerem Kopf am Tisch, ärgere mich, daß ich spiele, und genieße mit quälerischer Lust, wie ich verliere, erst den Gewinn, dann meine Habe.

Um sieben Uhr, in der brennenden Bläue des Frühlingsmorgens, gehe ich nach Hause, keinen Centime in der Tasche, meine Uhr habe ich dem Polen als Pfand gegeben, neben mir geht der Österreicher, er hat dreihundert Francs gewonnen und philosophiert über die Nichtigkeit der Welt und ihrer irdischen Güter. Mittags knurrt mir der Magen. Ich sage der Wirtin, ich sei krank, und nähre mich in den nächsten Tagen von Tee und Brot. In einer Blumenvase finde ich einige Francs, ich bedenke, wie ich nach Hause telegraphieren soll, ich setze immer neue Texte auf, keiner gefällt mir, schließlich entscheide ich mich für diesen: „Alles Geld einem Türken geborgt, Türke plötzlich verschwunden."

Das Spielerabenteuer beschäftigt mich lange. Im nüchternen Tag begreife ich den Menschen nicht, der hemmungslos dem Chaotischen und Abgründigen der Nacht verfallen war. Es ist kein Fremder, ich bin es selbst, ich habe mit dieser neuen Gestalt, von deren Sein ich nichts ahnte, zu rechnen. Der Spieltisch sieht mich nicht wieder. Ich besuche die Universität, höre juristische, literarische, philosophische Vorlesungen, lese Nietzsche, Dostojewski, Tolstoi.

Ende Juni fahre ich mit einer Gruppe deutscher Studenten durch die Provence. „Wir werden den Süden gemeinsam genießen", sagt die Lehrerin vor unserer Abreise und schwingt den Baedeker. Sie genießt in jeder Stadt Museen mit zweifelhaften Büsten und Bildern, Reste ehemaliger Ruinen, Denkmale, die Baedeker mit Sternen erwähnt, und läßt uns teilnehmen. Verbaute Höfe findet sie pittoresk, verkitschte Fassaden bizarr. Wenn sie einen schönen alten

Brunnen entdeckt, belehrt sie uns, daß die Menschheit fortschreite und von Jahrhundert zu Jahrhundert sich höher entwickle, jetzt seien wir bei der Wasserleitung angelangt, das sei der Kampf mit der Natur, wer wisse, wo der Mensch in fünfzig Jahren stehe, es sei eine Lust zu leben.

In Nimes entfliehe ich. Ich quartiere mich in einem alten Hotel ein und verliebe mich in die Wirtin. Die Provençalen sprechen auf ihre Art französisch, ich verstehe sie kaum, es geht ihnen mit mir ebenso, darum halten sie mich für einen Pariser.

Die Wirtin spürt, daß ich sie liebe, sie fragt mich am zweiten Tag, ob ich nicht mit einem anderen Zimmer im zweiten Stockwerk vorliebnehmen wolle. Vielleicht wohnt sie im zweiten Stockwerk und muß Rücksicht nehmen. Das Personal, der Klatsch, die Nachbarn, die kleine Stadt, es spricht sich herum, immer finden sich neidische Leute, die zur Polizei rennen, Konzession und Liebe, die harte Wirklichkeit, der schöne Traum.

„Wenn Sie meinen“, sage ich leise.

Das Zimmer habe zwar kein Fenster, sagt sie sanft, aber Luft bekomme es vom Korridor, sie müsse sonst ein englisches Ehepaar abweisen, an wen solle sie sich sonst wenden, wenn nicht an mich, den Pariser, den alten Freund des Hauses.

In Marseille wohne ich in einem kleinen Hotel am Hafen. Im Speisesaal treffe ich einen jungen Deutschen, der in die Fremdenlegion eintreten will. Warum nicht, Fremdenlegion ist ein Abenteuer, gefährlicher als die Spielernacht, Afrika, Wüste, Löwen, Beduinen, verwegenes Leben, verwegenes Sterben, und ein Abenteuer, das noch verführerischer lockt: Neulich bin ich dem Spieler begegnet, wen werde ich auf diesem Wege treffen?

Mittags erzähle ich einem französischen Korporal, der an unserem Tische ißt, meine Pläne. Er hört mir ernsthaft und bedächtig zu, klopft mir auf die Schulter, leert sein Glas Wein und sagt: „Schlag's dir aus dem Kopf, Junge, die Fremdenlegion ist kein Spaß.“

Wie ich im Hafen stehe, und Soldaten nach Afrika verladen werden, jeder eine Nummer, jeder ein Sack, der hin und her geschoben wird, verliere ich die Lust, Fremdenlegionär zu werden. Was ist es für eine herrliche Sache um die Freiheit. Ich kann tun und lassen, was ich will. Morgen fahre ich nach Toulon, wenn's mir nicht paßt, fahre ich nach Grenoble zurück.

Hier halte ich inne. Ich bin ein junger Mensch aus bürgerlichem Haus. Daß ich in Frankreich lebe, daß ich studiere, daß ich reise, daß ich versorgt werde, scheint mir „selbstverständlich“. Über den Begriff der Freiheit habe ich nie nachgedacht, es sei denn bei philosophischer Lektüre. Daß mein Freund Stanislaus seit seinem vierzehnten Jahr als Taglöhner arbeitet und von seinem schmalen Lohn die Eltern miternähren muß, war recht und billig, ebenso wie mein Recht, das Leben zu „genießen“. Jetzt erscheint mir plötzlich dieses Recht problematisch. Ich erkenne, was meine äußere Freiheit bedingt und begrenzt: Geld. Geld gibt mir meine Mutter. Warum hat sie Geld, und Stanislaus' Vater hat keines? Ich denke an das Gespräch aus der Kindheit, da ich an meine Mutter die Frage stellte, warum essen sie bei Stanislaus jeden Tag Hering und Pellkartoffeln und wir Braten. Die Antwort der Mutter: „Weil Gott es will“ genügt mir nicht mehr. Ich beginne, an der Notwendigkeit einer Ordnung zu zweifeln, in der die einen sinnlos Geld verspielen und die anderen Not leiden. Aber ich liebe das Geld. Ihm habe ich zu danken, daß ich an diesem strahlenden Morgen den von blühenden Glyzinien und Mimosen überhangenen Weg wandern, daß ich auf irgendeinem Stein ausruhen kann und hören, wie die Wellen des Mittelländischen Meeres gegen die steinige Küste in sanftem Rhythmus schlagen. Ja, ich liebe das Geld, mit schlechtem Gewissen. Der Tag ist mir verleidet, die Welt ist mir verleidet, die Werte, die ich gestern für ewig und unverrückbar hielt, sind fragwürdig geworden, ich selbst bin mir fragwürdig.

Ich sitze vor einer einsamen Kirche in der Nähe des Cap Martin. Ich gehe zur Kirchentür, ich trete in die Kirche, mich umfängt das stille Dämmerlicht einer Welt, in der Menschen selig werden allein durch den Glauben. Vor ein paar Tagen wollte ich Fremdenlegionär werden, jetzt, wenn ein Priester käme und den Jüngling anspräche und sein Herz träfe, er fände ihn bereit zur Absage an die Welt. Ich träume, wie irgendein fernes Kloster mich aufnimmt, ich lege meinen Namen ab und jede Beziehung zum Gestern, ich habe das Gelübde des Schweigens getan, mit den Klostermauern endet die Welt, ich lebe namenlos, verschollen.

Der Priester ist nicht gekommen. Draußen streift mich der kühle Abendwind, ich verspüre Hunger, wandere bis zum nächsten Ort und esse ohne Gewissensskrupel ein Stück Ziegenkäse und trinke den säuerlichen roten Landwein. Vor dem Café spielen die Männer Boule, die Mädchen promenieren und lachen und flirten, der Musikautomat schmettert den letzten Pariser Schlager, groß und feierlich leuchten die Sterne, meine Konflikte sind vergessen, Zweifel und Glaube im Meer ertrunken, die Welt ist sehr schön.

In Sarajewo wird der österreichische Thronfolger ermordet. Die österreichischen und serbischen Studenten werden einberufen, einen Wiener Freund bringe ich zur Bahn. Er sagt mir beim Abschied „Auf Wiedersehen“, ich weiß nicht, was antworten, „vielleicht bist du in einem Jahr tot“, denke ich. Ich gehe nach Hause, diese drei Buchstaben <em>TOT</em> haben sich in meinem Kopf eingenistet, ich werde sie nicht wieder los, ich finde sie überall, in Gesprächen, in Zeitungen. Ich finde sie auf einem Plakat, das die sozialistischen Arbeiter Grenobles auffordert, gegen die drohende Kriegsgefahr in einer Massenversammlung zu demonstrieren. Abends stehe ich in dieser Versammlung, eingekeilt zwischen französischen Arbeitern und Arbeiterinnen. Ich sehe ihre gutmütigen Gesichter, die klaren einfachen Züge, die straff und hart werden, wenn der Redner den Krieg verflucht. Nein, diese Menschen wollen den Krieg nicht. Ihr Schrei „Vive la paix!“ ist eine Kampfansage gegen den Krieg.

Der österreichisch-serbische Krieg kommt. Mittags, morgens, abends berichten die Zeitungen vom Kriegsschauplatz, wir gewöhnen uns daran und hegen die törichte Hoffnung, er werde auf die beiden Länder beschränkt bleiben. Ende Juli beginnen die Universitätsferien. Ich will nach Paris reisen, an den französischen Sprachkursen der Sorbonne teilnehmen. Ich sitze am Abend vor meiner Abreise im Café und trinke einen Apéritiv, Zeitungsjungen stürmen ins Café: „Extrablatt! Jaurès ermordet!“ Erregte Gruppen bilden sich, ich höre einen Arbeiter sagen: „C'est la guerre.“ Im Café, vor dem Café, auf den Straßen, in den Parks sprechen fremde Menschen miteinander. Als sich um Mitternacht der übliche Kanonenschuß auf der Festung löst, stieben die Menschen erschreckt auseinander.

In Lyon wohnt der deutsche Konsul, ich werde ihn fragen, ob ich nach Paris fahren soll. Am 31. Juli bin ich unterwegs nach Lyon. An allen Stationen sehe ich Soldaten, Urlauber, die zum Regiment gerufen sind. In Lyon klingle ich den deutschen Konsul an.

„Raten Sie mir, nach Paris zu fahren?“

„Warum nicht?“

„Sie glauben nicht an eine Kriegsgefahr?“

„Unsinn!“

„Ich frage nicht nur meinetwegen. Deutsche Studenten in Grenoble möchten von Ihnen wissen, was sie tun sollen.“

„Studieren“, sagt der Konsul.

Einige Stunden später schreien die Zeitungsjungen:

„Mobilmachung in Deutschland!“

Ein Extrablatt jagt das andere.

„Kriegszustand in Deutschland!“

„Mobilmachung in Deutschland!“

„Deutsche Soldaten haben die französische Grenze verletzt!“

Eben bin ich noch Arbeitertrupps begegnet, die „A bas la guerre“ gerufen haben, eben habe ich noch die schwarzumränderten sozialistischen Zeitungen gesehen, dem Andenken Jaurès gewidmet, jetzt schlägt die Stimmung um, man riecht den Krieg.

„Deutsches Ultimatum an Frankreich!“ brüllen die Zeitungsjungen, denen die Blätter aus der Hand gerissen werden.

„Sie wollen den Krieg“, kreischt eine Frauenstimme.

Auf dem Platz Belle-cour staut sich die Menge. Redner klettern auf den Sockel des Denkmals.

„Frankreich ist bedroht“, schreit einer, „es geht um seine Freiheit.“

„Nein, um seinen Ruhm“, schreit ein anderer.

„Ich pfeife auf den Ruhm, es geht um Elsaß-Lothringen“, schreit ein dritter.

„Vive l'Alsace-Lorraine!“ antwortet die Menge.

Aber kein Redner findet so viel Beifall wie jener, der die Hörer an die Französische Revolution erinnert, an die geschichtliche Mission Frankreichs, die Preußen vom Militarismus zu befreien und Deutschland die Demokratie zu bringen.

„Wir hassen nicht das deutsche Volk“, ruft er, „wir hassen nur seinen Kaiser!“

Tosender Beifall.

Neben dem Redner taucht eine Frau auf. „Wenn wir in Berlin einziehen“, ruft sie, „werden wir Wilhelm den Bart beschneiden!“

Aus der Menge antwortet es im Sprechchor: „Coupez la barbe de Guilleaume!“

Durch die Straßen ziehen Trupps junger Männer, in skandiertem Rhythmus peitschen sie ein Lied, es enthält nur eine Zeile, die sie pausenlos, fanatisch wiederholen:

„Conspuez Guilleaume, conspuez Guilleaume, conspuez!“

Ich habe nur einen Wunsch, ich will nach Deutschland. Am Bahnhof sagt man mir, daß nachts um zwei ein Zug zur Schweizer Grenze fahre. Ich gehe in ein kleines Café und warte. An allen Tischen spricht man vom Krieg. Neben mir sitzt ein dicker Sergeant mit geschwollenen, geröteten Augen, mit heiserer Stimme singt er die ersten Worte der Marseillaise, bricht ab, trinkt sein Glas und beginnt von neuem. Keiner achtet auf ihn. Er steht auf, geht zum Telephon, seine Stimme überschlägt sich, er brüllt in den Raum:

„Deutschland hat Frankreich den Krieg erklärt!“

Im Café ist es sehr still, der Sergeant geht wieder an seinen Tisch und setzt sich schwer auf seinen Stuhl. Das Schweigen ist wie eine Finsternis, die Licht und Menschen aufsaugt. Der Sergeant springt auf, singt die Marseillaise, und jetzt singen alle mit. Ich sitze fremd an meinem Tisch, die Kehle ist mir zugeschnürt, nie war mir so bang nach Deutschland wie in dieser Sekunde. Ich zahle und laufe auf die Straße. In der Nähe des Bahnhofs höre ich dumpfes Getrappel von Pferdehufen. In der Ferne eine schwarze Masse wird größer und größer. Fanfaren schmettern, an den Häusern öffnen sich Fenster. „Die Kürassiere“, ruft eine Stimme. Unter den Klängen der „Sambre et Meuse“ zieht ein Kürassierregiment vorbei.

Auf dem Bahnhof wimmelt es von Soldaten, Frauen und Kinder begleiten sie. Sie fahren an die italienische Grenze. Nach Deutschland wird Italien, der deutsche Bundesgenosse, nicht mehr lange zögern.

Endlich sitze ich im Zug. In allen Abteilen Deutsche, die fliehen. Wir kommen kaum vorwärts. Immer wieder hält der Zug, wird umrangiert, endlos müssen wir warten. Am nächsten Morgen wird die Coupétür aufgerissen. Bärtige französische Soldaten, Landwehrleute mit aufgepflanztem Bajonett, befehlen uns, den Zug zu verlassen. Auf dem Platz vor dem Bahnhof werden wir zusammengetrieben, müssen unsere Pässe zeigen, die Deutschen werden abgesondert, wir sind verhaftet.

Bis zur Grenze sind es kaum zwanzig Kilometer. Einige von uns lassen das Gepäck im Stich und fliehen. Der Offizier, der uns verhaftet hat, ist ratlos. Er weiß nicht, was er mit uns anfangen soll. Schließlich, gegen Abend, wird uns erlaubt, zur Grenze zu fahren. Um Mitternacht, wenige Stunden vor Schließung der Grenzen, kommen wir in Genf an, hungrig und übermüdet. Aber als wir auf Schweizer Boden stehen, jubeln wir und fallen uns in die Arme und singen „Deutschland, Deutschland über alles“.

Auf der anderen Seite des Perrons singen Franzosen, die heimkehren, die Marseillaise.

Vor dem Bahnhof ein Soldat schlägt mit zuckenden Schlegeln auf eine kleine Trommel und verkündet die Schweizer Mobilmachung.

Drittes Kapitel

Kriegsfreiwilliger

Als der Zug in Lindau, auf deutschem Boden, einläuft, singen wir wieder „Deutschland, Deutschland über alles“. Wir winken den bayerischen Landwehrmännern zu, die den Bahnhof bewachen, jeder von ihnen ist das Vaterland, die Heimat; wenn ihre Vollbärte wedeln, hören wir die deutschen Wälder rauschen. Schwitzend vor Würde läuft ein spitzbäuchiger Reservemajor auf und ab, mitten in unseren Gesang fistelt seine Knödelstimme: „Niemand aussteigen!“

Die Vollbärte wedeln nicht mehr, streng und unnahbar stellen sich die Soldaten vor die Coupétüren. Endlich dürfen wir den Zug verlassen. Unsere Pässe werden kontrolliert, unsere Koffer durchsucht, unser Gefühl prallt ab an der Mauer betonierter Ordnung. Nach stundenlangem Warten werden wir in einen Güterzug verladen, jeder Waggon trägt die Aufschrift: sechzehn Mann oder acht Pferde; rohe harzduftende Bretter dienen als Sitzbänke. Wir wissen nicht, wohin uns der Zug führt, was liegt daran, wo er auch halten mag, es wird eine deutsche Stadt sein.

Ich habe die Stimmen der Menschen noch im Ohr, die schrien, daß Frankreich angegriffen sei, jetzt lese ich in deutschen Zeitungen, daß Deutschland angegriffen wird, und ich glaube es. Französische Flieger, sagte der Reichskanzler, haben Bomben auf bayerisches Land geworfen, Deutschland wurde überfallen, ich glaube es.

An den Bahnhöfen schenkt man uns Karten mit dem Bild des Kaisers und der Unterschrift: „Ich kenne keine Parteien mehr.“

Der Kaiser kennt keine Parteien mehr, hier steht es schwarz auf weiß, das Land keine Rassen mehr, alle sprechen eine Sprache, alle verteidigen eine Mutter, Deutschland.

Wenn wir über Brücken fahren, dürfen die Fenster nicht geöffnet werden. „Hütet euch vor Spionen!“ schreien die Plakate. „Seid vorsichtig in euren Gesprächen!“ warnen die Schilder. Je länger die Fahrt dauert, desto mißtrauischer werden wir. Es soll von russischen und französischen Agenten wimmeln. Ich sehe meinen Nachbarn an, einen biederen schwäbischen Viehhändler, dessen geröteter Kropf vor Erregung zittert, mein Nachbar sieht mich an, wir senken den Blick krampfhaft zu Boden, die Luft ist geladen mit unbrüderlichem Mißtrauen.

Ich habe mich entschlossen, nicht erst nach Hause zu fahren. In München müssen wir den Zug verlassen, es ist späte Nacht. Ich gehe in ein Hotel. Am nächsten Morgen werde ich mich als Freiwilliger melden.

Es ist nicht so leicht, Soldat zu werden. Die Kasernen sind mit Freiwilligen überfüllt, bei der Infanterie und Kavallerie werde ich abgewiesen, ich soll warten, Freiwillige werden nicht mehr eingestellt. Ich gehe durch die Straßen Münchens, am Stachus tobt Tumult, einer will gehört haben, wie zwei Frauen französisch sprechen, die zwei Frauen werden verprügelt, sie protestieren in deutscher Sprache, sie seien Deutsche, es hilft ihnen nichts, mit zerrissenen Kleidern, zerrauften Haaren und blutigen Gesichtern werden sie von Schutzleuten zur Wache geführt.

Im Englischen Garten setze ich mich auf eine Bank, über die alten Buchen streicht ein lauer Wind, es sind deutsche Buchen, nirgends auf der Welt wachsen herrlichere. Neben mir sitzt ein hagerer Mensch, selbst sein Adamsapfel, spitz und riesig, erscheint mir liebenswert. Er steht auf, er geht fort, er kommt mit anderen Menschen wieder. Verwundert sehe ich, wie man auf mich zeigt, dann auf meinen Hut, dessen Futter, allen sichtbar, mit großen blauen Buchstaben den Namen des Lyoner Hutfabrikanten trägt. Ich nehme meinen Hut, gehe weiter, die Gruppe, zu der andere Neugierige stoßen, folgt mir, ich höre erst einen, dann viele rufen: „Ein Franzose, ein Franzose!“ Ich denke an die „Französinnen“ vom Stachus, beschleunige meine Schritte, Kinder laufen neben mir her, weisen auf mich mit Fingern, „ein Franzos, ein Franzos!“, zum Glück begegnet mir ein Schutzmann, ich zeige ihm meinen Paß, die Menschen umringen uns, er zeigt ihnen meinen Paß, unwillig und schimpfend zerstreuen sie sich.

Nachmittags gerate ich in einen Zug, der zum italienischen Konsul zieht. Italien kämpft mit uns, heißt es, wir singen „Deutschland, Deutschland über alles“, wir lassen Italien hochleben und die Treue unserer Verbündeten.

Am nächsten Morgen melde ich mich bei der Artillerie, der Arzt untersucht mich, schüttelt den Kopf, ich habe Angst, daß ich nicht angenommen werde, ich sage, der Augenschein trügt, ich bin stark und gesund, ich muß angenommen werden, ich will in den Krieg. Der Arzt lächelt gutmütig, ich bin angenommen.

Die alte vertragene Uniform schlottert um meine Glieder, die Stiefel drücken mich, und meine Füße schmerzen, aber ich bin stolz, endlich bin ich Soldat, aufgenommen in die Reihen der Vaterlandsverteidiger. Ich kann einen

Gemeinen nicht von einem General unterscheiden, so grüße ich mit geblähter Brust jeden, der mir begegnet. In der Trambahn spricht mich ein bieraufgeschwemmter Spießer an. Aus dem Rock zieht er die Zigarrentasche, öffnet sie, links liegen helle gute Zigarren, rechts verkümmerte schwärzliche mit prahlerischer Bauchbinde, er zeigt auf die mit der Bauchbinde, ich muß eine nehmen, jovial schlägt der Mann mir auf die Schenkel: „A Pardon gebens den verkommenen Franzosen fei net, Herr Krieger!“ An der nächsten Haltestelle verläßt er den Wagen, noch bevor der Schaffner merkt, daß er kein Billett gekauft hat.

Alte Unteroffiziere und junge Kadetten lehren uns, wie ein richtiger Mann stillzustehen und wie er sich zu rühren hat. Wir lernen, daß niemand ein Held des Krieges werden kann, der den Stechschritt des Friedens nicht „wie im Schlaf“ beherrscht.

Zwei- oder dreimal am Tag läuten die Glocken. Wir werden zusammengerufen. Der Offizier verkündet neue Siege. Wir schreien „Hurra!“. Wenn die Truppen so weiter siegen, wird der Krieg ohne uns gewonnen.

Mitte August verlassen wir, blumengeschmückt, von Frauen und Kindern begleitet, München. Noch ziehen wir nicht ins Feld. Mit unbekanntem Ziel fährt der Zug ab. Tagelang fahren wir. Auf einer Bahnstation, an der wir halten, steht im Nebengeleis ein Lazarettzug. An Krücken humpelt mit zerrissenen und blutbefleckten Kleidern einer, dem sie ein Bein weggeschossen haben. Ich sehe zum erstenmal einen Verwundeten. Ich sehe ein lehmgelbes, eingefallenes Gesicht, müde, blicklose Augen, in der Brust spüre ich einen stechenden Schmerz, ich habe Angst, ich will keine Angst haben, ich will nicht weich werden, was liegt an uns, ich denke an Deutschland.

Mitten in der Nacht schreckt uns eine Stimme aus dem Schlaf, wir fahren über den Rhein. Wir springen auf, wir öffnen die Fenster, unter uns fließt schwarz und still der Rhein. Die Kadetten ziehen die Säbel aus der Scheide, „Achtung!“ schreit einer, ein andrer singt „Die Wacht am Rhein“, wir singen mit und schwingen drohend unsere Gewehre.

Ja, wir leben in einem Rausch des Gefühls. Die Worte Deutschland, Vaterland, Krieg haben magische Kraft, wenn wir sie aussprechen, verflüchtigen sie sich nicht, sie schweben in der Luft, kreisen um sich selbst, entzünden sich und uns.

In Bellheim in der Pfalz, nahe der Festung Germersheim, beziehen wir Quartier. Der Lagerraum einer chemischen Fabrik dient uns als Schlafraum, der beizende Dunst der Säuren vermischt sich mit den Ausdünstungen unserer Körper, eine Strohstatt ist unser Lager, ein Pferdewoilach unsere Decke. Das Stroh wird von unseren kotbespritzten Stiefeln dumpf und faulig, die Decke feucht und schimmlig. Wir beklagen uns nicht, je härter, um so besser, die im Schützengraben haben kein Dach überm Kopf, jede Entbehrung bringt uns ihnen näher. Werden zu schmutzigen Arbeiten Freiwillige verlangt, melden sich alle. Wenn ich das stinkende Klosett reinige, fühle ich mich ausgezeichnet und erhöht. Zu essen gibt es reichlich, zu reichlich. Jeden Tag sind die Abfallfässer vollgepfropft mit vertrockneten Broten und fetten Fleischstücken.

Die Vorgesetzten wissen mit unserm Enthusiasmus nichts anzufangen. Wir werden sinnlos gedrillt. Hat es geregnet, ist der Exerzierplatz aufgeweicht und schlammig, bekommt die Stimme des Unteroffiziers einen süßlich schmierigen Ton: „Hinlegen!“ flötet er. „Aufstehen! Hinlegen! Aufstehen!“ Wir schmeißen uns in den Dreck, wir stehen auf, wir schmeißen uns wieder in den Dreck, wir müssen mit dem Kopf im Schlamm liegenbleiben, nach der Exerzierstunde starren wir vor Nässe und Schmutz. Auf dem Heimweg befiehlt der Feldwebel, daß wir das Lied „Wie ein stolzer Adler“ singen.

Einer bittet, man soll uns frisches Stroh geben, der Wunsch wird nicht erfüllt. Erst als das Ungeziefer uns nicht mehr schlafen läßt, und selbst beim Appell die Soldaten sich jucken und kratzen und der Arzt feststellt, daß alle ohne Ausnahme Filzläuse haben, muß das Stroh verbrannt und der Raum desinfiziert werden.

Im Januar 1915 verlassen wir die Pfalz. Vor unserer Abfahrt hält der Hauptmann eine Rede: Wir kämen zwar in deutsches Land, aber verdächtige Menschen wohnten dort, fast Feinde, vor denen wir uns in acht nehmen müßten, wir würden bei Bürgern einquartiert werden, aber wir dürften ihnen nicht trauen und müßten nachts die Stuben verriegeln und die Waffen bereithalten.

Das Land, von dem der Hauptmann spricht, ist Elsaß-Lothringen, seit dreiundvierzig Jahren deutsches Reichsland.

Wir beziehen in den Dörfern vor Straßburg Quartier. Wir heißen jetzt Ersatzbataillon des 1. Fußartillerieregiments. Ich wohne bei einem Gastwirt, der an der russischen Front kämpft, seine Frau und seine Tochter, deren Mann in Frankreich kämpft, verwalten die Wirtschaft. Ich werde mit gutem Wein und gutem Essen freundlich aufgenommen, aber ich bin mißtrauisch am ersten Abend, ich verschließe die Tür und lade mein Gewehr. Ich träume, die alte und die junge Frau schlagen meine Tür ein, und während mich die junge festhält, schneidet mir die alte mit einem Küchenmesser die Kehle durch. Schreiend fahre ich auf, es hat an meine Tür geklopft, draußen steht die Alte und fragt mich, ob ich zum Frühstück ein Ei essen möchte, ob ich schmutzige Wäsche habe, ich solle mich um nichts sorgen, sie werde alles in Ordnung halten. Am nächsten Abend lasse ich meine Tür offen und die Munition in der Patronentasche. Einmal, als ich mit der jungen Frau mich unterhalte, klagt sie über das Mißtrauen der Offiziere und Beamten, der elsässische Soldat werde kontrolliert und bespitzelt, die Bevölkerung schikaniert, was den Franzosen nicht gelänge, würden die Preußen erreichen: das Band zu Deutschland würde zerschnitten.

Wir werden weitergedrillt, auf dem Exerzierplatz hören wir jeden Tag, daß uns „die Eier geschliffen werden müssen".

Der Vormarsch in Frankreich ist zum Stillstand gekommen, niemand weiß warum, von der verlorenen Marneschlacht haben die Zeitungen nichts berichtet, die Deutschen siegen immerfort, trotzdem ist Paris nicht gefallen, trotzdem geht der Krieg weiter.

Es ist März 1915, die Untätigkeit wird unerträglich. Den halben Tag stehen wir wartend umher, zwischen Warten und Drill verrinnt die Zeit. Ab und zu werden vom Feld Soldaten angefordert. Als eines Tages der Hauptmann drei kräftige Leute für einen Zug in Frankreich aussucht und wieder an mir vorbeigeht, trete ich unmilitärisch vor und melde mich.

„Sie sind nicht kräftig genug", sagt der Hauptmann.

„Ich bin noch kräftiger, ich ertrag's nicht mehr hier, ich will ins Feld!"

Der Feldwebel erstarrt, die Unteroffiziere werfen mir wütende Blicke zu, der Hauptmann weiß nicht recht, was tun, er schwankt, ob er mich bestrafen soll, er dreht sich um und schreit dem Feldwebel zu:

„An die Front mit ihm!"

Viertes Kapitel

Die Front

Wir fahren über Metz der Front entgegen. Erst werden die Gespräche krampfhaft laut, wir kreischen uns Worte zu, alberne, zotige, törichte Worte, wir recken unsere Körper, wir ziehen die Knie an und sehen mit harten Augen in die Nacht. Wir fühlen uns als Frontsoldaten, wir spielen Frontsoldaten, wir öffnen die Patronentaschen, wir zählen die scharfe Munition, wir hantieren an den Schlössern unserer Karabiner. Die Worte werden leiser, sie tropfen in die dicke, stehende Luft. Die Lichter in den Abteilen verlöschen. Mit geblendeten Scheinwerfern fährt der Zug weiter. Nun spricht keiner mehr, wir atmen stiller, die verkrampfte Haltung löst sich, wir spielen nicht mehr Frontsoldaten, da wir die Front hören. Bald nach Metz hämmert sie an unsere Ohren. Der Zug hält auf offener Strecke, wir steigen aus. Leute stehen da, die uns erwarten. Wir marschieren durch die Nacht, Regen weicht unsere Kleider, die Tornister drücken, wir erreichen ein Dorf. Wir stolpern durch Straßen, der Führer klopft an Fensterläden, eine Tür wird geöffnet, wir treten in die Küche des Geschützzuges, dem wir zugeteilt worden sind. Ein dicker Soldat gibt uns heißen Kaffee.

„Alle drei Kriegsmutwillige!“ schreit unser Führer.

„Drei Idioten mehr“, sagt der Koch.

Vor Tag wache ich auf. Ich gehe durch das Dorf, vorbei an den schwarzen Brandmauern zerschossener Häuser, ich falle in Granatlöcher, die die Straßen zerwühlen. Die Tür einer Kirche steht offen. Ich gehe hinein, grau fällt der Tag durch die zerspellten Scheiben, meine schweren Stiefel hallen auf den Fliesen des steinernen Bodens. Vor dem Altar liegt ein Soldat. Wie ich mich über ihn beuge, sehe ich, daß er tot ist. Der Kopf ist in der Mitte aufgebrochen, wie riesige Eischalen klaffen die Hälften auseinander, das Gehirn quillt breiig darüber.

Unsere Geschütze stehen auf halber Höhe vor Pont à Mousson. Wir kommen morgens an, mit Kaffeekesseln und Brot für die Mannschaft beladen, die Soldaten sitzen mit nacktem Oberkörper vor den Unterständen, die Hemden auf ihre Knie gebreitet, und knacken die Läuse, die in den Nähten sich eingenistet haben.

Auf dem Weg zum Geschütz höre ich das Surren eines Flugzeuges. Neugierig bleibe ich stehen, erkenne auf der unteren Tragfläche des Apparates den Kreis der Trikolore.

„Hinschmeißen!“ ruft unser Führer.

Vielstimmiges Pfeifen, der Flieger hat zwei Bündel kleiner stählerner Pfeile auf unsere Gruppe geworfen. Niemand ist verletzt.

„Net amal a kloaner Heimatschuß“, sagt unser Führer. „Dei Vorgänger hat mehr Schwein ghabt“, wendet er sich zu mir, „als er grad auf der Latrin gsessen is, hat eahm a Schrapnell dawischt, jetzt hat er sei Ruah im Lazarett.“

Der Beobachterstand liegt in der Talmulde vor der Kuppe des Berges. Ich sehe durchs Scherenfernrohr, sehe die Schützengräben der Franzosen, dahinter Pont à Mousson, die zerschossene Stadt, die Mosel, die durch die Landschaft des Vorfrühlings weich und träge sich schlängelt. Ich beginne zu unterscheiden: In den Straßen der Stadt marschiert eine Gruppe französischer Soldaten. Sie löst sich, die Soldaten gehen einzeln in den Laufgraben, der zur vorderen Linie führt. Wieder marschiert eine Gruppe.

Am zweiten Fernrohr steht der Leutnant.

„Sehen Sie die Franzosen?“ fragt der Leutnant.

„Ja.“

„Wollen ihnen Zunder geben.“

„Granate zweiundzwanzighundert“, ruft der Leutnant hinüber zum Telephonisten.

„Granate zweiundzwanzighundert“, wiederholt der Telephonist.

Ich starre durchs Scherenfernrohr. Eine rote Fieberwelle überspült mein Hirn, Erregung befällt mich wie vorm Spieltisch, wie auf der Jagd, mein Herz trommelt, die Hände zucken. In der Luft hohles Gurgeln, drüben steigt eine braune Staubsäule auf.

Die Franzosen stieben auseinander, nicht alle, etliche liegen am Boden, Tote, Verletzte.

„Volltreffer!“ ruft der Leutnant.

„Hurra!“ schreit der Telephonist.

„Hurra!“ schreie ich.

Jeden Mittag um elf Uhr platzen mit automatischer Pünktlichkeit über unseren Geschützen ein Dutzend Schrapnellschüsse. Wir sind daran gewöhnt, wir wissen, welche feindlichen Geschütze uns zum Ziel ausersehen, wir schießen die Antwort eine Stunde später. Fünf Minuten vor elf sagt Josef:

„Machts, daß eini kimmts.“

Wir sagen: „Geh, so schnell schießen die net, mir habn no fünf Minuten Zeit.“ Dann verschwinden wir im Unterstand und spielen Tarock. Die französischen Geschosse tun unseren Kanonen nichts, die deutschen Geschosse tun den französischen Kanonen nichts, man schießt als Zeichen, daß noch Krieg ist, daß die drüben da sind, daß wir da sind. Wir sitzen im Unterstand. Elf Uhr, elf Uhr zwei, elf Uhr zehn.

„Kreuz sieben", sagt Alois. „Kreuz As", sage ich. „Gstocha", sagt Josef. Aber er nimmt die Karten nicht auf. „Himmi Kruzitürken", schreit er, „warum schiaßen denn die Luader net?" – „Dena ihr Uhr wird nachgehn", sagt Alois, schweigend spielen wir zehn Minuten. Unheimlich ist diese Stille.

Zwanzig Meter vom Geschütz krepiert eine Granate.

„Na endli", ruft Alois. „Trumpf!"

Wieder krepiert eine Granate.

„Dös san net unsere Franzosn", schreit Alois und wirft die Karten hin.

Ein Granatsplitter fliegt krachend gegen die Tür des Unterstands.

Das Telephon klingelt.

„Alles in den Laufgang!"

Wir stürzen in den Gang, der vom Unterstand seitlich in den Berg sich gräbt. Die Decke über unseren Köpfen ist kaum dreißig Zentimeter dick, darüber liegen Balken und Wellblech. Jeder Volltreffer wird uns zu Brei schlagen. Aber dieser lächerliche Graben gibt uns die Illusion vager Sicherheit. Ein Regen von Granatsplittern prasselt auf unser Dach.

Unser ältester Landwehrmann, Bauernknecht aus Berchtesgaden, zieht seinen Rosenkranz hervor und betet leise. Franz singt ein Schnadahüpferl.

„Halts Mäu", sagt verkniffen Sebastian, „versündig di net."

Von ungeheurem Krach und Getose zittert der Unterstand. Unser zweites Munitionsdepot ist in die Luft geflogen. Sebastian hat aufgehört zu beten, Franz stiert zur Decke. Zwei Stunden trommeln die Geschosse über unseren Köpfen. Das Warten lähmt. Kein Befehl kommt vom Beobachterstand. Vielleicht ist die Telephonleitung zerschossen.

Jetzt antworten unsere schweren Geschütze.

„Zwei müssen hinaus", sagt der Unteroffizier. Josef und ich springen den Abhang hinauf, Kugeln und Splitter surren und pfeifen. Wir erreichen den Beobachterstand. Das feindliche Feuer hat nachgelassen. Ab und zu wühlen sich Granaten in unsern Berg, Zeitzünder, braune Staub-Geysire schießen in die Luft. Wie wir zu unseren Geschützen zurückkommen, sehen wir uns die Bescherung an.

„Schwindel", sagt Josef.

„Der Krieg", sagt Josef.

Endlich sind wir in Ruhestellung. Seit Wochen hängt mir die Uniform am Leib, seit Wochen habe ich mich nicht mehr reinigen können. Ich hole mir einen Eimer Wasser, ich reiße mir die Kleider herunter, ich seife und bürste mich mit genießerischer Freude. Wie ich so dastehe, nackt, prustend, nähert sich

Sebastian, der Bauernknecht aus Berchtesgaden. Er ist fromm, und er begreift nicht, warum dieser Krieg tobt. Wenn sie ihm von Hause Schinken und Speck schicken, setzt er sich mit abgewandtem krummem Rücken in einen Winkel und ißt und stiert und sinnt. Vielleicht sind die Preußen „an der Gaudi“ schuld, bestimmt sind sie schuld. Die können ja nie nicht das Maul halten, wegen ihnen hat König Ludwig II. dran glauben müssen, wenn der leben tät', manche sagen, er ist gar nicht ertrunken, er lebt, der Bismarck hat die Bayern beschissen, vorne und hinten, sein Großvater hat im Krieg 1866 ganz allein sechs Preußen gefangengenommen. „Ergebts euch“, hat er geschrien, „die Bayern san da“, und jetzt saufen sie uns das Bier weg aus der Kantine. Sebastian bleibt stehen, erblickt mich nackt und schließt vor Schreck die Augen. Er öffnet die Augen, er stopft seine Pfeife und sieht schief über mich hinweg in die Bäume.

„Jetzt woaß ma ja, warum der Krieg hat kemma müssn“, brummt er. „Der Preiß wascht sich nackad.“

Aus seinem Mundwinkel zischt ein Strahl Spucke.

„Saupreiß!“ ruft er und geht in den Unterstand und haut sich aufs Stroh.

In Kellern und Scheunen, in schmalen Kämmerchen und in Küchenecken hausen die französischen Einwohner, die der Krieg in den Frontdörfern zurückließ, Schiffbrüchige, die auf Planken leben, morgen stößt sie ein Sturm ins Bodenlose. Ohnmächtige Zeugen ihres eigenen Untergangs, das Dorf, in dem Eltern und Ureltern wohnten, wird zerschossen, den Acker pflügen Kanonen, die Saat streuen Granaten, die Ernte, die wächst, heißt Tod und Heimatlosigkeit.

Was die Franzosen brauchen, um nicht zu verhungern, bekommen sie von den Deutschen, aber für ein Brot oder ein Stück Wurst verkauft sich manche Frau.

Soldaten und Bauern sind freundlich zueinander, sie kennen sich und ihre alltäglichen Gewohnheiten, sie vertrauen sich und schütteln den Kopf beim Wort Krieg, sie schimpfen gemeinsam über sinnlose Kommandobefehle, und wenn die Frauen des Dorfes antreten müssen zu niedriger Arbeit, fluchen sie gemeinsam „Merde“.

Wir brauchen keine Angst zu haben, daß uns nichts mehr zu tun bleibt, kein Ende des Krieges ist abzusehen, die Heere haben in den Schützengräben Frankreichs, Polens, Rußlands, Asiens Quartier bezogen, die Soldaten singen: „Ach dieser Feldzug, er ist kein Schnellzug, wann wird die Hochzeit sein zu Köln am Rhein.“

Unser Zugführer ist Student der Medizin, früher war er Kadett, er wurde aus dem Kadettenhaus verwiesen und mußte den Soldatenrock ausziehen, im Krieg hat man ihn zum Offizierstellvertreter befördert. Er trägt Leutnantsabzeichen, wir spotten über seine Eitelkeit, seinen Dünkel, seinen Größenwahn.

Als er einmal an mir vorbeigeht, grüße ich ihn nicht stramm und militärisch genug.

Am nächsten Tag verliest beim Rapport der Wachtmeister seinen Befehl:

„Toller tritt bis auf weiteres jeden Tag um elf Uhr fünfzehn Minuten mit kriegsmäßig gepacktem Tornister beim Beobachterstand an."

Um elf Uhr fünfzehn bin ich im Beobachterstand. Leutnant Siegel sitzt am Tisch und liest. Ich melde mich beim Gefreiten Sedlmeier.

„Die Strümpf san net vorschriftsmäßig packt."

„Zurück und noch mal antreten", flüstert Leutnant Siegel mit trockener Stimme.

Ich renne den Abhang hinunter, der in dieser Zeit von Schrapnellen bestrichen ist. Schwitzend laufe ich in den Unterstand, packe wieder den Tornister, laufe wieder hinauf.

„Wo is denn des Verbandzeug?" fragt Sedlmeier.

„Ich habe es liegenlassen."

„Zurück!" faucht Leutnant Siegel.

Sedlmeier schlägt die Hacken zusammen und lacht albern.

Wieder renne ich hinunter, wieder renne ich hinauf. Das Blut kocht mir vor Wut.

Drei Tage wiederholt sich das erbärmliche Spiel.

Ich sitze ohne Schlaf auf meinem Lager und starre vor mich hin.

„Ich schieß' den Kerl tot, wenn das so weitergeht", sage ich laut.

„Warum hat er so an Haß auf di?" sagt Franz.

„Ich weiß nicht."

„Aber i. Die Intellektuellen untereinander können sich nia net leiden."

In der Frühe melde ich mich beim Major des badischen Zuges, dem unsere Geschütze zugeteilt sind.

„Kriegsfreiwilliger Toller zum Rapport."

Der Major, ein aktiver Offizier aus Karlsruhe, mit gutmütigem aufgeschwemmtem Trinkergesicht, sieht mich erstaunt an, ich habe den Dienstweg übersprungen, er müßte mich einsperren. Ich erzähle ihm, was geschehen ist. Der Major schweigt, ich weiß, auch er mag den falschen Leutnant nicht.

„Setzen Sie sich und trinken Sie einen Schnaps“, sagt der Major. „Was sollen wir mit Ihnen anfangen?“

„Weg möcht' ich, Herr Major.“

„Wohin?“

„Am liebsten zur Infanterie.“

„Warum zur Infanterie? Was haben Sie gegen die Artillerie?“

„Wir schießen und wissen nicht, auf wen. Die drüben schießen, wir wissen nicht wer. Ich will den Feind sehen, gegen den ich kämpfe.“

„Sie schreiben Gedichte?“ sagt der Major.

„Zu Befehl, Herr Major.“

„Wohl moderne? Als Dichter Kampf der Romantik, als Soldat wünschen Sie sich einen kleinen romantischen Krieg. Prost.“

„Prost, Herr Major.“

„Wohin wollen Sie?“

„Zu den Revolverkanonen im Priesterwald.“

„Meinetwegen. Wenn Sie davonkommen, schicken Sie mir Ihre neuen Gedichte.“

„Zu Befehl, Herr Major.“

Zwei Stunden später sagt mir der Wachtmeister, daß ich versetzt bin. Ich packe meinen Tornister, schmeiße die Sachen durcheinander und melde mich beim Leutnant. Mit schleimigem Lächeln empfängt mich der Leutnant.

„Wollen uns versöhnen“, sagt er und will mir die Hand reichen.

Ich mache kurz kehrt.

„Halt!“ ruft er.

Ich drehe mich um.

„Haben Sie nicht gesehen, daß ich Ihnen die Hand geben wollte?“

„Jawohl, Herr Leutnant.“

„Was fällt Ihnen ein?“

„Wenn es ein dienstlicher Befehl ist“, sage ich und strecke steif die Hand hin. Der dünne Hals schwillt rot an.

„Scheren Sie sich zum Teufel!“

„Jawohl, Herr Leutnant.“

Zerschossener Wald, zwei armselige Worte. Ein Baum ist wie ein Mensch. Die Sonne bescheint ihn, er hat Wurzeln, die Wurzeln stecken in Erde, der Regen wässert sie, die Winde streichen über sein Geäst, er wächst, er stirbt, wir wissen wenig von seinem Wachsen und noch weniger von seinem Sterben. Dem

Herbststurm neigt er sich wie seiner Erfüllung, aber es ist nicht der Tod, der kommt, sondern der sammelnde Schlaf des Winters.

Ein Wald ist ein Volk. Ein zerschossener Wald ist ein gemeucheltes Volk. Die gliedlosen Stümpfe stehen schwarz im Tag, und auch die erbarmende Nacht verhüllt sie nicht, selbst die Winde streichen fremd über sie hinweg.

Durch einen dieser zerschossenen Wälder, die überall in Europa verwesen, den Priesterwald, ziehen sich die Schützengräben der Franzosen und der Deutschen. Wir liegen so nahe beieinander, daß wir, steckten wir die Köpfe aus den Gräben, miteinander sprechen könnten, ohne unsere Stimme zu erheben.

Wir schlafen aneinandergekauert in schlammigen Unterständen, von den Wänden rinnt Wasser, an unserem Brot nagen die Ratten, an unserem Schlaf der Krieg und die Heimat. Heute sind wir zehn Mann, morgen acht, zwei haben Granaten zerfleischt. Wir begraben unsere Toten nicht. Wir setzen sie in die kleinen Nischen, die in die Grabenwand geschachtet sind für uns zum Ausruhen. Wenn ich geduckt durch den Graben schleiche, weiß ich nicht, ob ich an einem Toten oder einem Lebenden vorübergehe. Hier haben Leichen und Lebende die gleichen graugelben Gesichter.

Nicht immer müssen wir nach einem Platz für die Toten suchen.

Oft werden ihre Körper so zerrissen, daß nur ein Fetzen Fleisch, an einem Baumstumpf klebend, an sie erinnert.

Oder sie verröcheln im Drahtverhau zwischen den Gräben.

Oder wenn Minen ein Grabenstück in die Luft sprengen, wird die Erde selbst zum Totengräber.

Dreihundert Meter rechts von uns, im Hexenkessel, liegt an einem Blockhaus, das zwanzigmal Besitz der Deutschen, zwanzigmal Besitz der Franzosen war, ein Haufen Leichen. Die Körper sind ineinanderverschlungen wie in großer Umarmung. Ein furchtbarer Gestank ging davon aus, jetzt bedeckt alle die gleiche dünne Decke weißen Ätzkalks.

Die Revolverkanonen werden zurückgezogen, ich werde zu einem Geschützzug östlich von Verdun versetzt. Die grünen dichten Kronen alter Buchen decken uns gegen feindliche Flieger, wir schießen, wir werden beschossen, im ganzen leben wir ein friedliches, langweiliges Leben. Nur auf das schlechte Essen wird geschimpft, bei den Ställen die Zahlmeister und Feldwebel essen gebratene Beefsteaks und schlagen sich den Bauch voll, das macht böses Blut. Auch daß die Offiziere in der Ruhestellung sich ein neues Kasino bauen lassen, während durch unsere Unterstände Regen rinnt, Bretter und Teerpappe für uns fehlen. Oder daß nahe unseren Geschützen ein betonierter Unterstand für den Stab gebaut wird, mit allem Komfort. „Kostet zwanzigtausend Mark“, sagt ein Maurer, „mit so dicken Geldern kannst du mehr als einen Krieg überwintern.“

Latrinengerüchte schwirren von Mund zu Mund, dort sollen Soldaten gemeutert, dort sich mit den Franzosen verbrüdert haben. Einem General hätten sie die Kaffeebrühe vor die Füße gegossen, einen Offizier im Graben erschossen.

Der Kaiser wird kommen, wir müssen antreten, der Hauptmann bestimmt die Soldaten, die die saubersten Uniformen tragen, so werden schließlich Köche, Schreiber und Offiziersburschen für die Kaiserparade gewählt und mit Eisernen Kreuzen dekoriert. Frontschweine haben da nichts zu suchen, sagen die Soldaten. Brüllendes Gelächter weckt die Nachricht, daß alle ihre scharfe Munition abgeben mußten, bevor sie vor des Kaisers Angesicht traten.

Am besten vertragen wir uns mit den aktiven Offizieren, ihre überlegene Art ist dem Sachlichen und Notwendigen zugewandt, verliert sich selten ans Kleinliche, am schlechtesten stehen wir mit den kleinbürgerlichen Reserveoffizieren, sie spielen sich auf und schikanieren bei jeder Gelegenheit, als müßten sie sich und uns beweisen, wie mächtige Herren sie geworden sind.

Franz bekam von Hause einen dünnhäutigen Regenmantel, ein junger Reserveoffizier hielt ihn an, was er sich einbilde, die Soldaten hätten sich an Regen und Dreck zu gewöhnen, zum Spaß sei der Krieg nicht da, wenn der gemeine Mann heute einen Regenmantel trage, werde er morgen das Recht nehmen, sich Offiziersmützen aufzusetzen.

„Sterben können die Offiziere wie wir“, sagt Franz, „aber leben können sie nicht mit uns.“

Wir wissen vom Krieg nur, was sich in unserem kleinen Abschnitt begibt, von den anderen Fronten erzählen die Zeitungen, selbst das Bild der Gefechte, die wir erleben, formt sich für viele erst nach dem Bericht, das ursprüngliche Bild ändert seine Konturen oder wird verwischt und verdrängt.

In den Feuilletons der Zeitungen sind die Franzosen eine degenerierte Rasse, die Engländer feige Krämerseelen, die Russen Schweine; die Sucht, den Gegner herabzusetzen, zu beschimpfen und zu besudeln, ist so widerwärtig, daß ich in einem Aufsatz, den ich dem „Kunstwart“ schicke, mich gegen diese Haltung, die uns selbst herabsetzt, wehre, der Redakteur schickt das Manuskript mit vielen gewundenen Phrasen zurück, man müsse auf die Volksstimmung Rücksicht nehmen. Dabei ist diese Volksstimmung in der Heimat gezüchtet, die Frontsoldaten „spucken darauf“.

Das Dorf A. muß geräumt werden. Um sieben Uhr in der Früh kommt der Befehl, um sieben Uhr dreißig Minuten hat der letzte Einwohner das Dorf verlassen. Als ich um acht Uhr durch die stillen Straßen gehe, in Häuser trete, deren offene Türen niemandem wehren und niemanden einladen, bin ich doch nicht allein. In den Gängen und Stuben die Luft trägt die Wärme der Menschen, die hier gewohnt, und auch die Dinge haben sich nicht gelöst von ihren Besitzern, die Klinken bewahren den Druck der Hände, an Geschirr und Töpfen haften die sorgenden Blicke der Hausfrauen, Schränke und Kommoden bergen Kleider und Hausrat, den Geruch alltäglicher und festlicher Stunden, die Dinge lösen sich schwerer vom Menschen als die Menschen von ihnen, und wenn ein Mensch längst gestorben ist, bleiben sie ihm verhaftet. Hier sind die Menschen nur fortgezogen aus ihren Häusern, weil der Krieg sie verjagt hat, sie durften nichts mit sich nehmen, als was sie tragen konnten mit ihren Armen, jede Stube erzählt vom Schmerz der Wahl. Eine Frau hat Bettwäsche gebündelt und ließ sie liegen. Eine andere Kleider aus einem Schrank gerissen und sie wieder hingeworfen. Einer, Mutter oder Kind, Spielzeug gesammelt und verschnürt, um sich am Ende davon zu trennen.

In der Stille des verlassenen Dorfes ist niemand, mich zu fragen, trotzdem sage ich laut, als ob ich einem der verjagten Menschen Rede stünde:

„Es mußte sein, auch dieses."

Und mit hastigen Schritten renne ich aus dem Dorf, niemand wird mich aufhalten, vor wem fliehe ich?

Ich bin Unteroffizier geworden. Jede Nacht habe ich Dienst im Graben bei der Infanterie, wir müssen das Mündungsfeuer der französischen Geschütze „anschneiden", aus der Pause von Licht und Schall läßt sich ihr Standort errechnen.

In drei Schichten wechseln wir ab, die erste Schicht beginnt um acht Uhr abends, die zweite um Mitternacht, die dritte um vier Uhr morgens. Nach ein paar Stunden Schlaf verlassen wir den Unterstand bei den Geschützen und laufen schweigend die aufgeweichten Wege zum Wald, der hinter der dritten Stellung liegt. Krachend und pfeifend, mit vielfachem Echo, explodieren Granaten und Schrapnells. Wir stolpern über Baumstümpfe, wir springen von Granatloch zu Granatloch, in Wassertümpel, in Schlamm. Gelbfeuriges Licht der Geschosse umflammt die Stämme, wir schauen nie nach dem Himmel, wir wissen nicht, ob Sterne uns leuchten oder die Finsternis wie ein schwarzer Sack über uns hängt, endlich finden wir den Laufgraben, und die Augen lösen sich von der Erde.

Wir stehen hinter der Grabenwand und lauern, Gewehrkugeln spritzen lichtzuckend in die Erde, Querschläger surren, Leuchtkugeln entfalten sich, schweben mit weißfahlem Schein über den Drahtverhauen, alle Geräusche vermischen sich mit den Stimmen der Nacht. Da, in der Ferne, blitzen Mündungsfeuer, wir schneiden sie an mit den Scherenfernrohren, wir zählen die Sekunden, bis mit dumpfer Gewalt das Geschoß zerreißt. Aber über allem Schrecken besänftigt die Nacht unsere Herzen, groß und feierlich umhüllt sie Erde und Kreatur, freier wird der Atem, stiller der Puls, sie bettet uns in den Strom der ewigen Gesetze.

Eines Nachts hören wir Schreie, so, als wenn ein Mensch furchtbare Schmerzen leidet, dann ist es still. „Wird einer zu Tode getroffen sein", denken wir. Nach einer Stunde kommen die Schreie wieder. Nun hört es nicht mehr auf. Diese Nacht nicht. Die nächste Nacht nicht. Nackt und wortlos wimmert der Schrei, wir wissen nicht, dringt er aus der Kehle eines Deutschen oder eines Franzosen. Der Schrei lebt für sich, er klagt die Erde an und den Himmel. Wir pressen die Fäuste an unsere Ohren, um das Gewimmer nicht zu hören, es hilft nichts, der Schrei dreht sich wie ein Kreisel in unsern Köpfen, er zerdehnt die Minuten zu Stunden, die Stunden zu Jahren. Wir vertrocknen und vergreisen zwischen Ton und Ton.

Wir haben erfahren, wer schreit, einer der Unsern, er hängt im Drahtverhau, niemand kann ihn retten, zwei haben's versucht, sie wurden erschossen, irgendeiner Mutter Sohn wehrt sich verzweifelt gegen seinen Tod, zum Teufel, er macht so viel Aufhebens davon, wir werden verrückt, wenn er noch lange schreit. Der Tod stopft ihm den Mund am dritten Tag.

Ich sehe die Toten, und ich sehe sie nicht. Als Knabe habe ich auf Jahrmärkten Schreckenskammern besucht, darin in wächsernen Figuren die Kaiser und Könige, die Helden und Mörder des Tages gezeigt wurden. Die gleiche Unwirklichkeit, die Grauen zeugt, aber kein Mitleid, haben die Toten.

Ich stehe im Graben, mit dem Pickel schürfe ich die Erde. Die stählerne Spitze bleibt hängen, ich zerre und ziehe sie mit einem Ruck heraus. An ihr hängt ein schleimiger Knoten, und wie ich mich beuge, sehe ich, es ist menschliches Gedärm. Ein toter Mensch ist hier begraben. Ein – toter – Mensch.

Warum halte ich inne? Warum zwingen diese Worte zum Verweilen, warum pressen sie mein Hirn mit der Gewalt eines Schraubstocks, warum schnüren sie mir die Kehle zu und das Herz ab? Drei Worte wie irgendwelche drei andern.

Ein toter Mensch – ich will endlich diese drei Worte vergessen, was ist nur an diesen Worten, warum übermächtigen und überwältigen sie mich?

Ein – toter – Mensch –

Und plötzlich, als teile sich die Finsternis vom Licht, das Wort vom Sinn, erfasse ich die einfache Wahrheit Mensch, die ich vergessen hatte, die vergraben und verschüttet lag, die Gemeinsamkeit, das Eine und Einende.

Ein toter Mensch.

Nicht: ein toter Franzose.

Nicht: ein toter Deutscher.

Ein toter Mensch.

Alle diese Toten sind Menschen, alle diese Toten haben geatmet wie ich, alle diese Toten hatten einen Vater, eine Mutter, Frauen, die sie liebten, ein Stück Land, in dem sie wurzelten, Gesichter, die von ihren Freuden und ihren Leiden sagten, Augen, die das Licht sahen und den Himmel. In dieser Stunde weiß ich, daß ich blind war, weil ich mich geblendet hatte, in dieser Stunde weiß ich endlich, daß alle diese Toten, Franzosen und Deutsche, Brüder waren und daß ich ihr Bruder bin. – Nun kann ich an keinem Toten mehr vorbeigehen, ohne innezuhalten, sein Antlitz zu betrachten, dessen erdige Patina, eine undurchdringliche Mauer, ihn der vertrauten Zeit entrückt; wer warst du, frage ich, von wo kommst du, wer trauert um dich? Niemals frage ich: Warum mußtest du sterben? Niemals: wer ist schuld? Alle verteidigen ihr Land, der Deutsche Deutschland, der Franzose Frankreich, alle erfüllen ihre Pflicht.

Ich hole Kaffee aus der Feldküche. Am Wegrand sitzt ein Soldat, ein Knabe, dem die graue Uniform um die mageren Glieder schlottert, als gehöre sie nicht ihm, sondern seinem Vater, und er trage sie zu kindlichem Spiel. Der Knabe weint, er schlägt die Hände vors Gesicht, er preßt die Nägel in die Handwurzeln. Die Arme lösen sich, sinken kraftlos zu Boden, der Körper sackt zusammen.

„Junge“, sage ich.

Der Knabe strafft sich blicklos.

„Junge“, sage ich noch einmal.

Der Knabe sitzt starr da, aus den Augen rinnen willenlos die Tränen.

Ich berühre seine Schultern, er weist mit müder Bewegung des Kopfes nach rückwärts.

Dort liegt ein zweiter Knabe, eine Mütze bedeckt sein Gesicht. Ich hebe die Mütze auf. Blonde Strähnen fallen wirr auf die gewölbte Stirn, die Augen im schmalen, kantigen Gesicht sind geschlossen, der Mund, das Kinn ... aber das ist blutiger Brei, der Knabe ist tot.

„Er war mein Freund“, sagt der erste, „wir gingen in eine Schule, in eine Klasse. Er war ein Jahr jünger als ich, noch nicht siebzehn. Ich meldete mich freiwillig, er durfte nicht, seine Mutter wollte es nicht erlauben, er war der einzige Sohn. Er schämte sich, wir bettelten beide, endlich gab seine Mutter nach. Vor einer Woche kamen wir ins Feld, jetzt ist er tot. Was soll ich seiner Mutter schreiben?“

„Schreib, er hat seine Pflicht getan“, will ich sagen, aber ich sag's nicht, im Munde bleibt ein fader Geschmack, ich packe die scheppernden Kaffeetöpfe.

„Schreib ihr gar nicht“, rufe ich, „hör auf zu heulen, Junge.“

Wieder ist Frühling. In der Waldlichtung aus den Gräbern der Soldaten sprießt Gras. Die Grabdecke ist dünn, zu dünn, von einem toten Soldaten hat der Regen die Erde weggespült, die seine Füße bedeckte, in schauriger Blöße wachsen zwei derbe rindslederne Stiefel aus dem Boden.

„Schuhnummer 48“, sagt ein Berliner Infanterist, der neben mir steht.

In den Stiefeln verwesen Beine, die marschiert sind über die Felder Rußlands und Frankreichs, sie haben Stechschritt gelernt und sind im Parademarsch vorbeimarschiert an Generälen und vielleicht am Kaiser, sie konnten auf der Stelle treten nach den Geboten des Exerzierreglements, in Eilmärschen die Stellung wechseln und sich gegen den Boden stemmen, wenn es galt, ein Stück Stacheldraht zu verteidigen, sie waren mehr wert als ein Kopf und weniger als ein Gewehr. Millionen Beine verwesen in der Erde Europas, die Stiefel hat man ihnen mitgegeben ins dürftige Grabgewölbe, wie toten Königen das Zepter.

Ich ziehe mein Seitengewehr und breche damit Erdschollen, ich bedecke die Stiefel, die „ihre Pflicht“ getan haben.

Hinter unseren Linien ist ein französisches Flugzeug brennend abgestürzt. Der Apparat war zertrümmert, der Führer verkohlt, nur die gelben Juchtenstiefel blieben unversehrt. Jetzt trägt sie der Gefreite vom zweiten Geschütz, er paradiert damit vor den französischen Mädchen im Dorf. „Comme elles sont chiques“, lachen die Mädchen, „Franzä“, lacht der Gefreite, und er erzählt, wie er sie erobert hat, „Flieger bum, kaput“. Die Mädchen blicken stumm und ängstlich zu Boden.

„Flieger kaput, la France kaput“, sagt der Gefreite.

„Jamais“, sagt zornig ein Mädchen.

„Ich und du amour“, sagt der Gefreite.

Dreizehn Monate bleibe ich an der Front, die großen Empfindungen werden stumpf, die großen Worte klein, Krieg wird zum Alltag, Frontdienst zum

Tagwerk, Helden werden Opfer, Freiwillige Gekettete, das Leben ist eine Hölle, der Tod eine Bagatelle, wir alle sind Schrauben einer Maschine, die vorwärts sich wälzt, keiner weiß, wohin, die zurück sich wälzt, keiner weiß, warum, wir werden gelockert, gefeilt, angezogen, ausgewechselt, verworfen – der Sinn ist abhanden gekommen, was brannte, ist verschlackt, der Schmerz ausgelaugt, der Boden, aus dem Tat und Einsatz wuchsen, eine öde Wüste.

Die Führungsringe von Blindgängergranaten hauen wir ab, aus Leichtsinn. Neulich ist eine krepiert und hat zwei Mann zerrissen, ist nicht alles gleichgültig?

Ich melde mich zum Fliegerkorps, nicht aus Tapferkeit, nicht einmal aus Lust am Abenteuer, ich will aus der Masse ausbrechen, aus dem Massenleben, aus dem Massensterben.

Bevor ich zur neuen Truppe versetzt werde, erkranke ich. Magen und Herz versagen. Ich komme ins Lazarett nach Straßburg. In ein stilles Franziskanerkloster. Schweigsame, freundliche Mönche pflegen mich. Nach vielen Wochen werde ich entlassen. Ich bin kriegsuntauglich.

Fünftes Kapitel

Ich will den Krieg vergessen

Ich studiere an der Universität München. Maßlos ist mein Eifer, schweifende Neugierde treibt mich von Kolleg zu Kolleg. Vorlesungen über Staatsrecht höre ich mit der gleichen ernsten Erwartung wie die Vorträge Wölfflins über Dürer und Holbein. Immer ist mein Ohr gespannt, Paragraphen und Pandekten, Formen und Stile müssen ein Geheimnis bergen, ein Gesetz, einen Sinn. Das Besondere reizt meinen Hunger nach Wissen, das Allgemeine, das ich suche, bleibt mir verborgen.

Ich vergnüge mich im literaturgeschichtlichen Seminar des Professor Kutscher. In Hauptmannsuniform, das Eiserne Kreuz auf der Brust, sich leicht auf den Krückstock stützend, steht er auf dem Katheder, schmuck und ein Freund der Modernen. Einmal in der Woche lädt Kutscher die Studenten in ein Gasthaus. Thomas Mann, Karl Henckell, Max Halbe lesen aus ihren Werken, Frank Wedekind singt im harten Stakkato seine herrlichen diabolischen Balladen. Nachher gehen wir stundenlang durch die nächtlichen Straßen, wir schleudern uns die Modeworte der Literaturkritik an den Kopf, wir verteidigen und verdammen Schriftsteller und Werke. Jeder hat die Schublade voll mit

Manuskripten, jeder träumt vom Ruhm, jeder hält sich für begnadet und auserwählt.

Der Student Weiß spricht jedesmal von einem neuen Versband, er schreibe täglich zwölf Gedichte, manchmal auch fünfzehn, die gereimten morgens, die freien Rhythmen abends, in dicken Diarien habe er sie aufgezeichnet, die idyllischen mit roter Tinte, die tragischen mit schwarzer. Goethe, sagt er, habe es auf achtzig Bände gebracht, er hoffe, ein viertel Tausend zu erreichen. Bei mir zu Hause liegt ein schmales Bändchen, bekümmert verfolge ich seinen Fleiß.

Thomas Mann lädt mich in sein Haus, meine Rocktasche ist mit Dutzenden von Gedichtmanuskripten vollgestopft, unruhig rücke ich beim Tee hin und her, wann wird es schicklich sein, ihm einige Verse vorzulesen, endlich wag' ich's. „Hm", sagt er und nochmals „Hm", bedeutet es Lob, bedeutet es Tadel? Er läßt sich die Manuskripte geben, er liest mit mir jede Zeile, lobt diese und sagt, warum die andere unzulänglich, bewundernswert ist seine Geduld, gemessen und väterlich sein Rat. Er behält sich einige Papiere, zwei Tage später schreibt er mir einen langen Brief, er hat sie nochmals geprüft und belehrt den jungen Menschen, der diese schöne Haltung nie vergißt.

In einem Buchladen begegne ich Rainer Maria Rilke. „Ich habe seit Jahren keine Verse mehr geschrieben", sagt Rilke leise, „der Krieg hat mich stumm gemacht."

Der Krieg? Das Wort verschattet meine Augen, seit Wochen habe ich keine Zeitungen mehr gelesen, ich will nichts wissen vom Krieg, nichts hören.

Ich gehe in die Gemäldegalerien, ich fahre mit der Frau, die ich liebe, an die bayerischen Seen, wir hören Konzerte, Bach, Beethoven, Schubert. Im Sturz der Musik vergesse ich die Klage des Menschen, der hilflos zwischen den Gräben verging.

Alles ist neu und beseligend, Wärme und Stille und Bücher und Worte der Freunde, die Fürsorge der Wirtin, das heiße Bad, das Bett. „Draußen" war ich wochenlang nicht aus den Kleidern gekommen, nachts schlief ich auf dumpfigem Stroh oder auf feuchtkalter Erde. Nach einem Jahr war ich zu kurzem Urlaub nach Haus gefahren, unterwegs, in Berlin, blieb ich vierundzwanzig Stunden, ich hatte mir in einem der komfortablen Hotelpaläste ein Zimmer gemietet, nur eine Stunde wollte ich ruhen, und dann den scheckigen Trubel der Straßen sehen, Caféhäuser, Schaufenster, Frauen, aber als das weiße kühlende Leinen mich begrub, vergaß ich Berlin und blieb im Bett die vierundzwanzig Stunden.

Ich wandere durch den Vorfrühling des Englischen Gartens, Schneeglöckchen blühen, Krokus, die ersten Veilchen, an den Bäumen die jungen Knospen treiben im steigenden Saft, zart leuchtet der hellgrüne Samt der weiten Rasenflächen, vorm japanischen Pavillon sitzen junge Frauen in hellen Kleidern, Kinder singen, Musik spielt, froh sind die Menschen. Ich atme den Frieden und die Sonne, ich will den Krieg vergessen.

Aber ich kann ihn nicht vergessen. Vier Wochen, sechs Wochen geht es, plötzlich hat er mich wieder überfallen, ich begegne ihm überall, vor dem Altar des Mathias Grünewald sehe ich durch das Bild den Hexenkessel im Priesterwald, die zerschossenen, zerfetzten Kameraden, Krüppel begegnen mir auf meinen Wegen, schwarzverschleierte, vergrämte Frauen. Ach, die Flucht war vergeblich.

Sie liegt still an meiner Seite. An den offenen Läden flackert der laue Nachtwind.

„Du zitterst."

„Schließ die Läden, bitte."

„Das Singen auf der Straße?"

„Der Frost."

„Was hast du, Liebes?"

„Werden die Toten in Särgen begraben, draußen?"

„In Zeltdecken."

„Immer?"

„Im Massengrab nicht."

„Ich hab' so Angst vor der unentrinnbaren Kälte. Daß auch dieses stirbt, dies bißchen gute Wärme."

„Umarm mich. Ich liebe dich."

„Mein Freund ist gefallen vor Verdun."

Sechstes Kapitel

Auflehnung

Auf einem der sanften Hügel Mitteldeutschlands, gelehnt an die blaugrünen stillen Tannenhänge des thüringischen Landes, steht die Burg Lauenstein.

Hierher lädt der Verlagsbuchhändler Eugen Diederichs Gelehrte, Künstler, politische Schriftsteller, Lebensreformer, junge Menschen. In diesen Zeiten, deren Sinn viele Menschen nicht mehr zu fassen vermögen, sollen die Berufenen über Sinn und Aufgabe der Zeit miteinander sprechen. Max Weber ist gekommen, der Heidelberger Soziologe, Max Maurenbrecher, früher ein protestantischer Pfarrer, jetzt alldeutscher Politiker und „Lebensreformer", der Dichter Richard Dehmel, der Dichter Walter von Molo, der Arbeiterdichter Bröger, der Bildhauer Kroner, viele Professoren, darunter Meinecke, Sombart, Tönnies. Alle sind sie aus ihren Arbeitsstuben aufgescheucht worden, alle zweifeln sie an den Werten von gestern und heute. Nur die Jungen wollen Klarheit. Reif zur Vernichtung scheint ihnen diese Welt, sie suchen den Weg aus den schrecklichen Wirren der Zeit, die Tat des Herzens, das Chaos zu bannen, sie glauben an den unbedingten, unbestechlichen Geist, der seiner Verpflichtung lebt und der Wahrheit. Aber diese Männer, die sie als des Geistes Träger verehren, sind keine biblischen Propheten, die eine verirrte Welt mit mächtigem Wort richten und verdammen, die bereit wären, den Zorn der Könige und Tyrannen furchtlos zu ertragen, sind keine Rebellen und Aufrührer, sie flüchten sich in das Gespinst lebensferner Staatsromantik. Der besondere, der neue, der deutsche Geist möge sich offenbaren, in religiöser Erde sich verwurzeln und alle retten, hoffen die einen, die Stunde sei gekommen, eine deutsche Kirche zu gründen, glauben die andern, sie bringen gleich bildnerische Entwürfe mit für den Tempel, der auf dem höchsten Berge Deutschlands, allen sichtbar, die Gläubigen sammeln soll. Der Krieg ist eine Schickung des deutschen Gottes, so will es Max Maurenbrecher, im demokratischen Individualismus des gottlosen Westeuropa sieht er den Fluch der Zeit, Deutschland habe die Aufgabe, einen neuen Staat in Europa zu schaffen, dieser Staat solle das irdische Gesicht des Absoluten versinnbildlichen.

Die Jugend klammert sich an Max Weber, seine Persönlichkeit, seine intellektuelle Rechtschaffenheit zieht sie an. Er haßt alle Staatsromantik, er attackiert Maurenbrecher und mit ihm die deutschen Professoren, die vor lauter Gespinsten die Wirklichkeit nicht sehen. Was hülfe es, die eigene Seele zu gewinnen, sagt er, wenn die Nation verkümmert, das Deutsche Reich ist ein Obrigkeitsstaat, das Volk hat keinen Einfluß auf die staatliche Willensbildung, not tue, daß das preußische Klassenwahlrecht verschwinde, die Beamtenherrschaft ausgemerzt, die Regierung parlamentarisiert und die staatlichen Einrichtungen demokratisiert werden, alle Kulturfragen würden durch die Frage beeinflußt, wie der Krieg zu Ende gehe.

Die andern suchen Betäubung, ein mittelalterliches Mysterienspiel soll religiöse Gemeinschaftsgefühle erwecken, Dichter deklamieren Dithyramben, vor den efeuumrankten Burgmauern tanzen im Mondschein die Töchter des Dichters Falke, ob gut oder schlecht, das ist hier nicht wichtig, die Professoren glauben, der Geist Gottes wehe über diesem Tanze. Wenn sie durch die dunkel getäfelten Gemächer wandeln, in denen alter, morscher Hausrat ein gespenstisches Leben führt, fühlen sie sich als mittelalterliche Ritter, Missionare des heiligen Geistes.

Tagelang wird geredet, diskutiert, draußen auf den Schlachtfeldern Europas trommelt der Krieg, wir warten, warten, warum sprechen diese Männer nicht das erlösende Wort, sind sie stumm und taub und blind, weil sie nie im Schützengraben gelegen, nie die verzweifelten Schreie der Sterbenden, nie die Klage zerschossener Wälder gehört, nie die trostlosen Augen verjagter Bauern gesehen haben?

Ich bin ein junger unreifer Mensch, all diese Männer sind mir an Erfahrung, an Wissen, an Lebensreife, an Erkenntnis- und Geisteskraft weit überlegen, vor ihnen zu sprechen, scheint mir Anmaßung, aber ich kann nicht schweigen. Zeigt uns endlich den Weg, rufe ich, die Tage brennen und die Nächte, wir können nicht länger warten. Aber niemand zeigt den Weg, der in die Welt des Friedens und der Brüderlichkeit führt. Abends tanzen die Tänzerinnen, baut sich aus großen Worten die neue Kirche, der mystische Tempel.

So bleibt nur eines: das Geschenk menschlicher Beziehung, bleibt Richard Dehmel, bleibt Max Weber. In abendlichen Gesprächen enthüllt sich die kämpferische Natur dieses Gelehrten. Mit Worten, die seine Freiheit, sein Leben gefährden, entblößt er die Schäden des Reichs. Im Kaiser sieht er das Hauptübel, er nennt Wilhelm II. einen dilettierenden Fatzken. „Wenn der Krieg zu Ende ist", sagt er, „werde ich den Kaiser so lange beleidigen, bis er mir den Prozeß macht, und dann sollen die verantwortlichen Staatsmänner Bülow, Bethmann-Hollweg, Tirpitz gezwungen werden, unter Eid auszusagen." Bei diesen tapferen Worten wird den Jungen klar, was sie von ihm scheidet. Sie wollen mehr als den Kaiser treffen, anderes als nur das Wahlrecht reformieren, ein neues Fundament wollen sie bauen, sie glauben, daß die Umwandlung äußerer Ordnung auch den Menschen wandle.

Der Dichter Richard Dehmel hat den Krieg gesehen, zu Beginn des Krieges ist er fünfzigjährig als Freiwilliger ins Feld gezogen, müde und verstört kam er heim. Ich wandere mit ihm durch den thüringischen Wald, er ermuntert mich, ich sage ihm meine Verse. „Kümmern Sie sich nicht um uns Alte", sagt er, „gehen Sie Ihren Weg, auch wenn die Welt Sie verfolgt und befehdet. Sie haben mir da ein Gedicht gesagt, das mit der Zeile schließt: „Ich starb / Gebar mich / Starb / Gebar mich / Ich ward mir Mutter." Das ist entscheidend. An einem Punkt des Lebens muß man sich von allen lösen, auch von der Mutter, man muß sich selbst Mutter werden."

Von Lauenstein fahre ich zum Wintersemester nach Heidelberg. Söhne aus bürgerlichen Familien, die nicht wissen, was sie mit sich anfangen sollen, studieren Nationalökonomie, das ist Brauch und Mode. In Deutschland gehört es zum guten Ton, in allen Lebenslagen „Doktor" zu sein, und wer's nicht ist, dem verleihen Zimmervermieterinnen und Hotelwirte, Kellner und Straßenmädchen den nichtssagenden Titel. Die Heidelberger Fakultät hat den Ruf einer Doktorfabrik. Des alten gutmütigen Professor Gothein Fragen, die sich seit Jahrzehnten wiederholen, sind sorgfältig von „Einpaukern" notiert, nebst richtigen Antworten werden sie den bedürftigen Studenten verkauft.

Ich hole mir bei Gothein ein Doktorthema, er schlägt mir „Schweinezucht in Ostpreußen" vor.

Das Heidelberg der Kriegszeit hat wenig gemein mit der Limonadenromantik der Alt-Heidelberg-Filme. Die meisten Studenten sind Krüppel und Kranke, die der Krieg freigab. Die Wirte erzählen von den schönen Zeiten, in denen Burschenschafter und Korpsstudenten, mit bunten Bändern und Kappen geschmückt, durch die Straßen zogen und das gute Bier in Strömen floß, die Zimmervermieterinnen ärgern sich über die vielen Studentinnen, die am Monatsende die Rechnungen kontrollieren und jeden Pfennig zweimal umdrehen.

Die Tagung in Lauenstein hat mich tief enttäuscht. Große Worte wurden gesprochen, nichts geschah.

Alle schweigen. Wer wird endlich sprechen? Vielleicht der Dichter der „Weber", Gerhart Hauptmann? Zum hundertjährigen Gedenken der Völkerschlacht bei Leipzig hatte er ein Festspiel geschaffen, das den Zorn der Hohenzollern erregte, es verdammte den Krieg und pries den Frieden. 1914 hatte ihn, gleich vielen anderen deutschen Dichtern, das Fieber der Zeit verwirrt, Kriegshymnen dichtete er und Soldatenlieder. Jetzt, nach diesen Jahren des Mordens, muß er zu sich gefunden haben. Ich schreibe ihm einen Brief. „Sie dürfen nicht länger schweigen“, schreibe ich, „Ihr Werk verpflichtet Sie, wir jungen Menschen warten auf das Wort eines geistigen Führers, an den wir glauben, Sie haben sich täuschen lassen, wer tat es nicht, jetzt müssen Sie, der Dichter des leidenden Menschen, Ihren Irrtum, bekennen, Ihr Wort wirkte mächtiger als der Appell der Generale, es wäre der Ruf zum Frieden, es würde die Jugend Europas sammeln.“

Keine Antwort kam von Gerhart Hauptmann.

Der Krieg geht weiter. Jeden Tag bringen die Zeitungen Nachrichten von neuen Gefechten, neuen Toten, neuen Verwundeten. Um jeden Handstrich Land fallen Hekatomben. Kein Ende ist abzusehen.

Ich werde zu Bekannten eingeladen. Studenten und Studentinnen sind versammelt. Man trinkt deutschen Kriegstee aus getrockneten Lindenblütenblättern, man ißt deutschen Kriegskeks aus Kleie und Kartoffelmehl. Endlich begegne ich Freunden. Junge Menschen, die wissen, daß die „große Zeit“ eine elend kleine Zeit ist, klagen den Krieg an und seine sinnlosen Opfer, haben nur einen Wunsch, im Wust der Lüge die Wahrheit zu erkennen. Doch auch sie schrecken zurück vor der Tat, die an ihre Worte sich binden müßte. Wenn sie mit heißem Kopf und erregtem Gefühl stundenlang diskutiert haben, gehen sie nach Haus, in die schlechtgeheizten, häßlich möblierten Zimmer und glauben beruhigt, es sei etwas geschehen. Ich höre ihren Diskussionen zu, ich denke an Lauenstein, an den Wortschwall, an die Tatenlosigkeit, an die Feigheit.

Haben wir nicht, als im Feld der Tod unser Kamerad war, der bei uns hockte in Schützengräben und Unterständen, in zerschossenen Dörfern und Wäldern, im Hagel der Schrapnelle und unterm Licht der Sterne, geschworen mit heiligem Ernst, daß der Krieg nur einen Sinn haben kann: den Aufbruch der Jugend? Dieses Europa muß umgepflügt werden von Grund auf, gelobten wir, die Väter haben uns verraten, die Frontjugend, hart und unsentimental, wird das Werk der Reinigung beginnen, wer hätte das Recht, wenn nicht sie. Was man uns weigert, das erzwingen wir.

„Es hat keinen Sinn“, rufe ich, „daß ihr anklagt, heute gibt es nur einen Weg, wir müssen Rebellen werden!“

Im Zimmer ist es still. Die Ängstlichen nehmen ihre Mäntel und gehen davon, die andern finden sich zu einem Kampfbund.

„Kulturpolitischer Bund der Jugend in Deutschland“ heißt er. Für friedliche Lösung der Widersprüche des Völkerlebens will er kämpfen, für Abschaffung der Armut. Denn, sagen wir uns, ist keiner mehr arm, wird die Gier aufhören, fremdes Geld zu raffen, fremdes Land, fremde Völker zu knechten und fremde Staaten zu unterjochen, nur die Armen sind verführbar, leidet keiner Hunger, wird niemand dem anderen das Brot neiden, Krieg und Armut sind verhängnisvoll verkoppelt. Keiner weiß, wie die Armut abzuschaffen ist, keiner, wie die Widersprüche des Völkerlebens friedlich gelöst werden sollen, nur daß es geschehen muß, wissen wir alle.

Die Deutsche Vaterlandspartei greift uns an, nennt uns Verräter am vaterländischen Gedanken, pazifistische Verbrecher.

„Ihr mißbraucht das Wort vaterländisch“, antworten wir, „eure privaten Interessen sind nicht die Interessen des Volkes. Wir wissen, daß unsere Kultur von keiner fremden Macht erdrückt werden kann, wir verwerfen aber auch den Versuch, andere Völker mit unserer Kultur zu vergewaltigen. Unser Ziel ist nicht Machterweiterung, sondern Kulturvertiefung, nicht geistlose Organisation, sondern Organisation des Geistes.

Alle Teilnahmlosen wollen wir aufrütteln und sammeln.

Wir empfinden Achtung vor den Studenten in fremden Ländern, die gegen die unfaßbare Sinnlosigkeit und Entsetzlichkeit des Krieges, gegen jegliche Militarisierung schon jetzt protestieren.“

Die Antwort wird in den Zeitungen gedruckt. Einige Menschen schreiben uns zustimmende Briefe, darunter der alte Foerster und Einstein.

Aber zahlreicher sind die Schimpf- und Drohbriefe, die täglich an meine Adresse kommen.

Eine anonyme „deutsche Mutter“ wünscht mir, daß ich in einem Granattrichter festgebunden und von englischen Geschossen zerrissen werde. Ein „Veteran aus dem Kriege 1871“ möchte, daß die schwarzen französischen Soldaten mir das Fell bei lebendigem Leibe schinden und als Trophäe nach Afrika, dort wo es am dunkelsten ist, mitnehmen.

Die Zeitungen der Rechten rufen die Behörden gegen uns auf. Demokratische Professoren in der Universität nennen uns würdelose Pazifisten.

Wir wehren uns. Das „Berliner Tageblatt“ druckt meine Antwort.

„Schon immer wurde unbequemer Gesinnung der Vorwurf „nicht vaterländisch“ oder „würdelos“ gemacht. Ist der „nicht vaterländisch“, der den friedlichen Bund freier selbständiger Völker erstrebt? Heißt das schon, die Schändlichkeiten irgendwelcher Regierungen beschönigen? Heißt das schon, den Frieden um jeden Preis erstreben? Dann hat unsere deutsche Sprache ihren Sinn verloren.

Daß wir wenige sind, soll als Argument nichts gegen die Wirklichkeit sagen, die wir aussprechen.

Politik heißt für uns, sich für das Geschick seines Landes mitverantwortlich fühlen und handeln. Wer diese Aufgabe nicht erfüllt, hat das mit seinem Gewissen abzumachen. Es gibt nur eine Sittlichkeit, die für die Menschheit gültig ist. Es gibt nur einen Geist, der in der Menschheit lebt.

Gerade die von uns, die im Felde Krieg erlebt haben, fühlen sich doppelt verpflichtet, ihren Weg unbeirrt zu gehen. Wir wissen, daß wir unsern Brüdern draußen den wahren Dienst leisten. Auch wir lieben Deutschland, nur auf eine andere Weise, mit höheren Ansprüchen – auch an uns.“

Da greift die Oberste Heeresleitung ein. Sie warnt die deutsche Jugend vor Verführungen, die Militärbehörden beginnen zu arbeiten.

Österreichische Studentinnen, die dem Bund angehören, müssen binnen vierundzwanzig Stunden Deutschland verlassen. Alle männlichen Mitglieder werden zum Bezirkskommando bestellt. Selbst die, die bei jeder Siebung von neuem dienstuntauglich befunden wurden, sind plötzlich kriegsverwendungsfähig und werden in die Kasernen geschickt.

Am Tag, an dem die Verfolgungen einsetzen, liege ich mit schwerer Grippe und hohem Fieber im Krankenhaus. Eine Studentin bringt mir die Nachricht.

„Man sucht Sie schon in Ihrer Wohnung, Sie müssen sofort abreisen, sonst werden Sie verhaftet.“

Fröstelnd und fiebernd sitze ich im Zug nach Berlin. Am nächsten Morgen gehe ich in den Reichstag, alarmiere demokratische und sozialistische Abgeordnete. Der Bund bleibt verboten. Auch die Gruppen, die an anderen Universitäten sich gebildet hatten, werden aufgelöst. Aber dieser Bund war ein Alarmzeichen. Wir hatten begonnen, gegen den Krieg zu rebellieren. Wir glaubten, daß unsere Stimme jenseits der Fronten gehört werde und die Jugend aller Länder mit uns den Kampf aufnähme gegen die, die wir anklagten: die Väter!

Am Abend, bevor ich Heidelberg verlasse, ist ein Brief von Gustav Landauer eingetroffen, dessen „Aufruf zum Sozialismus" mich entscheidend berührt und bestimmt hat. Ich antworte ihm:

Was ich tue, tue ich nicht aus Not allein, nicht aus Leid am häßlichen Alltagsgeschehen allein, nicht aus Empörung über politische und wirtschaftliche Ordnung allein, das alles sind Gründe, aber nicht die einzigen. Ich bin kein religiöser Ekstatiker, der nur sich und Gott und nicht die Menschen sieht. Ich bemitleide jene Verkrüppelten, die letzthin an sich, nur an sich, ihren kleinen persönlichen Mangel leiden. Ich bemitleide jene Verkümmerten, die aus Freude an der „Bewegung" abwechselnd futuristische Kabaretts und Revolution fordern. Ich will das Lebendige durchdringen, in welcher Gestalt es sich auch immer zeigt, ich will es mit Liebe umpflügen, aber ich will auch das Erstarrte, wenn es sein muß, umstürzen, um des Geistes willen. Ich will, daß niemand Einsatz des Lebens fordert, wenn er nicht von sich selbst weiß, daß er es einsetzen wird. Ich fordere von denen, die mit uns gehen, daß sie sich nicht damit begnügen, ihr Leben entweder seelisch oder geistig oder körperlich einzusetzen, sie sollen wissen, daß sie es seelisch und geistig und körperlich einsetzen werden.

Nicht Sekte gemeinsam Schöpferischer träume ich, das Schöpferische hat jeder als Eigenbesitz, das Schöpferische kann sich in seinem reinsten Ausdruck nur in der Arbeit des einzelnen offenbaren, aber das Gefühl der Gemeinschaft ist beglückend und stärkend.

Ich weiß, welche Inhalte ich bekämpfe, ich glaube auch zu wissen, welche neuen Inhalte dasein müssen, aber noch besitze ich keine Klarheit, welche äußeren Bindungen, welche Formen diese neuen Inhalte haben müssen.

In meinem Innersten spüre ich eine Ruhe, die ist und mir Freiheit gibt. Ich weiß, daß ich in größter Unruhe leben, daß ich gegen Schmutz oder beschränkten Unverstand hitzig und erregt ankämpfen kann und mir diese innerste Ruhe doch bleibt.

Siebentes Kapitel

Streik

Eines Tages finde ich auf dem Tisch ein Paket mit Büchern, die Denkschriften Lichnowskys, Mühlons, Beerfeldes, andere Broschüren.

Der Krieg ließ mich zum Kriegsgegner werden, ich hatte erkannt, daß der Krieg das Verhängnis Europas, die Pest der Menschheit, die Schande unseres

Jahrhunderts ist. Über die Frage, wer den Krieg verschuldet hat, machte ich mir keine Gedanken. Ich lese die Bücher, lese, daß die kaiserliche Regierung das Volk betrügt, sie ist nicht unschuldig am Ausbruch des Krieges, lese, daß die kaiserliche Regierung das Volk weiter betrügt, sie ist mitschuldig an der Fortdauer des Krieges. Es ist nicht wahr, sage ich wieder und wieder, aber hier sind Zeugen, die klagen an, die erhärten und beweisen ihre Anklagen. Die Regierung hat es nicht verhindert, daß die österreichische Monarchie den Krieg gegen Serbien entfesselte, die Regierung hat die Neutralität Belgiens verletzt, obwohl sie damit ihr Wort brach und wußte, daß dem Einbruch in Belgien die englische Kriegserklärung folgen würde, in diesem Krieg verteidigt sich nicht das deutsche Volk, ich verteidige nicht mein Vaterland, die deutschen Stahlmagnaten wollen die Erzgruben von Belgien, Longwy und Briey erobern, die Kriegsziele der alldeutschen Imperialisten verhindern den Friedensschluß. Wir sind betrogen, unser Einsatz war umsonst, bei dieser Erkenntnis stürzt mir eine Welt zusammen. Ich war gläubig wie alle Menschen in Deutschland, gläubig wie die namenlosen Massen des Volkes.

Als ich in dieser Nacht das Licht lösche, finde ich keinen Schlaf. Der Tag kommt, aber der Tag bleibt dunkel, mir ist zumute, als sei das Land, das ich liebe, von Verbrechern verkauft und verraten. Der Kampf gegen den Krieg muß die Schuldigen treffen, auch in Frankreich wird es Schuldige geben, wie es in Rußland Schuldige gab, auch in England, auch in Italien, wir leben in Deutschland, wer die Wahrheit erkannt hat, muß in seinem Land beginnen.

Die Frage der Kriegsschuld ist nicht nur eine Frage der Kriegsschuldigen, die Herrschenden sind verstrickt in das feinmaschige Netz der Interessen, Ehrbegriffe, Moralwerte der Gesellschaft. Sie suchen Macht und Ruhm und Freiheit ihres Volkes in der Ohnmacht, im Elend, in der Unterdrückung anderer Völker. Aber kein Volk ist wahrhaft frei ohne die Freiheit seiner Nachbarn. Die Politiker belügen sich selbst und belügen die Bürger, sie nennen ihre Interessen Ideale, für diese Ideale, für Gold, für Land, für Erz, für Öl, für lauter tote Dinge sterben, hungern, verzweifeln die Menschen. Überall. Die Frage der Kriegsschuld verblaßt vor der Schuld des Kapitalismus.

Die Arbeiterbewegung und ihre Ziele waren mir fremd bisher, auf der Schule hatte man uns gelehrt, daß die Sozialisten den Staat zerstören, daß ihre Führer Schurken seien, die sich bereichern wollen, jetzt lerne ich zum erstenmal einen Arbeiterführer kennen, Kurt Eisner.

Eisner war für einige Tage nach Berlin gekommen, Freunde hatten mich zu ihm geführt. Schon in den ersten Tagen des Krieges bekannte er sich als Kriegsgegner, die Militärbehörden verfolgten ihn und erstickten seine Stimme, der eigenen Partei ward er unbequem und lästig. Er ließ sich nicht beirren, er setzte seinen Kampf gegen den Krieg fort. Als sich eine kleine Gruppe, später die „Unabhängigen" genannt, von der Sozialdemokratischen Partei trennte, schloß er sich ihr an und wirkte in München weiter. Im werktätigen Volk wächst die Bewegung gegen die kaiserliche Kriegspolitik, man glaubt nicht den Führern, die die Kriegskredite bewilligen, man glaubt Liebknecht, dem Verfemten, dem Zuchthäusler, der in einer Welt der Verblendung diese Welt verdammte.

Ein paar Tage später war ich in München. Ich ging in die Versammlungen Eisners, in denen Arbeiter, Frauen, junge Menschen nach dem Weg suchten, der den Frieden bringt, das Volk rettet. In diesen Versammlungen sah ich Arbeitergestalten, denen ich bisher nicht begegnet war, Männer von nüchternem Verstand, sozialer Einsicht, großem Lebenswissen, gehärtetem Willen, Sozialisten, die ohne Rücksicht auf Vorteile des Tages der Sache dienten, an die sie glaubten.

In Kiel streikten Zehntausende von Munitionsarbeitern. Ihre Losung hieß: Friede ohne Annexionen und Kontributionen, den Völkern freies Selbstbestimmungsrecht. Was wird München tun? Die Rechtssozialisten wollen den Streik nicht, Eisner und die Unabhängigen sind zu schwach, ihn zu entfesseln, trotzdem war der Streik eines Morgens da.

Die Krupparbeiter, meist Norddeutsche, verließen als erste die Betriebe, keine Drohung konnte sie einschüchtern. „Man wird euch die Nahrungszulagen, Fett und Wurst wegnehmen, man wird euch zum Heer einberufen, man wird euch zur Front zurückschicken", drohte man ihnen. Sie fürchteten nicht Entbehrung, nicht Tod, sie kämpften nicht um Lohnerhöhung, sie kämpften nicht einmal für sich, denn sie waren versorgt, bevorzugt, vom Kriegsdienst befreit, sie kämpften für ihre Brüder im Feld.

Ein Streikkomitee wurde gebildet, Eisner gehörte ihm an.

Ich gehe in die Streikversammlungen, ich möchte helfen, irgend etwas tun, ich verteile, weil ich glaube, daß diese Verse, aus dem Schrecken des Krieges geboren, ihn treffen und anklagen, Kriegsgedichte unter die Frauen, die Lazarett- und Krüppelszenen aus meinem Drama „Die Wandlung".

Endlich wird mir eine Aufgabe übertragen. Ich soll zu den Arbeiterinnen einer Zigarettenfabrik sprechen, sie auffordern, am Streik teilzunehmen. Der

Fabrikpförtner wehrt mir den Zutritt zum Hof, Arbeiter eilen mir zu Hilfe. Bald sind alle Frauen im Hof versammelt. Sie verlassen den Betrieb. Gemeinsam ziehen wir zur Versammlung.

Die Menschen sind unruhig, Eisner soll sprechen, wo bleibt er? Auch die anderen Mitglieder des Streikkomitees fehlen. Nach einer Stunde vergeblichen Wartens hören wir, daß die Polizei während der Nacht alle verhaftet hat.

Frau Sonja Lerch ist unter den Verhafteten, die Frau eines Münchener Universitätsprofessors. Der Mann hat sich am ersten Streiktag von ihr losgesagt, aber sie liebte ihn und wollte ihn nicht lassen. Gestern abend war sie bei mir, trostlos, verstört, ich bot ihr an, die Nacht in meinem Zimmer zu bleiben, ich warnte sie, in das Haus ihres Mannes zurückzukehren, dort zuerst würde die Polizei nach ihr fahnden, sie blieb meinen Worten taub. „Einmal will ich ihn noch sehen, einmal nur", wiederholte sie unaufhörlich, wie ein Kind, das sich an die zerstörten Reste einer geliebten Puppe klammert. Sie ging. Nachts um drei Uhr kam die Polizei und führte sie ins Gefängnis Stadelheim. Sie schrie Tag und Nacht, ihre Schreie hallten durch Zellen und Gänge, Wärtern und Gefangenen gefror das Blut, am vierten Tag fand man sie tot, sie hatte sich erhängt.

Eine Massenbewegung, die an ihre Ziele glaubt, ist durch die Verhaftung der Führer nicht einzudämmen. Der Glaube ist ein entscheidendes Element, erst wenn er angekränkelt, geschwächt, zersetzt ist, können gegnerische Mächte die Einheit der Bewegung sprengen und sie auflösen in ohnmächtige, willensunfähige Haufen. Diese Arbeiter glauben an ihre Sache, die Nachricht von der Gefangennahme der Führer beantworten sie mit der Wahl einer Delegation, die soll beim Polizeipräsidenten die Freilassung der Gefangenen fordern. Die dreitausend Versammlungsteilnehmer werden sie zum Polizeipräsidium begleiten, kehrten sie binnen einer Stunde nicht zurück, soll eine zweite Delegation die Freilassung fordern, die Versammlung wird sich nicht auflösen, der Streik mit unverminderter Kraft fortgesetzt.

Die erste Delegation ist gewählt. Der Vorsitzende fragt, wer sich freiwillig für die zweite meldet. Drei haben ihre Namen gerufen, darunter ein Soldat, zwei gehen auf die Bühne, der dritte fehlt, im letzten Augenblick ist der Soldat ängstlich geworden. Da melde ich mich, der Vorsitzende bittet mich, einige Worte zu sprechen, zum erstenmal rede ich in einer Massenversammlung. Die ersten Sätze stottere ich, verlegen und unbeholfen, dann spreche ich frei und gelöst und weiß selbst nicht, woher die Kraft meiner Rede rührt.

Auf der Straße die Streikenden formieren sich, wir marschieren zum Polizeipräsidium, vorbei an der Kaserne des Leibregiments, an deren Fenstern in dichten Trauben Soldaten, aus dem Feld zurückgekehrt, uns winken und grüßen, wir nähern uns dem Schloß des bayerischen Königs, dem Wittelsbacher Palais.

Das Tor der Kaserne öffnet sich, ein Trupp junger Rekruten, von einem Leutnant geführt, marschiert im Eilschritt an unserm Zug vorbei, er passiert die Spitze des Zuges, kurz vor dem Wittelsbacher Palais hält er und sperrt, eine lebende Mauer, die Straße. Der Leutnant, bleich, erregt, den Revolver in der Hand, gibt den siebzehnjährigen Bauernburschen, die die Front noch nicht gesehen haben und denen man darum traut, den Befehl zum Laden und Entsichern. Unser Zug stutzt und hält. Sollen wir den Kordon durchbrechen? Sollen wir den Kampf aufnehmen? In den nächsten Sekunden werden die ersten Schüsse fallen, das Signal zum Bürgerkrieg. Die drüben haben Waffen, wir sind unbewaffnet, unschlüssig beraten die Führer. „Wir wollen unser Recht und kein Gemetzel“, sagt ein alter Arbeiter.

Der Zug kehrt um, biegt in eine Seitenstraße, die Gasse, die zum Polizeipräsidium führt, verriegeln Polizisten. Der Zug hält. Die erste Delegation geht vor. Die Polizisten geben ihr Raum. Das Tor des Polizeipräsidiums öffnet sich.

Wir warten. Eine Stunde ist vergangen. Niemand kehrt zurück. Nun geht die zweite Delegation zum Polizeipräsidenten, man wehrt auch uns nicht den Eintritt. Ehe wir zu sprechen beginnen, wendet der Polizeipräsident sich an einen, den er zu kennen scheint.

„Waren Sie nicht bei meiner Kompanie im Feld?“

Mechanisch schlägt der Angeredete die Hacken zusammen: „Jawohl, Herr Präsident.“

„Und jetzt machen Sie mit den Vaterlandsverrätern gemeinsame Sache?“

„Wir sind keine Vaterlandsverräter“, sage ich, „wir wollen Deutschland retten, nicht verraten.“

„Wer sind Sie, ich kenne Sie nicht“, fährt mich der Präsident an.

„Das ist nicht notwendig, ich spreche hier nicht für mich, ich spreche für die vielen tausend Menschen, die die Freilassung der verhafteten Führer fordern.“

„Nehmen Sie die Hacken zusammen“, will der Präsident sagen, er sieht mich an, sein Blick verliert an Schärfe, wird unsicher, statt eines Kommandos höre ich die vertrauten Worte: „Ich bin nicht zuständig.“

Wir gehen zum Demonstrationszug zurück, wir müssen die Stadt aufklären, die Zeitungen verleumden die Streikenden, es muß ein Flugblatt verteilt, es muß gleich geschrieben werden.

Wir gehen in die Wohnung eines rechtssozialistischen Stadtrats, der Vater will nichts vom Streik wissen, der Sohn ist auf unserer Seite. Rasch entwerfe ich einen Aufruf. An der Wohnungstür schellt die Glocke. Die Schwester unseres Freundes ruft: „Kriminalbeamte!" Wir waren unvorsichtig und haben nicht gesehen, daß Polizisten uns gefolgt sind. Ich knäule das Manuskript zu einer Papierkugel, öffne den ungeheizten Ofen und werfe sie hinein. Aber die Polizisten suchten nicht uns, sie haben den Vater verhaftet und sind mit ihm davongegangen. Verdutzt sehen wir uns an, wir holen die Papierkugel aus dem Ofen, falten sie auseinander, wir beenden das Flugblatt, wir schreiben es ab, ein Setzer nimmt es an sich, einige Stunden später wird es in Tausenden von Exemplaren auf den Straßen Münchens verteilt. Achtlos stecke ich den Entwurf, anstatt ihn zu verbrennen, in meine Manteltasche.

Am nächsten Morgen versammeln sich fünfzigtausend Arbeiter auf der Theresienwiese. Machtlos sieht die Polizei dem Aufmarsch zu, machtlos hört sie unsere Reden an, sie wagt nicht einzugreifen, wagt nicht, die Redner zu verhaften.

Tagelang währt der Streik, bis sich die rechtssozialistischen Parlamentarier der Führung bemächtigen, sie haben dem Kriegsminister versprochen, den Streik abzuwürgen. Der Streik bricht zusammen. Vorher wird eine Delegation gewählt, sie soll „mit allem Ernst und allem Nachdruck" dem Minister die Forderungen der Streikenden überbringen. Der Führer der Rechtssozialisten Auer beschwichtigt die unzufriedenen Arbeiter, er verbürge sich für die Erfüllung ihrer Forderungen, er werde die Delegation zum Minister führen, keiner, der am Streik teilgenommen habe, würde entlassen, keiner bestraft werden. Vormittags versammeln sich die Streikenden zu einer letzten Kundgebung auf der Theresienwiese, der Zug zieht in die Stadt und löst sich am Karlsplatz auf.

Mittags sitze ich in meiner Pension beim Essen. Das Stubenmädchen ruft mich, draußen stünden zwei Herren, die wollten mich sprechen.

„Was wünschen Sie?" sage ich auf dem Korridor zu den beiden Herren.

„Hände hoch!" rufen die beiden Herren und halten mir den Revolver vor die Nase.

Ich bin verhaftet, die Herren legen mir Handschellen an, ich werde zuerst aufs Revier geführt, dann in die Artilleriekaserne und in einen Holzverschlag der Wachstube gesperrt.

In der Wachstube tun die Soldaten, als ob ich nicht da wäre, sie unterhalten sich, sie essen, sie spielen Karten, ich scheine Luft zu sein oder eine Tarnkappe aufzuhaben.

„Kamerad", sage ich. Der Soldat schweigt, er wendet nicht einmal den Kopf nach mir. Man hat der Wache verboten, mit mir zu sprechen.

Nach einer Weile werde ich geholt und in die Bekleidungskammer geführt. Ein Unteroffizier wirft mir schmutzige Uniformstücke hin.

„Anziehen!"

Ich weigere mich.

„Ich bin Kriegsbeschädigter, ich bin entlassen."

„Sie sind wieder einberufen. Anziehen!"

„Ohne ärztliche Untersuchung kann niemand eingezogen werden."

Mit Gewalt werde ich eingekleidet. Die Militärhosen und -stiefel üben eine magische Wirkung aus, mein „Stolz" ist verletzt, da ich den Rock eines „Gemeinen" anziehen soll.

„Wo sind die Tressen?" sage ich. „Ich bin Unteroffizier."

Man führt mich zur Vernehmung.

Viele Stunden werde ich vernommen. Der Kriegsgerichtsrat glaubt, ein Netz geheimer Verschwörungen spanne sich über Deutschland, je wahrhaftiger meine Antwort, desto unglaubwürdiger erscheint sie ihm, er will das Einfache verzwickt, das Spontane gewollt, das Zufällige berechnet sehen. Er hat die Vorstellung, daß irgendwo eine allgewaltige Zentrale die Wege der Arbeiter lenke. Die Motive des Kampfes begreift er nicht, das Volk ist eine willenlose Menge, die nur kämpft, wenn Hetzer sie verleiten und verführen. Als er mich fragt, wo die Goldmillionen stecken, mit denen der Streik finanziert sei, lache ich laut auf, wir alle haben unsere letzten Pfennige gegeben, um Papier für das Flugblatt zu kaufen.

„Das Lachen wird Ihnen bald vergehen", sagt er und verläßt das Zimmer. An der Tür wendet er sich noch einmal um, „Posten!" ruft er.

Ein Soldat tritt ins Zimmer.

„Sie sind für den Gefangenen verantwortlich."

Die Tür knallt.

Nach einer Weile kommt ein Offizier. Er macht sich im Zimmer zu schaffen, ich merke, wie er mich beobachtet.

„Sind Sie bedrückt?"

„Nur durch die Vernehmung."

„Ich war im Nebenzimmer und habe alles gehört."

Er zieht sein Etui und bietet mir eine Zigarette an. Er beugt sich zu mir und sagt mit leiser verächtlicher Stimme: „Kopf hoch. Nicht jeder wird Untersuchungsrichter. Zu dem Handwerk muß man geboren sein."

Als ich ihn überrascht ansehe, verläßt er das Zimmer.

Der Kriegsgerichtsrat kehrt zurück, in der Hand trägt er eine Mappe. Er setzt sich, blättert in den Akten, packt das Flugblatt.

„Kennen Sie dieses Blatt?"

„Nein."

„Also Sie kennen das Blatt nicht?"

Er öffnet die Mappe und zieht ein verknittertes Papier hervor, den Entwurf des Flugblatts.

„Leugnen Sie immer noch?"

Ich schweige.

„Wir haben Ihren Mantel aufgeschnitten, die Tasche hatte ein Loch. Das Futter bringt es an den Tag. Abführen!"

Von zwei Soldaten mit aufgepflanztem Bajonett und einem Unteroffizier begleitet, gehe ich durch die Straßen Münchens. Die Menschen bleiben stehen, Kinder laufen uns nach.

„Ein Mörder", ruft ein kleiner Junge.

Das Tor des Militärgefängnisses in der Leonrodstraße schließt sich hinter mir.

Achtes Kapitel

Militärgefängnis

Das Gefängnis in der Leonrodstraße ist eines der ältesten in München. Die Büros und Korridore sind elektrisch beleuchtet, die Zellen ohne Licht. In diesen trüben Wintertagen beginnt für den Gefangenen die Nacht schon um drei Uhr nachmittags, sie währt bis in den späten Vormittag, nur einige Stunden am Tag sind so hell, daß er lesen kann.

Ich nutze die Zeit, ich lese Werke von Marx, Engels, Lassalle, Bakunin, Mehring, Luxemburg, Webbs. Eher aus Zufall denn aus Notwendigkeit war ich in die Reihen der streikenden Arbeiter geraten, was mich anzog, war ihr Kampf gegen den Krieg, jetzt erst werde ich Sozialist, der Blick schärft sich für die soziale Struktur der Gesellschaft, für die Bedingtheit des Krieges, für die fürchterliche Lüge des Gesetzes, das allen erlaubt zu verhungern, und wenigen gestattet, sich zu bereichern, für die Beziehungen zwischen Kapital und Arbeit, für die geschichtsbildende Bedeutung der Arbeiterklasse.

Wieder denke ich an Stefan, den Freund meiner Kindheit, an seinen Haß gegen die Reichen, an die Antwort meiner Mutter, daß Armut gottgewollt sei. Die Erde hat Nahrung für alle in Fülle, des Menschen Geist fand Mittel und Wege, die Kräfte der Natur zu übermächtigen, Stein in wahrhaftes Gold zu wandeln, in Brot. Und doch sterben hier die Menschen vor Hunger, dort wird Weizen ins Meer geschüttet, hier prunken leer die Paläste, dort hat der Mensch keine Bleibe, hier verkümmern Kinder, dort werden Güter verbrecherisch vertan, die Stätten des Geistes bleiben den Besitzlosen verschlossen, die edelsten Kräfte der Menschheit werden verschüttet und zerbrochen, Opfer, maßlos, fordern die falschen Götzen. Unvernunft und Blindheit beherrschen die Völker, und die Völker dulden ihre Herrschaft, weil sie dem Geist, der Vernunft mißtrauen, die das chaotisch Planlose dämmen und ordnen und schöpferisch formen könnten. Weil der Mensch organisch wächst, nennt er seine Golems, Wirtschaft und Staat, organische Gebilde, so beschwichtigt er sein schlechtes Gewissen – denn ist er nicht hilflos vor der unfaßbaren und undämmbaren Allmacht einer Welt, die den Tod als unentrinnbares Schicksal birgt? Tief in ihm bohrt und nagt die Lebensangst, er liebt die Freiheit, aber er fürchtet sich vor ihr, und eher erniedert er sich und schmiedet sich selbst die Knechtfesseln, als daß er wagt, frei und verantwortlich zu schaffen und zu atmen.

Jeden Tag darf ich eine halbe Stunde auf dem steinernen Gefängnishof umhergehen, an Sträuchern schwellen die ersten Knospen, armselig und verkümmert sind diese Sträucher, jetzt beglücken sie mich, als hätten sie die Leuchtkraft blühender Rhododendren. Verse bilden sich mir auf diesem Hof, die „Lieder der Gefangenen", die letzten Szenen der „Wandlung".

Die Zellen sind verschmutzt und verwanzt, Dutzende von Gefangenen wechseln einander ab, ohne daß die Bezüge der Pritschen, auf denen sie schlafen, erneuert werden. Wir essen Kriegsbrot, mit Kleie vermischt, Kohlrübensuppe,

Kohlrübenmarmelade, Kohlrübengemüse, einmal, am Sonntag, Graupensuppe mit einem winzigen Stück Fleisch darin, immer sind wir hungrig.

Wir sind Gefangene, aber wir bleiben Soldaten, wir dürfen tagsüber unsere Schuhe nicht ausziehen, wir dürfen nicht mehr als einen Knopf des Uniformrocks öffnen, jeder Verstoß gegen die „Hausordnung" wird streng bestraft.

Das Gefängnis ist mit Deserteuren überfüllt, um Platz für neue Gefangene zu schaffen, stellt man die Soldaten vor die Wahl, sich für die Front oder fürs Zuchthaus zu entscheiden. Galt Frontdienst bisher als Ehrendienst, jetzt wird er dem Zuchthaus gleichgestellt.

Die Aufseher sind kriegsuntaugliche Landwehrleute, mit ihnen auszukommen, ist nicht schwer, aber die Bürounteroffiziere, die nie an der Front waren, behandeln uns mit zynischer Brutalität. Einmal sehe ich, wie einer dieser Unteroffiziere, klein, rotbackig, gesund, einen Soldaten, der drei Jahre lang an der Front gekämpft hat, mit Ohrfeigen traktiert, daß der baumlange Mensch wie ein Kind zu weinen anfängt. Oft fliehen die Gefangenen aus der Qual der höllischen Tage in den Tod. Sie schneiden sich mit Scherben die Pulsadern auf, sie zerreißen die Laken und binden aus den Streifen Stricke, sie stürzen sich übers Geländer der Treppe in den Steinkeller. Ich werde nie mehr jenen spitzen, tierischen Schrei vergessen, der eines Morgens meinen Schlaf zerstach, daß ich schreiend auffuhr und, mir selber fremd, zu schreien fortfuhr.

Zu mir sind die Aufseher freundlich, sie kommen in meine Zelle, sie fragen, wann der „Schwindel" endlich aufhört, sie erzählen von Weib und Kindern, von häuslicher Not. Wenn ich antworte, es läge an ihnen, den Krieg abzukürzen, zucken sie verlegen die Achseln und wiederholen, was feige Menschen immer sagen:

„Ja, wenn alle mitmachten."

Auch die anderen Streikführer sind verhaftet, ich sehe niemand, wir hausen in strenger Isolierung. Die Behörden wagen nicht, zuzugeben, daß wir wegen unserer Beteiligung am Streik verhaftet wurden. Die rechtssozialistische „Münchener Post" schreibt, ich sei als Deserteur eingesperrt.

Besuche darf ich nicht empfangen, selbst der Anwalt wird nicht vorgelassen. Ich trete in den Hungerstreik, mir bleibt kein anderes Mittel, mich zu wehren.

Jeden Tag werde ich von neuem vernommen, am Ende liest der Schreiber mir ein Protokoll vor. Was ich sagte, ist entstellt und verzerrt, ich weigere mich, es zu unterschreiben. Der Kriegsgerichtsrat Schuler läßt mich strammstehen: „Ich gebe Ihnen den militärischen Befehl, das Protokoll zu unterschreiben."

Ich rühre mich nicht.

„Ich werde Sie mit Wasser und Brot und Dunkelarrest bestrafen."

Ich schweige.

Am nächsten Tag werde ich wieder gerufen.

„Unterschreiben Sie!"

„Nein", sage ich, und vom Hunger, vom Fieber, von Zorn gepeitscht, springe ich auf ihn zu.

„Sie sind ein Schuft!" rufe ich und weiß im gleichen Augenblick, daß meine Lage trostlos ist, der Kriegsgerichtsrat ließ einem Freund Handschellen anlegen, weil er sich weigerte, seinen Namen unter das Protokoll zu setzen.

Der Kriegsgerichtsrat weicht zurück und lächelt trocken: „Gut, wenn Sie nicht unterschreiben, werde ich für die Richtigkeit zeichnen."

Eines Tages wache ich mit schweren Gliedern auf, der Hals schmerzt, ich will mich von der Pritsche erheben, ohnmächtig falle ich hin.

Mittags kommt der Arzt, ein Jude. Er untersucht mich, man müsse alle Pazifisten an die Wand stellen, sagt er, dann verschreibt er Aspirin und verweigert dem Fiebernden eine zweite Decke.

Die Nacht liege ich in hohem Fieber, niemand kümmert sich um mich. Am nächsten Morgen kommt ein anderer Arzt, er gibt dem Sanitätsunteroffizier, der ihn begleitet, einen Auftrag, als der die Zelle verlassen hat, beugt er sich über mein Bett.

„Ich hasse den Krieg wie Sie, ich werde Ihnen helfen, jetzt schicke ich Sie ins Lazarett, später schreibe ich Sie haftunfähig."

Hat der Arzt die Worte gesprochen, oder habe ich sie im Fieber gehört?

Der Sanitätsunteroffizier ist wieder eingetreten, der Arzt schreit, als pfeife er einen Simulanten an:

„Sie werden ins Militärlazarett überführt!"

Nachmittags bringt mich ein Krankenwagen ins Militärlazarett. Im Aufnahmezimmer sitzt ein chauvinistischer jüdischer Unteroffizier, ich solle meinem Schöpfer danken, grollt er, daß die Ärzte sich meiner annähmen,

Deutschland habe ein Recht nicht nur auf Belgien, sondern auch auf Calais, wenn Deutschland die Stadt nicht behalte, würden die Engländer sie einstecken.

Die Krankenstube der Gefangenen hat Raum für zwei, aber wir sind sechs, Deserteure, Diebe, Meuterer, „Landesverräter". Zwei liegen in Betten, vier auf Strohsäcken an der Erde, das Fenster ist verschlossen und vergittert, die Luft verpestet, ein Kübel dient den sechs Menschen, zweimal am Tage wird dieser Kübel geleert, morgens um halb sieben und abends um fünf. Den Mann neben mir quält ein Blasenleiden. Sein nasses Bett riecht wie eine Jauchegrube. Er liegt an der Tür, wenn die Eßnäpfe durch die Türklappe gereicht werden, packt er sie mit seinen aufgeweichten, gerillten Waschfrauenhänden. Mich würgt der Ekel, ich rühre das Essen nicht an.

Am nächsten Morgen, in großer Suite, hält der Oberstabsarzt seinen Einzug, begleitet vom Stabsarzt, vom Assistenzarzt, vom Unterarzt. Auf meinem Bett liegen die Gedichte von Werfel, die ich mir aus dem Gefängnis mitgenommen habe. Der Oberstabsarzt greift nach dem Buch, schlägt es auf und liest ein paar Zeilen:

> „Schöpfe du, trage du, halte
> tausend Gewässer des Lächelns in deiner Hand!
> Lächeln, selige Feuchte ist ausgespannt
> all übers Antlitz."

„Wer solchen Quatsch liest, kann sich nicht wundern, wenn er im Gefängnis endet", spricht der Oberstabsarzt und sieht die Suite an. Der Stabsarzt verneigt sich, der Assistenzarzt schlägt die Hacken zusammen, der Unterarzt nimmt stramme Haltung an und dienert in den Knien.

Die Visite ist beendet.

Ich sehne mich nach der Stille meiner schmutzigen, verwanzten Zelle, ein Paradies scheint sie mir gegen diese Hölle.

Am vierten Tag melde ich mich gesund. Als ich wieder in meiner Zelle bin, weine ich vor Freude.

Das vergitterte Fenster teilt den ewig grauen Winterhimmel in kleine trostlose Quadrate. Wenn ich mich am Sims hochziehe, sehe ich gegenüber die weiße

Kaserne des Kriegsgerichts, darin die uniformierten Zuschneider des Rechts den Menschen graue Zuchthausjahre zumessen. Die Fenster im Erdgeschoß schmücken freundliche weiße Gardinen, dort wohnt der Pförtner. An einem Fenster die Gardinen teilen sich, neugierig reckt sich der Kopf eines Mädchens. Unsere Blicke begegnen einander. Der Kopf verschwindet, aber das leichte Schwanken der Gardinen verrät des Mädchens Gegenwart.

Am andern Morgen um die gleiche Zeit bin ich wieder am Gitter, wieder ist das Mädchen am Fenster. Jeden Tag um die gleiche Stunde wiederholt sich die zarte Begegnung. Wenn der Posten naht und Gefahr droht, winkt sie mir, sie erfindet die Sprache wortreicher Gesten, Augen und Lächeln sind Vokale, Hände und Schultern Konsonanten.

Eines Abends kreischen die Riegel vor der Zelle, die Tür wird aufgeschlossen, der Bürounteroffizier ruft meinen Namen.

„Werde ich in ein anderes Gefängnis transportiert?" frage ich.

„Raus!" schnauzt seine barsche Stimme.

Der Unteroffizier geht voran, ich folge ihm durch die Korridore, er öffnet die Tür zum Büro.

Unter der warmen Gaslampe am Tisch lehnt das Mädchen. Ich starre sie fassungslos an. Röte färbt ihr Gesicht. Verlegen blickt sie zu Boden.

Was ist geschehen?

Die Pförtnerstochter war die Freundin des Unteroffiziers. Sie wußte, wie alle in der Nachbarschaft, daß im Militärgefängnis „Politische" sitzen, romantische Abenteurer, Räuber der Volkslegenden, den Reichen Hab und Gut raubend, um es den Armen zu geben, Narren, die Frieden predigen, wenn die Völker Europas sich bekriegen, und wenn sogar der Herr Pfarrer verkündet, daß Gott mit seinen paukenden und posaunenden Engeln unser Heer begleitet, doch immerhin Leute, von denen die Zeitungen schreiben, gefährliche, interessante Leute.

Sie möchte gerne einen von ihnen kennenlernen, sie will es durchsetzen. Ist sie nicht die Braut des Aufsehers? Als sie ihren Bräutigam bittet, er solle sie heimlich ins Gefängnis mitnehmen, sie möchte sich den jungen Unteroffizier, den „Politischen", anschauen, nimmt er die Bitte für Scherz und lacht sie aus. Am nächsten Abend will er wie immer zu ihr in die Kammer steigen, der Fensterladen ist mit Riegeln versperrt, er klopft, sie antwortet nicht. Wütend rennt er fort, schon hört er Stimmen aus dem Schlafzimmer der Eltern.

„Warum hast du mich gestern abend nicht zu dir gelassen, Marie?"

„Weil ich nicht wollte."

„Darf ich heute abend kommen?"

„Ja, wenn du mich den Politischen sehen läßt.“

So macht sie ihn mürbe.

Am Sonntag hat er Dienst. Niemand außer ihm ist im Büro, am Tor den Landwehrmann besticht er mit Zigaretten.

Nach einer Stille sagt der Aufseher:

„Da hast deinen Politischen, bist jetzt zufrieden?“

Er setzt sich an den Tisch, nimmt eine Mundharmonika aus der Tasche und spielt die Tonleiter auf und ab, auf und ab.

„Wenn der Herr Aufseher spielen täte, könnten wir tanzen“, sage ich.

„Ich verbitte mir Ihre Frechheiten“, sagt der Herr Aufseher.

„Gleich spielst“, sagt das Mädchen.

Der Herr Aufseher duckt sich, denkt an das verschlossene Fenster, lächelt säuerlich, setzt die Mundharmonika an die Lippen und spielt einen Walzer.

„Bitte“, sage ich.

„Ich bin so frei“, sagt das Mädchen.

Wir tanzen zur Walzermusik des Herrn Aufsehers um den Tisch, und wenn wir uns den Wänden nähern, an denen Ketten und Handschellen und Fußfesseln hängen, stoße ich mit dem Fuß danach, und das Klirren der Eisenringe begleitet den Tanz. Die Musik bricht ab, der Aufseher wendet sich um und lauscht.

„Willst nicht weiterspielen?“ fragt drohend das Mädchen.

„Blöde Gans! Da kommt die Kontroll. Das kost mir mei Stell! Marsch in Ihre Zelle!“ fährt er mich an, und zu dem Mädchen gewandt: „Du mit!“

Er schiebt mich aus der Stube. Ich laufe in meine Zelle, das Mädchen folgt, und wie wir die Zellentür hinter uns schließen, fällt mir das Mädchen um den Hals, und wir küssen uns. Aber schon öffnet der Aufseher die Tür.

„Es war nix. Glei kimmst aussa. Jetzt hab i gnua!“

Der freundliche Arzt zeigt sich nicht mehr, doch er hat sein Versprechen nicht vergessen. Eines Tages werde ich zu ihm geführt. Zeternd und brüllend untersucht er mich, einige Tage später werde ich wegen Haftunfähigkeit zum Ersatzbataillon nach Neu-Ulm entlassen.

Ich laufe im Frühlingsabend durch die blühenden Kastanienalleen.

Frei. Allein. Ich bin froh, und das Herz ist mir schwer.

Neuntes Kapitel
Irrenhaus

Verflogen ist der Kriegsrausch, niemand meldet sich mehr freiwillig, den jungen Rekruten, Kinder fast, schlecht genährt und schwächlich, wird im vaterländischen Unterricht Begeisterung eingepaukt, sie müssen lernen, daß Deutschland ein Recht auf Belgien, auf die baltischen Provinzen, auf Kolonien habe. Aber sie hören nicht auf die Worte gutgenährter Redner, sie hören auf die Gerüchte, die einer zum andern trägt, an der Front sollen Regimenter gemeutert haben, Österreich werde nicht mehr lange mittun, dort und dort hätten Frauen Bäcker- und Fleischerläden geplündert. Schon weigern sich Soldaten, ins Feld zu fahren, nur mit Mühe können die Offiziere sie überreden, Strafen schrecken sie nicht, besser im Zuchthaus hungern als draußen verrecken, rief einer, als man ihn verhaftete, die Frontsoldaten hätten den Krieg satt.

Der Hunger geht um in Deutschland, Professoren beweisen, daß Kleie denselben Nährwert habe wie Mehl, saccharingesüßte Marmelade bekömmlicher sei als Butter, Kartoffelkraut den Nerven zuträglicher und so gut schmecke wie Tabak. Die Lehren der Professoren dringen nicht bis zum Magen, der antwortet dem Unsinn auf seine Weise, die Menschen verfallen, erkranken, verzweifeln.

Ein deutsches Sprichwort heißt „Hunger ist ein guter Koch". Mir graust vor diesem Koch, als ich eines Abends vor der Neu-Ulmer Kaserne russische Kriegsgefangene sehe, die auf der Fahrt in ein neues Lager den Zug wechseln, sie stürzen sich auf die Tonnen, in die die Köche Kartoffelschalen und Abfall, die Soldaten Reste ihres Essens, verschimmeltes Brot und Knochen, geworfen haben, sie greifen mit ihren Händen in den säuerlich stinkenden Schleim, sie stopfen das Schweinefutter in den Mund.

Wenn wir die Kaserne verlassen, stehen Haufen von bettelnden, ausgemergelten Kindern vorm Tor, froh, ein Stück Brot zu ergattern.

Heimlich fahre ich eines Sonntags zu Gustav Landauer nach Krumbach. Ich frage mich, warum in dieser Zeit, in der die Menschen auf die Stimme der Wahrheit warten, dieser glühende Revolutionär schweigt. „Ich habe", sagt er, „mein Leben lang gearbeitet, daß diese Gesellschaft, die auf Lug und Trug, auf der Ausbeutung und Unterdrückung des Menschen ruht, zusammenbreche, jetzt weiß ich, der Zusammenbruch wird kommen, morgen oder in einem Jahr, ich habe das Recht und den Atem, mich für diese Zeit zu bewahren, wenn die Stunde es fordert, werde ich dasein und arbeiten."

Ich habe die Nacht im Krumbacher Gasthaus geschlafen, morgens sehe ich im Fremdenbuch, daß zufällig in diesem kleinen Dorf mein Münchener Kriegsgerichtsrat seine Ferien verbringt. Wenn er mich entdeckt, ist mir neue Haft gewiß. Ich muß sofort abreisen. In Krumbach den Zug zu nehmen, ist gefährlich, Landauer und ich laufen durch fremde Gärten, über Zäune und Felder zur nächsten Station.

Unentdeckt erreiche ich Neu-Ulm, zur rechten Zeit, der Feldwebel hat nach mir verlangt. „Sie haben sich sofort transportfähig zu machen, Sie werden laut Befehl der psychiatrischen Klinik in München überwiesen."

Meine Mutter konnte nicht fassen, daß ihr Sohn wegen Landesverrats angeklagt war, furchtbar schien ihr die Anklage, furchtbar die drohende Strafe, sie begriff nicht, wie ein Mensch aus bürgerlicher Familie sich dem Kampf der Arbeiter zuwenden konnte, „er muß krank sein", dachte sie, „ich will ihm helfen", sie alarmiert die Hausärzte, sie schickt Atteste ans Gericht, ich sei schon als Kind nervös gewesen, die Folge war diese psychiatrische Untersuchung.

Im Büro der psychiatrischen Klinik empfängt mich ein hübsches Fräulein, obschon sie meine Papiere in Händen hält, in denen sie das Notwendige findet, fragt sie mich, wann und wo ich geboren und ob ich verheiratet sei. Weiche braune Augen strahlen mich an.

„Geben Sie mir Ihr Messer", sagt das hübsche Fräulein.

„Ich habe keins."

„Ihr Geld, Ihr Nasentuch und was Sie sonst in der Tasche haben."

Verdutzt sehe ich das Fräulein an.

„Kommen Sie mit."

Eine Tür öffnet sich, ein mächtiger Wärter nimmt mich in Empfang.

„Nu wollen wir mal erst baden", sagt er.

Wir?

Er schiebt mich in einen gekachelten Raum mit drei Wannen, in zwei Wannen liegen Menschen, einer schreit spitz und die Vokale zerreißend, der andere singt mit quäkender Stimme drei Takte la-lala-la, unaufhörlich, pausenlos.

„Ziehen Sie sich aus."

„Herr Wärter, ich habe schon gebadet, heute früh."

Der Wärter sieht gleichgültig über mich hinweg. „Ich weiß schon, ziehen Sie sich aus."

Der glaubt mir nicht, der glaubt mir nicht, alles, was ich sage, hält er für den Trick eines Verrückten, vielleicht glaubt er, es sei meine Krankheit, daß ich vorgebe, frühmorgens zu baden, ich bin einem Menschen ausgeliefert, der taube Ohren, blinde Augen hat, ich muß von hier fort, gleich, zurück in die Kaserne, oder meinethalben ins Gefängnis, nur hier nicht bleiben, ich werde schreien, ich werde toben, nein, dann bin ich verloren, was soll ich tun, daß er mir glaubt, er wird mir nie glauben, nie, ich starre auf die Tür, ein Sprung, ich bin gerettet.

„Da ist keine Klinke dran, auch an der Tür im Korridor nicht", sagt der Wärter.

Ich ziehe mich aus, ich bleibe eine Stunde mit dem Schreienden und dem Singenden im Bade, ich ziehe die bereitgelegten Hosen und den Krankenkittel an und lasse mich in einen Saal führen, in dem zwanzig oder dreißig „unruhige" Irre liegen, ich muß mich in ein Bett legen, ich beginne, an meiner Vernunft zu zweifeln.

Ein junger Mensch, auf dessen kurzem, dünnem Hals statt eines Kopfes ein verquollener Kürbis hin und her pendelt, steht von seinem Bett auf, schlürft mit schlenkernden Schritten auf mich zu, bleibt stehen, verbeugt sich feierlich dreimal, wendet sich, geht wieder zu seinem Bett und wiederholt die Zeremonie alle Viertelstunde.

Nach zwei Tagen ziehe ich um, in den Saal der Melancholiker. Ach, wäre ich doch bei meinen schreienden, singenden, gestikulierenden Freunden geblieben. Aus dreißig Betten starren schweigend zerbrochene Augen in das Grab der eigenen Finsternis.

Mein Nachbar, ein Greis, erhebt sich von seinem Bett, die blicklosen Augen, eben noch unendlich traurig, strahlen verzückt, die welken Hände suchen in wütender Bewegung, im Orgasmus sackt er zusammen, ein Wärter legt ihn in sein Bett zurück.

Abends besucht uns eine junge Ärztin, die Tochter des Professors Kräpelin, sie kommt an mein Bett, freundlich zittert ihr Kneifer, ich bitte sie leise um ein Schlafmittel, ich weiß nicht, ob meine Nerven einer dritten schlaflosen Nacht standhalten, heftig schwankt der Kneifer:

„Das glaub' ich, erst das Vaterland verraten und dann so schlapp sein und Schlafmittel verlangen!" Schon beugt sie sich über das Bett eines Idioten:

„Nicht wahr, Herr Schmidt, Sie waren an der Front, Sie würden nicht dem Feinde Vorschub leisten?“

Blöde stiert Herr Schmidt.

Man soll nicht zu große Ansprüche an Ärzte stellen, ist einer schlau, hat er bald das Abrakadabra der guten alten weisen Frauen begriffen, und an Stelle von roten Schutzbändchen und magischen Sprüchlein liefert er das Seinige. Von dem, was den Menschen bedrückt, weiß er nichts, und wenn er es weiß, versteht er es nicht.

Der Direktor der psychiatrischen Klinik ist jener berühmte Professor Kräpelin, der in einem Münchener Bierkeller einen Bund zur Niederkämpfung Englands gegründet hat.

„Herr“, fährt er mich an, als ich ihm vorgeführt werde, „wie können Sie es wagen, die berechtigten Machtansprüche Deutschlands zu leugnen, dieser Krieg wird gewonnen, Deutschland braucht neuen Lebensraum, Belgien und die baltischen Provinzen, Sie sind schuld, daß Paris noch nicht erobert ist, Sie verhindern den Siegfrieden, der Feind heißt England.“

Das Gesicht des Herrn Professor rötet sich, mit dem Pathos des manischen Versammlungsredners sucht er mich von der Notwendigkeit alldeutscher Politik zu überzeugen, ich lerne, daß es zwei Arten Kranke gibt, die harmlosen liegen in vergitterten klinkenlosen Stuben und heißen Irre, die gefährlichen weisen nach, daß Hunger ein Volk erzieht, und gründen Bünde zur Niederwerfung Englands, sie dürfen die harmlosen einsperren.

„Wir sprechen zwei Sprachen, Herr Professor“, sage ich, „ich verstehe vielleicht Ihre Sprache, aber meine Worte sind Ihnen fremder denn chinesisch.“

„Nicht länger dabehalten als notwendig“, schnarrt seine Stimme.

Am vierten Tage werde ich entlassen, ich danke meinem Schicksal.

Einige Wochen später, im Sommer 1918, entläßt mich die Kaserne, ich fahre nach Berlin.

Zehntes Kapitel

Revolution

Die Not in Deutschland wächst, das Brot wird schlechter, die Milch dünner, die Bauern jagen die Städter von den Höfen, die Hamsterer kehren mit leeren Taschen heim, die Soldaten an der Front, erbittert über das Prassen und

Schwelgen der Etappe, über das Elend der Heimat, haben den Krieg satt. „Gleiche Löhnung, gleiches Essen, wär' der Krieg schon längst vergessen", singen die Soldaten.

Vier Jahre haben sie an den Fronten im Osten und Westen, in Asien und Afrika gekämpft, vier Jahre dem Gegner widerstanden, im Schlamm und Regen Flanderns, im Giftdunst der wolhynischen Sümpfe, in der sengenden Glut Mesopotamiens.

In der Nacht vom 3./4. Oktober wird die Friedensnote an Wilson gesandt.

Dem deutschen Volk, das die Katastrophe nicht ahnte, öffnet das unerwartete Friedensangebot die Augen, so war alles umsonst, die Millionen Tote, die Millionen Krüppel, das große Sterben, das große Hungern, alles umsonst.

Der Sieg der bürgerlichen Demokratie, der das Friedensangebot begleitet, weckt keinen Widerhall, weder der Reichstag erkämpfte sie noch das Volk, sie wurde diktiert, wie die Brotkarte, wie die Kohlrübe. Und was hat sich denn sichtbar gewandelt? Das Klassenwahlrecht ist verschwunden, Liebknecht und die anderen politischen Gefangenen sind amnestiert, aber die Presse bleibt unterdrückt, Versammlungen bleiben verboten, die Generäle herrschen wie früher, die Minister entstammen der alten Machtkaste, die Rechtssozialisten Scheidemann und Bauer Staatssekretäre, Exzellenzen, du lieber Gott.

Nur an den Frieden denkt das Volk, es hat allzulange an den Krieg gedacht, allzulange an den Sieg geglaubt, warum sagte man ihm nicht die Wahrheit, wenn sogar die Generäle verzagen, wie sollte das Volk nicht verzweifeln, nur keinen neuen Kriegswinter, nur nicht wieder Hunger, wieder Kälte und ungeheizte Stuben, wieder Blut, das Volk hat genug gehungert, genug geblutet, es will Frieden.

Die herrschenden Männer, die jahrelang das Volk in blinden Gehorsam zwangen und die Fühlung mit ihm verloren, spüren seine Unruhe, seine Müdigkeit, seine Verzweiflung, aber sie denken nur an die Gefährdung der Monarchie. Wenn der Kaiser abdankt, glauben sie, ist die Monarchie zu retten. Das Volk schert sich den Teufel um die Monarchie, längst hat Wilhelm das Volk verloren, die Frage heißt nicht mehr Wilhelm oder ein anderer Kaiser, sondern Krieg oder Frieden.

Die Matrosen der Flotte, des Kaisers blaue Jungen, rebellieren zuerst. Die Hochseeflotte soll auslaufen, die Offiziere wollen lieber „den Untergang in Ehren als schmachvollen Frieden", die Matrosen, die schon 1917 Pioniere der Revolution waren, weigern sich, sie löschen die Feuer, sechshundert Mann werden verhaftet, die Matrosen verlassen die Schiffe, stürmen die Gefängnisse, erobern die Stadt

Kiel, die Werftarbeiter verbünden sich mit ihnen, die deutsche Revolution hat begonnen.

München folgt, Hannover, Hamburg, das Rheinland, Berlin. Am 9. November 1918 verlassen die Berliner Arbeiter die Betriebe, von Osten, Süden, Norden ziehen die Massen zum Zentrum der Stadt, alte ergraute Männer, Frauen, die jahrelang an den Drehbänken der Munitionsfabriken gestanden haben, Kriegsinvaliden, Knaben, die die Arbeit der Väter übernahmen. Fronturlauber stoßen zum Zug, Kriegswitwen, Krüppel, Studenten, Bürger. Nicht Führer haben die Stunde des Aufbruchs bestimmt, die revolutionären Obleute der Betriebe rechneten mit einem späteren Tag, die rechtssozialistischen Abgeordneten sind überrascht und bestürzt, sie waren dabei, mit dem Reichskanzler Prinz Max von Baden über die Rettung der Hohenzollern-Monarchie zu verhandeln.

Schweigend marschiert der Zug, kein Lied flammt auf, kein Jubel. Am Tor der Maikäfer-Kaserne hält der Zug. Die Tore sind versperrt, aus Fenstern und Scharten drohen Flintenläufe, Maschinengewehre. Werden die Soldaten schießen?

Aber die Feldgrauen sind die Brüder dieser ausgemergelten, verhungerten Massen, sie schleudern die Gewehre zu Boden, die Tore springen auf, das Volk dringt in die Kaserne und verbrüdert sich mit den Soldaten des Kaisers.

Die kaiserliche Flagge wird eingezogen, die rote Fahne gehißt, vom Balkon des Schlosses verkündet Liebknecht die deutsche sozialistische Republik.

Die herrschenden Gewalten weichen ohne Kampf, ohne Widerstand, die Offiziere ergeben sich, nur einer, in ganz Deutschland einer, der Kapitän des Schiffes „König“, hält seinem Kaiser die Treue und stirbt für ihn. Und was tun die Fürsten? Prinz Heinrich, der Bruder des Kaisers, bindet sich um den Arm eine rote Binde und flieht, der bayerische Kronprinz Ruprecht verläßt im rotbeflaggten Auto des Brüsseler Soldatenrats die Truppe, Wilhelm II. flieht nach Holland. Kläglich ist dieses Schauspiel, aber gefährlich für das Volk. Wollte es denn Revolution? Es wollte Frieden. Kampflos ist ihm die Macht zugefallen. Wird es lernen, die Macht zu bewahren?

Im Schloß zu Potsdam sitzt die Kronprinzessin, sie hat ihre Kinder um sich versammelt, sie denkt an das Schicksal Marie Antoinettes, an das Schicksal der Zarin, gleich werden die Revolutionäre das Schloß stürmen und sie umbringen samt ihren Kindern. Ein alter Diener meldet mit bleicher Stimme, der revolutionäre Soldatenrat von Potsdam wünsche Kaiserliche Hoheit zu sprechen, der Soldatenrat tritt ins Zimmer, an der Tür schlägt er die Hacken zusammen, nicht die Verhaftung verkündet er, ehrerbietig spricht er: „Im

Namen des Potsdamer Soldatenrats soll ich Kaiserliche Hoheit fragen, ob sich Kaiserliche Hoheit sicher genug fühlen, auf alle Fälle hat der Rat von Potsdam bestimmt, daß zehn revolutionäre Soldaten den Schutz Eurer Kaiserlichen Hoheit übernehmen.“ Spricht's, schlägt die Hacken zusammen und geht davon.

Ein Märchen? Der zweite Sohn der Kronprinzessin hat es mir erzählt.

„So sah eure Revolution aus“, sagte er.

In Hamburg besetzten die Unabhängigen das Gebäude der rechtssozialistischen Zeitung, zeternd laufen die Rechtssozialisten zum alten kaiserlichen Richter, der erläßt eine einstweilige Verfügung, mit dem Papier in der Hand stürmen sie ins Verlagsgebäude, die unabhängigen Revolutionäre lesen das Papier, sehen den Stempel der Behörde, erbleichen und verlassen mit knirschenden Zähnen das eroberte Haus.

Die deutsche Revolution fand ein unwissendes Volk, eine Führerschicht bürokratischer Biedermänner. Das Volk rief nach dem Sozialismus, doch nie in den vergangenen Jahren hatte es klare Vorstellungen vom Sozialismus gewonnen, es wehrte sich gegen seine Bedrücker, es wußte, was es nicht wollte, aber es wußte nicht, was es wollte. Die Rechtssozialisten und Gewerkschaftsführer waren versippt und verfilzt mit den Gewalten der Monarchie und des Kapitalismus, deren Sünden waren ihre Sünden. Sie hatten sich abgefunden mit dem bürgerlichen juste milieu, ihr Ideal war die Überwindung des Proletariers durch den kleinen gehobenen Bürger. Ihnen fehlte das Vertrauen zu der Lehre, die sie verkündet hatten, das Vertrauen zum Volk, das ihnen vertraute.

Am Tage nach der Revolution nahmen sie den Kampf auf, nicht gegen die Feinde der Revolution, nein, gegen ihre leidenschaftlichsten Pioniere, sie hetzten und jagten sie, bis sie zur Strecke gebracht waren, und quittierten den Dank in den Salons der feinen Gesellschaft. Sie haßten die Revolution, Ebert hatte den Mut, es auszusprechen.

Das Volk, durch die Monarchie ferngehalten von der Verwaltung seiner Geschicke, verzichtete jetzt freiwillig. Der Fuchsbau der alten reaktionären Bürokratie, anstatt ihn zu zerstören, wurde gehätschelt und gepflegt. Bald pfiff aus ihm die Antwort.

Den Offizieren wurden in den ersten Tagen die Achselstücke von den Schultern gerissen, das Volk wollte nicht einmal ihren Trägern wehe tun, es wollte das Symbol des Herrentums und des Kadavergehorsams zerstören, weil es mit sicherem Instinkt erkannte, daß in Symbolen Traditionen, Gefühle und

Wünsche der herrschenden Klasse eingefangen sind. Bald waren die Offiziere wieder Herren und obenauf.

Ende Oktober war ich nach Berlin gekommen. Ich sprach in den Versammlungen der Bürger und Studenten, in denen Walter Rathenaus Aufruf zum nationalen Widerstand, zur Levée en masse umkämpft wurde. Mag der einzelne Mensch das Recht haben, den Freitod zu wählen, wahnwitzig ist es, ein Volk in den Selbstmord zu treiben, weil seine Führung versagt hat. Der Aufruf beschwört die sinnlose Verwüstung Deutschlands. Wir Heidelberger Studenten, erfahrener und reifer jetzt, haben uns wiedergefunden und versuchen, gegen diesen Wahnwitz zu kämpfen. Wir sehen die Revolution kommen und sammeln die Kameraden.

Am 9. November liege ich in Landsberg im Haus meiner Mutter mit schwerer Grippe. Während der Arzt mit bedenklicher Miene das steigende Fieber beobachtet, bringt die Schwester die Nachricht der Revolution. Am nächsten Tag fahre ich nach Berlin.

Hugo Haase, der Volkskommissar, schlägt mir vor, Georg von Arco, den man als Gesandten des Reichs nach München schicken will, als Sekretär zu begleiten. Aber inzwischen hatte Eisner mich eingeladen. –

Auch in Bayern war das Volk kriegsmüde, zur Kriegsmüdigkeit kam die Angst, daß italienische Truppen nach dem Zusammenbruch Österreichs in Bayern einmarschieren würden. Die Bauern hatten den Krieg in Frankreich und Rußland gesehen, sie dachten an die granatenzerwühlten Gräben, die zerschossenen Dörfer, die verwüstete Erde. Der traditionelle Haß gegen Preußen, gegen die Hohenzollern erwachte, mögen die den Krieg weiterführen, ohne sie. Vom Hause Wittelsbach erwarteten sie nichts mehr, der König, sagten die Bauern, hat sich von Berlin einwickeln lassen, würde er sich sonst nicht gegen die bürokratischen Kriegsgesellschaften, die agrarischen Zwangsmaßnahmen gewehrt haben? Weil's die in Berlin so haben wollen, dürfen sie in Bayern ihr Korn nicht mahlen, weil die Saupreußen schlechtes Bier trinken, müssen auch sie Spülwasser schlucken.

Eisner, mit psychologischem Instinkt, erfaßte die Stimmung des Landes, er gewann die Bauern und Arbeiter für den Sturz der Monarchie, gegen den Widerstand der Rechtssozialisten, die über die Bildung einer konstitutionellen Regierung verhandelten.

Kiel war das Fanal. Am 7. November zogen zweihunderttausend Menschen, voran Eisner und der blinde Bauer Gandorfer, von der Theresienwiese in die Stadt, der König flüchtete, die Revolution eroberte Bayern. In der Nacht wählte der Arbeiter-und-Soldaten-Rat Eisner zum Ministerpräsidenten des Freistaats Bayern.

In München ernennt mich der Zentralrat der bayerischen Arbeiter-, Bauern- und Soldatenräte, in dem ich viele Kameraden vom Januarstreik wiederfinde, zu seinem zweiten Vorsitzenden. In der Kleinarbeit des Tages lerne ich die mannigfachen praktischen Nöte der Bauern und Arbeiter verstehen.

Mitte Dezember fahre ich zum Rätekrongreß nach Berlin. Hier sollte sich endlich der politische Wille der deutschen Revolution zeigen. Welche Zerfahrenheit, welches Unwissen, welchen Mangel an Willen zur Macht beweist er!

Der deutsche Rätekongreß verzichtet freiwillig auf die Macht, das unverhoffte Geschenk der Revolution, die Räte danken ab, sie überlassen das Schicksal der Republik dem Zufallsergebnis fragwürdiger Wahlen des unaufgeklärten Volks. In jeder parlamentarischen Republik sind die Minister dem Reichstag verantwortlich, die Räte bestimmen, daß die Volkskommissare ohne die Kontrolle und unabhängig vom Willen des Zentralrats regieren mögen. Die Republik hat sich selbst das Todesurteil gesprochen.

Karl Liebknecht und Rosa Luxemburg, die Pioniere der Revolution, wollen vor den Räten sprechen. Der Kongreß lehnt ab, sie anzuhören.

Einen Monat später, beim Spartakusaufstand, der gegen Liebknechts und Rosa Luxemburgs Willen losbricht, werden beide erschlagen, auf der Flucht erschossen, sagt die amtliche Meldung. Die Nachricht erreicht mich in München, ich jage in eine Massenversammlung der Rechtssozialisten. „Liebknecht und Luxemburg sind ermordet“, rufe ich, und die Menge, die verblendete Menge, schreit: „Bravo! Recht ist ihnen geschehen, den Hetzern!“

In Bayern erschwert die Aktivität der Arbeiter-, Bauern- und Soldatenräte der Reaktion die Sammlung. Sie findet Verbündete in den rechtssozialistischen Ministern, eine Bürgerwehr wird mit Hilfe Auers, der sie öffentlich fördert und bewaffnet, formiert. Diese Bürgerwehr ist der erste Bund, der die Kräfte der Konterrevolution organisiert, Vorläufer der Orgesch, des Stahlhelm, der

Einwohnerwehr, der nationalsozialistischen Sturmtruppen. Eines Tages werden sie ihre Paten davonjagen. Neben der legalen Wehr arbeitet die illegale, Fabrikanten geben das Geld zur Bezahlung einer Söldnertruppe, die alten Offiziere haben wieder zu tun, sie hecken Pläne aus zur Besetzung der Regierungsgebäude, sie organisieren Spionagebüros und Sprengkommandos, sogar der Glocken- und Fliegeralarm wird vorbereitet. Wenn sie losschlagen, wollen sie sagen, sie müßten die Nationalversammlung vor den Bolschewisten schützen, in Wirklichkeit gilt ihr Putsch dem Sturz der Republik. Im provisorischen Nationalrat enthülle ich im Auftrag des Arbeiterrats die Pläne, die uns verraten waren. Die Bürgerwehr arbeitet im geheimen weiter, bald wird es sich zeigen.

Anfang Februar fahre ich mit Eisner nach Bern zum Kongreß der Zweiten Internationale. Mit welch inbrünstigen Hoffnungen glaubte das Proletariat aller Länder an diese Internationale.

Nie mehr würde es den Herren des Kapitalismus gelingen, Kriege zu entfachen und die Werktätigen zu blenden, nie mehr würde das Märchen vom angreifenden und angegriffenen Staat Glauben finden, die Völker sind nicht mehr folgsame Horden, sie sind erwacht und werden den Brudermord verhindern, eher werden sie die Gewehre umkehren, als neue Verbrechen an der Menschheit dulden.

Am 4. August 1914, am ersten Kriegstag, zerbrach die Zweite Internationale, weder die Führer band sie noch die Massen, ihren Ideen wahrten nur kleine Gruppen die Treue. Dem Rausch des Nationalismus hielt der internationale Gedanke nicht stand, der Chauvinismus triumphierte, die Proletarier aller Länder vergaßen die brüderlichen Schwüre und schossen aufeinander, nicht mehr die Menschheit war das Vaterland, sondern der kapitalistische Staat, nicht mehr der Bourgeois war der Feind, sondern der Genosse jenseits der Grenze, die Ideale der Vergangenheit waren stärker als die Ideale der Zukunft, die von der herrschenden Klasse gezüchteten Instinkte stärker als flüchtige intellektuelle Einsichten.

In Bern treffen sich die Schiffbrüchigen der Zweiten Internationale, sie haben nicht den Mut, ihren Bankerott zu bekennen und die politischen, moralischen und psychologischen Gründe dieses Bankerotts zu erforschen, sie verhandeln tagelang über die Kriegsschuldfrage, Munitionsminister, königliche Sozialisten, militärfromme Sozialdemokraten überhäufen sich mit Vorwürfen, alle suchen und finden die Sünden der andern und vergessen die eigenen. Eisner,

Friedrich Adler, einige andere, die im Krieg zum Sozialismus sich bekannten, versuchen, die Zweite Internationale zu retten. Die Manifeste der Einigkeit verdecken nicht den unheilbaren Riß, Parteien, die wahrlich eine Welt gewinnen konnten, haben versagt und versagen weiter, hier zerschellt ein großer Glaube, eine große Menschheitshoffnung, hier scheiden sich Wahrheit und Lüge, neue Fundamente müssen gebaut, neue Formen, neue Wege gefunden werden.

Eisner hat mit seiner Berner Rede gegen den Imperialismus und gegen die Kriegsverbrecher den erbitterten Haß der deutschen Reaktion erregt. Auf dem Weg zum bayerischen Landtag töten ihn die Schüsse des einundzwanzigjährigen Grafen Arco-Valley.

Der Landtag wird eröffnet, da stürzt der Arbeiter Alois Lindner mit erhobenem Revolver in den Saal, schießt auf Auer, dem er die Schuld am Tode Eisners beimißt, schwer verwundet sinkt Auer zu Boden. In wilder Panik stieben die Abgeordneten davon, sie lassen das Parlament, das Volk, ihre Mandate, ihre Hüte und Mäntel im Stich, Bayern hat keine Regierung.

Ich war nach dem Berner Kongreß einige Tage zu Freunden ins Engadin gefahren, in St. Moritz sah ich die jeunesse dorée aller Länder, ein deutscher Dichter hatte eigens für sie ein Stück geschrieben, in stilechten Gewändern, mit Brillanten und Perlen behängt, schauspielerten sie Völkerfrieden und Versöhnung, Gespenster und Lemuren einer wesenlosen Zeit.

Am 21. Februar 1919 fuhr ich nach Bayern. Auf einer Bahnstation hörte ich draußen erregtes Rufen des Schweizer Bahnschaffners, drinnen kräftiges Bravo eines deutschen Spießers, verstand die Worte nicht, die an mein Ohr drangen und mußte endlich begreifen: Kurt Eisner ist ermordet.

Eisner war ein Mann von anderem geistigen Format als die Ebert, Scheidemann, Noske, Auer. Deutsche Klassik und romanischer Rationalismus haben ihn geformt und gebildet. Sein politisches Ideal war die vollkommene Demokratie, er verwarf die parlamentarische Demokratie, die das Volk einmal an die Urne führt, um es dann für Jahre auszuschalten. Von unten her sollte der Geist des Lebens und der Wahrheit als kritischer, belebender, anfeuernder Geist das Tagewerk der Gesellschaft durchdringen, darum bekannte er sich zur Rätedemokratie. Die Notwendigkeit raschen sozialen Neubaus erkannte auch er nicht. An die Spitze der Sozialisierungskommission, deren Einsetzung der Rätekongreß gefordert hatte, berief er Professor Brentano, den bekannten

Freiwirtschaftler, in der ersten Sitzung dieser Kommission hielt er eine Aussprache, die die Industriemagnaten aufhorchen ließ, sozialisieren, sagte er, könne man nur, wenn etwas zu sozialisieren da ist, diese Voraussetzung fehlte in Deutschland.

Eisner haßte die Presse als eine Volkspest, sie belüge und verhetze die Völker, trotzdem, als einige Revolutionäre die Redaktion einer der übelsten Zeitungen besetzten, fuhr er persönlich in das Verlagsgebäude und sorgte für den Abzug der Eroberer. So stark war seine Verachtung der Journaille, so stark seine Achtung vor formaler Pressefreiheit. „Die Wahrheit", schrieb er während des Krieges in einer Eingabe an das Münchener Generalkommando, „ist das höchste aller nationalen Güter. Ein Staat, ein Volk, ein System, in dem die Wahrheit unterdrückt wird oder sich nicht hervorwagt, ist wert, so rasch und so endgültig wie möglich zugrunde zu gehen."

Der Moralist bekämpfte die Entwicklung in Berlin, er glaubte, daß die verantwortlichen Männer des alten Systems, die im Auswärtigen Amt weiterregieren und die Verhandlungen mit der Entente führen, den Frieden erschwerten, neue Männer, aufrechte Republikaner, die nicht teilhatten an der Schuld der Monarchie, seien nötig, sie würden mildere Friedensbedingungen für Deutschland erreichen. Er hegte die Illusion, daß Clémenceau der Vorkämpfer der europäischen Demokratie sei, er möchte ihn sprechen, ihn überzeugen, daß das deutsche Volk durch die Revolution zur Freiheit, zur Verantwortung gefunden habe, daß es ein Verbrechen an Europa wäre, dieses Volk durch einen grausamen Frieden zu erniedrigen. Clémenceau wies den Mittelsmann schroff zurück, ja er bedrohte ihn mit Verhaftung, weil er mit dem Feind konspiriere. Die französischen Regierungsmänner und Militärs dachten nicht daran, die deutsche Republik zu stützen, die einen hielten sie für ein Täuschungsmanöver der Machthaber von gestern, die andern fürchteten den Sieg des Bolschewismus und die Infizierung Frankreichs.

Eisner, zeit seines Lebens arm, bedürfnislos, lauter, war klein, von schmalem Wuchs, graublondes Haar fiel ihm wirr in den Nacken, ein wirrer Bart auf die Brust, die kurzsichtigen Augen sahen fremd über den tief unter der Nasenwurzel lose sitzenden Kneifer, die kleinen gepflegten Hände, von fraulicher Zartheit, erwiderten weder den Druck von Freunden noch von Feinden, diese Geste zeigte seine Scheu vor menschlicher Beziehung.

Eines unterschied ihn von allen anderen republikanischen Ministern, sein Wille zur Tat, sein Todesmut. Er wußte, daß ein Volk, ebenso wie ein Mensch, nur in täglicher Arbeit reift, aber nicht, wenn eine Mauer zwischen Leben und

Tat gesetzt ist. Und er fürchtete nicht den Tod. Das fühlte das Volk, und darum glaubte es ihm. Talente und Gaben sind vielen gegeben, aber nur dem, der die Furcht vor dem Tod bewußt überwand, folgen die Massen.

Elftes Kapitel

Bayerische Räterepublik

Der Schuß Arcos alarmiert die Republik, die erregten Volksmassen fordern Rache für Eisner, der Zentralrat der Arbeiter-, Bauern- und Soldatenräte übernimmt die Regierungsgewalt, er proklamiert den Generalstreik, er verhängt den Belagerungszustand über Bayern, er beruft den Rätekongreß ein, die Arbeiterschaft, von der sozialen Tatenlosigkeit der Republik enttäuscht, fordert, daß der politischen endlich die soziale Revolution folge, was in Rußland gelungen ist, muß auch hier gelingen, der Parlamentarismus habe versagt, der Gedanke der Räterepublik gewinnt die Massen.

Bis jetzt war die kommunistische Partei ohnmächtig, ihr Einfluß gering, jetzt werden ihre Parolen populär. Die kommunistische Zentrale in Berlin schickt Leviné nach München. Leviné kämpft schon als Student in der russischen Revolution 1905, er wird verhaftet, in der Schlüsselburg eingekerkert, nach Sibirien verbannt, arbeitet dort in einem Bleibergwerk, flüchtet über Asien nach Europa und studiert in Deutschland Nationalökonomie. 1918 wendet er sich der Spartakusgruppe zu. Der hagere Mann, aus dessen eingefallenem Gesicht die gebogene fleischige Nase groß vorspringt, ist kein Redner, der sofort das Gehör der Massen hat, jedesmal muß er es erst erkämpfen, mit sparsamen Gesten und eindringlicher Dialektik erzwingen. In wenigen Wochen reorganisiert er die Partei und bestimmt entscheidend ihre politische Haltung.

Ich sollte in jenen Tagen an einer Konferenz der Unabhängigen in Berlin teilnehmen, ich versäume, durch Arbeit im Zentralrat aufgehalten, den Zug, am nächsten Morgen fliege ich nach Berlin.

Ein Kampfflieger, geschmückt mit dem Eisernen Kreuz erster Klasse und dem goldenen Fliegerabzeichen, ist mein Pilot. Bei südlich blauem Himmel starten wir. Ich sitze hinter dem Piloten in einem kleinen offenen Raum, durch das viereckige Loch im Boden warf man im Krieg Bomben auf Häuser und Menschen, jetzt dient es mir als Fenster zur entschwindenden Erde. Es ist mein erster Flug.

Die schwarzen Wälder, die grünen Wiesen, die braunen Berge und Schluchten werden flache, farbig abgezirkelte Quadrate aus einer Spielzeugschachtel, im Warenhaus gekauft, von Knabenhänden zusammengestellt. Wolkengebirge türmen sich, die Erde überflutet eine weiße weiche Nebeldecke, die mich anzieht mit unheimlicher Lockung, der Wünsch, zu fallen, zu versinken, verwirrt meine Sinne.

Der Himmel klärt sich auf, die Sonne steht im Zenit, ich sehe nach der Uhr, wir sind Stunden geflogen, wir müßten in Leipzig sein, dort will der Flieger Benzin tanken.

Ich schreibe auf einen Zettel: „Wann sind wir in Leipzig?“ und reiche dem Piloten das Papier.

Der zuckt die Schultern, er hat die Richtung verloren. Plötzlich sinkt das Flugzeug im Gleitflug zu Boden, ehe ich mich noch anschnallen kann, saust der Apparat senkrecht herunter und bohrt sich mit der Spitze in den Acker. Ich fliege mit dem Kopf gegen die Bordwand und bleibe betäubt liegen. Als ich wieder zu mir komme, sehe ich Menschen, nicht in Leipzig sind wir gelandet, sondern in Niederbayern, in Vilshofen.

Die Bauern helfen uns, das Flugzeug ist nur leicht beschädigt.

„Können wir weiter nach Berlin fliegen?“ frage ich den Piloten.

„Nein.“

„Was sollen wir tun?“

„Ich getraue mich, nach München zurückzufahren, aber für Sie übernehme ich nicht die Verantwortung.“

„Ich fahre auf eigene Verantwortung mit.“

Wir landen abends auf dem Flugplatz Schleißheim. Am nächsten Morgen fliege ich zu früher Stunde mit anderem Flugzeug und anderem Piloten. Der Himmel bewölkt sich, Strichregen näßt unsere Gesichter, Stunden um Stunden fliegen wir, ohne daß Leipzig zu sehen ist, ich denke an den Sturz von gestern und schnalle mich fest. Minuten später senkt sich das Flugzeug zur Erde. Wir landen in einem aufgeweichten Lehmacker, sausen etliche Meter vorwärts, an einer Böschung überschlägt sich der Apparat, ich hänge im Gurt, das Flugzeug über mir, der Pilot ist herausgeklettert, aus Mund und Nase strömt Blut.

„Nichts Schlimmes“, ruft er und zieht mich unter dem Flugzeug hervor.

Wir sehen in der Nähe ein Dorf, von allen Seiten laufen Bauern herbei, sie kümmern sich nicht um uns, in ihren Händen tragen sie Flaschen, Kochtöpfe, Eimer, große und kleine Gefäße, um das Benzin, das aus dem Tank fließt, aufzufangen, denn Benzin ist in dieser Zeit kostbarer als Gold, kostbarer als Menschen.

Der Pilot und ich stolpern in unseren schweren Fliegeranzügen zum Dorf, wir finden ein Gasthaus, legen uns auf die Bänke und schlafen, vom Schreck erschöpft, sofort ein. Ich muß Stunden geschlafen haben, als ich aufwache, dämmert der Abend. Ich sehe wie durch einen Nebel Bauern um den Wirtshaustisch sitzen, ich stehe auf, an der Tür erblicke ich einen Gendarmen.

„Nix, Franzos“, ruft er und bedeutet mir, daß ich das Zimmer nicht verlassen darf.

„Ich bin kein Franzose.“

Aus der Tasche ziehe ich meinen Ausweis und reiche ihn dem Gendarmen. Seine Augen weiten sich, er macht mir ein Zeichen, ich folge ihm auf den Korridor.

„So, der Herr Toller sans. Des dürfen wir fei nöt den Bauern sagn. Die moana, Sie san a Franzos, wenn die wüßten, daß Sie einer von die Roten san, die täten Eahna auf der Stell totschlagen. Hier in Wertheim sans alle schwarz.“ –

Ich fahre mit der Kleinbahn nach Ingolstadt.

„Fährt heute noch ein Zug nach München?“ frage ich den Bahnvorsteher.

„Des scho.“

„Ich fahre mit.“

„Des nöt.“

„Warum?“

„Nur der Landtagszug fährt, und der hält nicht.“

„Der Zug muß halten.“

„Und wenns der König von Bayern san, der Zug hält nöt.“

„Der König von Bayern bin ich nicht.“

Ich zeige ihm meinen Ausweis.

„Dös geht mi an Dreck o.“

„So“, sage ich, stecke meine Hände in die Tasche, packe das Taschentuch, als ob ich eine Waffe umkralle, und sehe ihn scharf an.

„Sie werden den Zug zum Halten bringen.“

Er läßt die hochgezogenen Schultern fallen, die Achselblätter rollen aufgeregt, dann zieht er den Bauch ein, wirft die Brust vor, legt die Hände an seine Mütze und brummt:

„Zu Befehl, Herr Toller.“

Zehn Minuten später steige ich in den Zug nach München, die Konferenz in Berlin habe ich versäumt, wäre ich in Berlin gelandet, hätte ich dort bleiben müssen, zwei Tage später herrscht Krieg zwischen Berlin und München.

Noch ehe der Landtag sein Werk beginnen kann, schickt die Augsburger Arbeiterschaft, müde der revolutionären Resolutionen, Delegierte zum Ministerium nach München, sie sollen die Proklamation der Räterepublik fordern. Die Regierung verhaftet diese Männer nicht als Hochverräter, sondern empfängt sie, die sozialdemokratischen Minister verlieren den Kopf, sie fürchten um Führung, Amt, Parteimitglieder und sind bereit, die Forderung zu erfüllen. Einer ist zufällig abwesend, der Ministerpräsident Hoffmann, er will anfangs zurücktreten, eine Sorge drückt ihn, er schreibt eine Postkarte an den Vorsitzenden des Zentralrats, ob die Räterepublik den alten Ministern Pensionen zahlen werde.

Die Kommunisten tun nicht mit, sie mißtrauen den Rechtssozialisten, die trieben, wie schon so oft in der deutschen Revolution, ein dunkles und für die Arbeiterschaft gefährliches Spiel, die Arbeiterschaft sei nicht reif, die Räterepublik werde ohne Unterstützung Norddeutschlands sich nicht halten können. Das aber hätten sie vor Wochen sagen müssen, wo sie die Räterepublik in Parlamenten, Kongressen, Zeitungen, Versammlungen als nächstes politisches Kampfziel forderten, und jeden, der die Möglichkeit naher Verwirklichung bezweifelte, Konterrevolutionär und Kleinbürger schalten. Man darf nicht Parolen verkünden, an die man nicht glaubt. Die Scheu vor der Wahrheit führt zum Selbstbetrug. Man darf nicht der Wirklichkeit, die anders sich zeigt, als man sie wünschte, ausweichen und sich entschuldigen, so war es nicht gemeint.

Die Unabhängigen zögern. Hat eine revolutionäre Partei das Recht, die Massen im Stich zu lassen? Revolutionäre Führer dürfen nicht blindlings Massenstimmungen folgen, auf die Gefahr, verkannt zu werden, müssen sie sinnlosen Aktionen wehren. Aber sind es nur Stimmungen? Sind nicht schon Tatsachen geschaffen, die unser Tun beeinflussen müssen?

Die Parteibürokratien beraten, das Volk handelt. In jener Stunde ist in Würzburg, Augsburg, Fürth, Aschaffenburg, Lindau, Hof die Räterepublik ausgerufen. Wir hätten das Volk früher über die wahren Machtverhältnisse in Deutschland aufklären müssen, daß wir es nicht taten, war unsere Schuld.

In der Nacht vom 6. zum 7. April 1919 versammelt sich der Zentralrat, versammeln sich die Delegierten der Sozialistischen Parteien, der Gewerkschaften, des Bauernbundes im Wittelsbacher Palais. Wo früher Zofen und betreßte Lakaien herumwedelten, stapfen jetzt die groben Stiefel von Arbeitern, Bauern und Soldaten, an den seidenen Vorhängen der Fenster des Schlafzimmers der Königin von Bayern lehnen Wachen, Kuriere, übernächtigte Sekretärinnen.

Die Volksbeauftragten werden gewählt, es zeigt sich auch hier das Unwissen, das Ziellose, die Verschwommenheit der deutschen Revolution. Sylvio Gsell, der Physiokrat, der Theoretiker des Freigeldes und der Freiwirtschaft, wird Finanzminister. Zum Präsidenten des Zentralwirtschaftsamts bestimmt man den Marxisten Dr. Neurath. Wie sollen diese beiden Männer miteinander arbeiten? Mir werden nacheinander drei Volkskommissariate angeboten, ich lehne alle drei ab. Zum Leiter des Volkskommissariats für Auswärtige Angelegenheiten beruft man Dr. Lipp, dessen Fähigkeiten niemand kennt. Er hat kein Gesicht, nur einen Vollbart, trägt keinen Anzug, nur einen Gehrock, diese beiden Requisiten scheinen die Gründe seiner Eignung zu sein. Ein Arbeiter, bei dem ich mich nach Dr. Lipp erkundige, sagte, er kenne den Papst persönlich. Andere Männer werden mit Ämtern betraut, die zwar nicht den Papst persönlich kennen, aber doch den Dorfpfarrer.

Als ich das Wittelsbacher Palais, verlasse, dämmert der Morgen. Die Revolution hat gesiegt. Hat die Revolution gesiegt? Diese Räterepublik ist ein tollkühner Handstreich verzweifelter Arbeitermassen, die verlorene deutsche Revolution zu retten.

Was wird sie schaffen, wie wird sie enden?

Vor der kleinen Pension, in der ich wohne, wartet einer unserer Sektionsführer.

„Jetzt haben wir die Macht."

„Haben wir sie?" sage ich. Der Genosse stutzt, sieht mich nachdenklich an, ich verabschiede mich rasch.

Der erste Tag der Räterepublik, Nationalfeiertag. Auf den Straßen festlich gekleidete Arbeiter, scheu und ängstlich drängen sich die Bürger und sprechen über die Geschehnisse der letzten Nacht, Lastwagen mit Soldaten durchfahren die Stadt, auf dem Wittelsbacher Palais weht die rote Fahne.

Die Arbeit beginnt. Ein Erlaß verkündet die Sozialisierung der Presse, ein anderer die Bewaffnung der Arbeiter und die Schaffung der roten Armee, ein dritter die Beschlagnahme von Wohnungen zur Linderung der Wohnungsnot, ein vierter regelt die Lebensmittelversorgung.

Die Münchener Garnison entsendet Vertreter zum Zentralrat, sie werde die Räterepublik zu verteidigen wissen. Die Soldaten des ersten Leibregiments geben ihrer Kaserne den Namen Karl-Liebknecht-Kaserne. Auch die alten königlichen Staatsanwälte und Richter wollen nicht zurückstehen, sie stünden „auf dem Boden der Räterepublik", sie seien bereit, in den neu geschaffenen Revolutionsgerichten die Feinde der Revolution anzuklagen und zu richten. Die Kirchenglocken läuten, die Kirchenglocke von Starnberg schweigt, der alte königliche Bezirksamtmann selbst gibt den Befehl, den Widerstand zu brechen.

Nur die Kommunisten bekämpfen die Räterepublik, sie rufen die Arbeiter zu Demonstrationen auf, sie schicken Redner in die Kasernen, diese Räterepublik verdiene es nicht, daß die Soldaten sie verteidigen.

Inzwischen haben sich Ministerpräsident Hoffmann und die anderen Minister, die aus München geflohen sind, besonnen, die vom Landtag gebildete Regierung verlegt ihren Sitz nach Bamberg, zu ihrem Schutz beruft sie das in Ohrdruf gebildete Freikorps Epp, sie verhaftet die Träger der Räterepublik in den fränkischen Städten und beherrscht Nordbayern. Nach Bamberg ist auch der räterepublikanische Ernährungskommissar, der Bauernbündler Wutzlhofer, gefahren, eben hat er sich noch von mir seine Ernennung bestätigen lassen, jetzt amtiert er im Kabinett der Gegenregierung Hoffmann.

In München ist der Vorsitzende des Zentralrats zurückgetreten, ich werde zu seinem Nachfolger bestimmt.

In den Vorzimmern des Zentralrats drängen sich die Menschen, jeder glaubt, die Räterepublik sei geschaffen, um seine privaten Wünsche zu erfüllen. Eine Frau möchte sofort getraut werden, bisher hatte sie Schwierigkeiten, es fehlten notwendige Papiere, die Räterepublik soll ihr Lebensglück retten. Ein Mann will, daß man seinen Hauswirt zwinge, ihm die Miete zu erlassen. Eine Partei revolutionärer Bürger hat sich gebildet, sie fordert die Verhaftung aller persönlichen Feinde, früherer Kegelbrüder und Vereinskollegen.

Verkannte Lebensreformer bieten ihre Programme zur Sanierung der Menschheit an, ihr seit Jahrzehnten befehdetes Lebenswerk bürge dafür, daß jetzt endlich die Erde in ein Paradies verwandelt werde. Sie wollen die Welt aus einem Punkt kurieren, läßt man die Prämisse gelten, ist ihre Logik unangreifbar.

Die einen sehen die Wurzel des Übels im Genuß gekochter Speisen, die anderen in der Goldwährung, die dritten im Tragen unporöser Unterwäsche, die vierten in der Maschinenarbeit, die fünften im Fehlen einer gesetzlich vorgeschriebenen Einheitssprache und Einheitskurzschrift, die sechsten machen Warenhäuser und sexuelle Aufklärung verantwortlich. Sie erinnern alle an jenen schwäbischen Schuster, der in einer umfangreichen Broschüre zwingend bewies, daß die Menschheit nur darum moralisch krank sei, weil sie ihre elementaren Bedürfnisse in geschlossenen Räumen verrichte und künstliches Papier benütze. Wenn sie, dozierte er, diese Minuten in Wäldern verbrächten und mit natürlichem Moos sich behülfen, würden auch ihre seelischen Giftstoffe im Kosmos verdunsten, körperlich und seelisch gereinigt, als gute Menschen, kehrten sie zur Arbeit zurück, ihr soziales Gefühl wäre gekräftigt, der Egoismus verschwände, die wahre Menschenliebe erwachte, und das Reich Gottes auf Erden, das lang verheißene, bräche an.

Der Kommissar für Auswärtige Angelegenheiten, Dr. Lipp, waltet seines Amtes, er sendet staatsmännische Depeschen in die Welt, er kennt wirklich den Papst persönlich, denn er telegraphiert an den Nuntius:

„Ich mache es mir zur heiligen Pflicht, die Sicherheit Ihrer verehrlichen Person und des gesamten Instituts der Nuntiatur in München zu garantieren. Glauben Sie an meine Ergebenheit."

An den bayerischen Gesandten in Berlin telegraphiert er:

„Da das opus primum sed non ultimum des Herrn Preuß über die deutsche Verfassung für Bayern niemals bindendes Gesetz werden kann, weil ich die durch bayerisches Blut bei Wörth und Sedan erworbenen Reservatrechte Bayerns nicht preisgeben darf, ersuche ich Sie, unverzüglich dem Grafen Brockdorff-Rantzau Ihr Abschiedsgesuch einzureichen."

Unsere Kontrollbeamten im Telegraphenamt lesen kopfschüttelnd die Depeschen, endlich wird es ihnen zu bunt, sie bringen mir die Depesche an den Papst und fragen, ob der Zentralrat die Beförderung zulasse. Ich lese:

„Proletariat Oberbayerns glücklich vereint. Sozialisten plus Unabhängige plus Kommunisten fest als Hammer zusammengeschlossen, mit Bauernbund einig. Liberales Bürgertum als Preußens Agent völlig entwaffnet. Bamberg Sitz des Flüchtlings Hoffmann, welcher aus meinem Ministerium den Abtrittsschlüssel mitgenommen hat. Die preußische Politik, deren Handlanger Hoffmann ist, geht dahin, uns vom Norden, Berlin, Leipzig, Nürnberg abzuschneiden, auch von Frankfurt und vom Essener Kohlengebiet, und uns gleichzeitig bei der Entente als Bluthunde und Plünderer zu verdächtigen. Dabei triefen die haarigen

Gorillahände Gustav Noskes von Blut. Wir erhalten Kohle, und wir erhalten Lebensmittel in reichlichem Maße aus der Schweiz, von Italien. Wir wollen den Frieden für immer. Immanuel Kant „Vom ewigen Frieden" 1795, „Thesen 2-5". Preußen will den Waffenstillstand zur Vorbereitung des Rachekrieges."

Zweifellos, Lipp ist wahnsinnig geworden. Wir beschließen, ihn sofort in eine Heilanstalt zu überführen. Um Aufsehen in der Öffentlichkeit zu vermeiden, muß er freiwillig seinen Rücktritt erklären.

Im Ministerium des Auswärtigen sind die Zimmer der Sekretärinnen mit roten Nelken geschmückt, Herr Lipp hat sie den Damen als Morgengruß gebracht, dann ist er fortgegangen, niemand weiß wohin, wahrscheinlich entwirft er neue Depeschen. Endlich erreichen wir ihn, er kommt ahnungslos in mein Zimmer im Wittelsbacher Palais. Ich soll ihn zum Rücktritt bewegen.

„Haben Sie schon das Badezimmer des letzten Königs von Bayern gesehen?" fragt er mich. „Welche Schande. Ich sehe da ein winziges Paddelruder, wundere mich, frage den Lakaien und muß hören, daß Ludwig von Wittelsbach, anstatt zu regieren, stundenlang warme Bäder nahm und zu seinem Vergnügen in der Badewanne paddelte."

Ich kenne das Badezimmer des alten Königs, ich habe über aktuellere Fragen mit Herrn Lipp zu sprechen.

„Haben Sie diese Telegramme aufgegeben?"

Sorgfältig liest Lipp die Telegramme. „Ich habe sie sogar mit eigener Hand geschrieben."

„Sie werden zurücktreten, der Text Ihrer Erklärung ist vorbereitet, seien Sie so freundlich, Ihre Unterschrift darunterzusetzen."

Lipp erhebt sich, zupft an seinem grauen Gehrock, zieht ein Kämmchen aus der Tasche, frisiert mit eleganter Geste seinen Henri-Quatre-Bart, steckt sein Kämmchen wieder in die Tasche, ergreift die Feder, stützt sich einen Moment auf den Schreibtisch und sagt mit trauriger Stimme:

„Was tue ich nicht für die Revolution."

Er unterschreibt das Dokument und geht.

Nachmittags sitzt er wieder im Ministerium, beschenkt die Sekretärinnen und redigiert Telegramme. Samariter entführen ihn von seiner Arbeitsstätte.

Der Finanzkommissar Gsell versucht, das kapitalistische Problem vom Geldproblem aus zu lösen. Durch die Schaffung eines gleitenden Geldwertes will er den Zins und damit die Ausbeutung beseitigen. Er telegraphiert an das Reichsbankdirektorium in Berlin:

„Die Übertragung des diplomatischen Bruchs auf das Geldwesen würde den Wiederanschluß in beklagenswerter Weise erschweren. Ich will mit durchgreifenden Mitteln die Währung sanieren. Verlasse die Wege der systemlosen Bargeldwirtschaft, gehe zur absoluten Währung über und bitte um Bekanntgabe Ihrer Stellungnahme."

Den Präsidenten des Zentralwirtschaftsamtes interessieren die politischen Machtverhältnisse nicht, er weiß nicht einmal, daß in Bamberg sich eine Gegenregierung gebildet hat, er sieht weder die Konflikte im Zentralrat noch im Lande, den Kommunisten will er einen Landkreis in Bayern überlassen, dort sollen sie versuchen, mit seiner finanziellen Hilfe den Kommunismus zu verwirklichen, er telegraphiert an alle, ihn zu unterstützen, er läßt sogar Walther Rathenau nach München kommen, der nach einstündiger Unterredung wieder abreist, er ist drauf und dran, die Vollsozialisierung durchzuführen.

Die Rechtssozialisten treiben ein doppeltes Spiel, ihre Münchener Vertrauensleute paktieren mit der Gegenregierung in Bamberg.

Am 9. April abends stürmt in mein Zimmer einer unserer Sektionsführer.

„Die Kommunistische Partei hat in den Betrieben eigene revolutionäre Obleute bestimmt und sie zu einer Versammlung im Mattäserkeller einberufen. Ihr sollt heute nacht gestürzt werden."

Ich schüttle ungläubig den Kopf. Hat die Kommunistische Partei nicht vor wenigen Tagen die Schaffung der Räterepublik abgelehnt, hat sie nicht, und mit Recht, ihren frühen Zusammenbruch, die unglückseligen Folgen für die Arbeiterschaft prophezeit, welche neuen politischen Ereignisse bestimmen sie, die Macht zu erobern? Die Lage ist die gleiche wie vor einigen Tagen, eher aussichtsloser. Nur wollte damals die Kommunistische Partei nicht als Minderheit in einer Regierung vertreten sein, sie forderte, obgleich sie die Arbeiterschaft nicht führte, die Führung der Regierung, das Diktat ihres politischen Willens, diesen Machtanspruch hoffte sie jetzt durchzusetzen.

Wie ich in den Mattäserkeller eintrete, spricht Leviné. Die Räterepublik sei eine Scheinräterepublik, die Regierung sei unfähig, man müsse sie stürzen, anstelle des Zentralrats einen neuen Rat wählen, der die Macht übernehmen werde.

Die Versammlung stimmt Leviné zu.

Ich melde mich zum Wort, der Vorsitzende will es mir nicht geben, ich wende mich an die Versammlung, sie fordert, daß man mich sprechen lasse. Der Zentralrat, der abgesetzt werden soll, wurde vom Kongreß der Arbeiter-, Bauern- und Soldatenräte Bayerns gewählt, die Delegierten des Landes sind darin vertreten, die Regierung stützt sich auf den Bauernbund, auf weite Kreise der Bauernschaft.

„Wenn ihr heute eure politische Haltung revidiert habt", rufe ich den Kommunisten zu, „und glaubt, daß nur die unfähige Regierung an der Verfahrenheit schuld sei, liegt es an euch, durch eure Mitarbeit die Revolution zu retten. Wenn ihr uns stürzt, eine neue Regierung bildet, und die Bauern nicht mittun, was wollt ihr beginnen, wie wollt ihr München ernähren?"

„Wir werden es wie in Rußland halten", antwortet Leviné, „wir werden den Klassenkampf aufs Dorf tragen, wir werden durch Strafexpeditionen die Bauern zwingen, Korn und Milch zu liefern."

„Diese Strafexpeditionen erzielten nicht einmal in Rußland Erfolge, in Bayern würde solches Beginnen zu völligem Fiasko führen. In Bayern könnt ihr euch nicht auf die Dorfarmut stützen, selbst die niederbayerischen Gütler sind keine russischen Muschiks, der bayerische ist nicht der russische Bauer, er ist bewaffnet, er wird sich wehren, wollt ihr auf die Dörfer ziehen und um jeden Liter Milch eine Schlacht liefern?"

Die Versammlung stimmt mir zu.

Wieder spricht ein Kommunist, wieder lassen sich die Obleute umstimmen. Der Sekretär der Kommunistischen Partei soll ins Wittelsbacher Palais gehen, er soll die Regierung verständigen – daß sie gestürzt sei.

Die Versammlung wählt eine neue Regierung, ich kenne, außer den kommunistischen Führern, keins der neuen Mitglieder. Einige werden darum berufen, weil sie das sozialdemokratische Parteibuch haben, denn jetzt ist rühmenswerte Tugend, was bei uns Verbrechen war, die Mitarbeit von Sozialdemokraten. Ob diese Männer fähig oder unfähig sind, ob sie Einfluß in ihrer Partei haben, ist gleichgültig.

Die Versammlung beschließt, in Permanenz zu tagen, sie billigt ein Manifest, das die Arbeiterschaft Münchens zum Generalstreik aufruft und die Entwaffnung der Münchener Regimenter und der Münchener Polizei fordert.

Die neuernannte Regierung verläßt den Saal. Ich muß bleiben, ich bin verhaftet.

Kuriere kommen und gehen, Komitees organisieren sich, Vollmachten werden geschrieben und gestempelt, den Stempel des neuen Rats hatte man vorsorglich schon mitgebracht.

An den Tischen sitzen die Menschen, schläfrige Kellner bringen Bier und Wurst. Leiser werden die Stimmen, müder die Gesten, die Luft hängt schwer und rauchig über den Köpfen.

Um zwei Uhr nachts tost von draußen Lärm, alle Türen knallen auf, Soldaten der republikanischen Schutztruppe stürmen mit erhobenen Revolvern in den Saal. Der Führer der Truppe bahnt sich durch die Menge einen Weg und springt auf mich zu, ich weiche zurück, er schreit mich an: „Wir kommen dich befreien!"

Die Menge weiß nicht, ob der Überfall ihr gilt oder mir. Da dreht sich der Truppenführer mit schußbereiten Revolvern zur Menge:

„Hände hoch! Verlaßt sofort den Saal! Nach dreimaligem Trommelwirbel wird geschossen!"

Schon dröhnt der erste dumpfe Trommelwirbel, die Menge ist von Soldaten zerniert, hundert Gewehrläufe richten sich drohend auf den Saal, einige Arbeiter eilen zu den Fenstern, öffnen sie und springen hinaus, die meisten aber bleiben.

„Schießt, wenn ihr die Courage habt!"

Ich packe den Führer.

„Sind Sie wahnsinnig? Widerrufen Sie sofort den Befehl!"

„Nein."

„Dann werde ich es tun."

Zitternd vor Wut hält mir der Soldat den Revolver vor die Nase, schon spreche ich zur Versammlung:

„Niemand wird auf euch schießen."

Die Soldaten ziehen ab, ich begleite sie zur Stadtkommandantur.

„Die Truppen wissen", sagt mir der Stadtkommandant, „daß man sie entwaffnen will, alle Kasernen sind alarmiert, die Soldaten haben sich verschanzt, beim ersten Versuch der Arbeiter, die Kasernen zu erstürmen, wird scharf geschossen, München wird heute das furchtbarste Blutbad erleben."

Als ich die Stadtkommandantur verlasse, ist es sechs Uhr, ich sehe die ersten Trambahnen, die Straßenbahner sind der Streikparole nicht gefolgt.

Ich fahre zu Maffei und Krupp und spreche in Betriebsversammlungen, die Arbeiter lehnen den Marsch auf die Kasernen ab. Auch die anderen Fabriken folgen nicht der kommunistischen Parole.

Die neue Regierung löst sich auf, einige Stunden später erinnert sich niemand mehr an sie, nicht einmal die Kommunistische Partei.

In München bekämpfen sich die Revolutionäre, in Nordbayern sammelt sich der Gegner. Der Rechtssozialist Schneppenhorst, der vor einer Woche noch seinen Kopf für die Verteidigung der Räterepublik verpfändete, formiert Truppen gegen uns.

Die inneren Kämpfe in München müssen beendet werden. Der Zentralrat fordert die Kommunisten noch einmal auf, jetzt, da die Räterepublik bedroht ist, die Revolution zu verteidigen. Die Kommunistische Partei entsendet Delegierte in den Zentralrat – zu spät.

Die Räterepublik läßt sich nicht halten, die Unzulänglichkeit der Führer, der Widerstand der Kommunistischen Partei, der Abfall der Rechtssozialisten, die Desorganisation der Verwaltung, die zunehmende Knappheit an Lebensmitteln, die Verwirrung bei den Soldaten, alle diese Umstände müssen den Sturz herbeiführen und der sich organisierenden Konterrevolution Kraft und Elan geben.

In meiner politischen Unerfahrenheit wage ich nicht, der Arbeiterschaft die Situation schonungslos darzustellen.

Nichts belastet den politisch Handelnden schuldvoller als Verschweigen, er muß die Wahrheit sagen, sei sie noch so drückend, nur die Wahrheit steigert die Kraft, den Willen, die Vernunft.

Diese Räterepublik war ein Fehler, Fehler muß man eingestehen und ausmerzen. Schon verhandeln Soldatenräte und Rechtssozialisten auf eigene Faust mit der Gegenregierung, wir dürfen keine Zeit verlieren, die Konterrevolution bedroht uns in den eigenen Reihen.

Am Sonnabend, am 12. April, klingelt das Telephon.

„Ist Toller am Telephon?" fragt eine Stimme.

„Ja. Wer spricht?"

„Das ist gleichgültig, ich will Sie warnen, ein Putsch gegen die Räterepublik bereitet sich vor."

Knacken im Telephon. Auf meine Rufe antwortet niemand. Unsere Lage ist zu bedrohlich, als daß ich diese telephonische Warnung überhören dürfte. Ich alarmiere nachts die Belegschaften der großen Fabriken.

Aus einem vagen Gefühl gehe ich nicht nach Haus, sondern schlafe in der Wohnung eines Freundes.

Morgens weckt mich seine Stimme, er steht am Telephon, er gibt mir ein Zeichen, er wiederholt die Worte, die ihm ein Bekannter, der Rechtsanwalt Kaufmann, sagt:

„Putsch gegen die Räterepublik geglückt ... Truppen der Regierung Hoffmann haben den Bahnhof eingenommen ... alle Mitglieder des Zentralrats sind verhaftet ... Mühsam ... Hagemeister ... Wadler ... nur Toller und Leviné werden noch gesucht, wir sind ihnen schon auf der Spur."

Mein Freund hängt den Hörer ein.

Da schrillt die Türklingel.

Mein Freund erschrickt und sieht mich an.

Sie haben mich gefunden, denke ich und suche einen Weg zu entkommen.

„Zur Flucht ist es zu spät", sagt mein Freund.

Wieder schrillt die Klingel.

„Hinter dem Bücherschrank ist eine kleine Kammer, laß uns rasch den Schrank fortrücken."

Wir tun's, ich verberge mich in der Kammer, mein Freund rückt den Schrank vor die Tür.

Nach einer Weile befreit er mich aus meinem Versteck. „Du hast Glück", sagt er, „zwar ist ein Leutnant da, aber der kommt gerade aus der Türkei und will nichts mehr von der Monarchie wissen, seit Wilhelm nach Holland geflohen ist. Außerdem sucht er keine Sozialisten, sondern eine Frau, und die linke und die rechte Politik sind ihm gleich verhaßt. Wenigstens bringt er Neuigkeiten."

Die Regierung Hoffmann, erzählt der Offizier, habe mit Hilfe einiger Münchener Sozialdemokraten die republikanische Schutztruppe gewonnen, jedem Mann seien 300 Mark versprochen, die Soldaten hätten nachts den Bahnhof und die Regierungsgebäude besetzt, sie beherrschten die Stadt, die Räterepublik habe ein unrühmliches Ende gefunden. –

Aber die Arbeiter, zu schwach, die Revolution aufzubauen, wollen den Weißen nicht kampflos die Stadt lassen, sie versammeln sich auf der Theresienwiese, die revolutionären Truppen schließen sich ihnen an, die Kämpfe beginnen.

Vor unserem Haus patrouillieren Regierungssoldaten, ich bitte den Offizier, mir seine Uniform zu leihen.

„Mit Vergnügen", antwortet er, „ich schenke sie Ihnen mit sämtlichen Orden und Ehrenzeichen. Ich verlange nur einen Gegendienst. Wenn Sie die Macht wiedergewinnen, schenken Sie mir ein Flugzeug, ich will zu den Eskimos fliegen und eine Eskimofrau heiraten und das verdammte Europa vergessen."

„Ein bißchen lang, der Weg."

„Es lohnt sich“, sagt er, „die europäischen Frauen sind verhinderte Rekruten, ich will eine Frau heiraten und keinen künftigen Unteroffizier.“

Ich ziehe mir die Leutnantsuniform an und gehe auf die Straße.

Ich treffe weiße Soldaten, sie grüßen den Leutnant. Ein Arbeiter, das Gewehr geschultert, begegnet mir. „Wo wird gekämpft, Genosse?“

Der Arbeiter stutzt, sieht mich an, sieht meine Leutnantsuniform, sein Gesicht verzerrt sich:

„Mei Ruah!“

„Wo wird gekämpft, Genosse?“

Der Arbeiter packt das Gewehr, legt an und läßt es wieder sinken:

„Mach, daß du weiterkommst!“

Ich habe vergessen, daß ich Leutnantsuniform trage, ich laufe rasch weiter.

Inzwischen haben die Arbeiter und Soldaten den Bahnhof im Sturm genommen, die weißen Truppen sind auf bereitstehenden Zügen davongedampft.

Nur im Luitpoldgymnasium hält sich noch eine Kompanie der republikanischen Schutztruppen, die zur Regierung Hoffmann übergegangen war, mit den Kameraden stürme ich das Haus, die Truppen ergeben sich.

In den Stunden, in denen ich an den Kämpfen teilnahm, versammelten sich die Betriebsräte, sie glaubten, alle Mitglieder des alten Zentralrats seien verhaftet, und wählten einen neuen Zentralrat, die Kommunisten beherrschen ihn.

Ich gehe zur Stadtkommandantur, wo der neue Rat tagt. Bevor ich etwas sagen kann, werde ich verhaftet. „Jetzt haben wir den König von Südbayern“, ruft Levien. Mögen die Arbeitermassen einig sein, die Parteiführer bekämpfen sich weiter. Man glaubt, daß ich als Vorsitzender des alten Zentralrats dem neuen gefährlich werden könne, erst nach wortreichem Hin und Her werde ich entlassen.

Abends, in meiner Pension, kreischt das dicke Hausmädchen auf, sie hält mich für ein Gespenst, sie befühlt meinen Arm, sie überzeugt sich, daß er aus Fleisch und Blut ist.

„Wir hielten Sie für tot. Mittags wurde unten vorm Haus ein Auto angehalten, in dem ein junger Mann saß. „Das ist Toller“, schrien etliche, sie stürzten sich auf ihn, verprügelten ihn und schleppten den Bewußtlosen fort. Bis vor ein paar Stunden waren weiße Soldaten hier in der Pension. Als die Roten siegten, sind sie auf und davon, mit Ihren Krawatten, nicht eine haben sie dagelassen.“

Die „Scheinräterepublik“, wie die Kommunisten sie nannten, ist zugrunde gegangen, die „wahre“ Räterepublik beginnt ihr Werk.

Kaum eine Woche ist vergangen, seit die Kommunistische Partei erklärt hat, diese Räterepublik könne nicht lebensfähig sein, die inneren und äußeren Bedingungen fehlten, die Arbeiterschaft sei nicht reif, die Lage im übrigen Deutschland denkbar ungünstig, die Übernahme der Regierung nur ein Dienst für die Reaktion. Der Sieg der Arbeiter wirft alle Bedenken der Kommunisten über den Haufen, der bewaffnete Kampf habe die Einheit des Proletariats geschaffen, im Gegensatz zur Scheinräterepublik sei diese Räterepublik das Werk der Massen, die Kommunistische Partei als revolutionäre Kampfpartei gehöre in diesem Augenblick an die Spitze der Kämpfe, vielleicht lasse sich die Räterepublik so lange halten, bis die kommunistische Revolution auch in Österreich gesiegt habe und sich ein revolutionärer Block Österreich-Ungarn-Bayern bilden könne.

Kommissionen werden gewählt, sie sollen die rote Armee neu organisieren, die Gegenrevolution bekämpfen, das Finanz- und Wirtschaftswesen aufbauen, die Lebensmittelversorgung regeln. Die Polizei wird aufgelöst, die Rote Garde übernimmt den Sicherheitsdienst der Stadt. Der Oberbefehl über die Rote Garde wird dem Kommunisten Eglhofer übertragen. Eglhofer war einer der Führer der Kieler Matrosenrevolte im Herbst 1918, man ließ die Matrosen antreten, jeder zehnte, auch Eglhofer, wurde zum Tode verurteilt, später wurde er zu lebenslänglichem Zuchthaus begnadigt, die Novemberrevolution hatte ihn befreit. Organisatorische Fähigkeiten fehlten ihm, so war er auf einen Stab von Mitarbeitern angewiesen, die er wahllos heranzog.

Die erste populäre Handlung der Regierung ist die Beschlagnahme der gehamsterten Lebensmittel, es bleibt bei der Beschlagnahme. Die bürgerlichen Zeitungen dürfen nicht mehr erscheinen, zum Regierungsorgan wird das Mitteilungsblatt des Vollzugsrats der Betriebs- und Soldatenräte bestimmt.

Die Betriebe arbeiten nicht, der Generalstreik mit unbestimmter Dauer ist verkündet.

In Bamberg hat die Regierung Hoffmann das bayerische Volk zu den Waffen gerufen und von der Reichsregierung in Weimar militärische Hilfe erbeten. Zwei Armeekorps rücken in Nordbayern ein. Die Berliner Zeitungen bringen Schreckensnachrichten über München, der Bahnhof, so heißt es, sei in Trümmer geschossen, in der Ludwigstraße würden die Bürger zusammengetrieben und bildeten lebendige Ziele für die Schießübungen der Roten Garde, Gustav

Landauer, der der Räteregierung gar nicht mehr angehört, habe den Kommunismus der Frauen eingeführt.

In München ist es ruhig. Das Revolutionstribunal schreckt mehr durch seine Ankündigung als durch Taten, niemand wird zum Tode verurteilt, niemand erschossen, niemand beraubt oder mißhandelt.

Am 15. April abends spricht Leviné in einer Versammlung der Betriebsräte. Mitten in seine Rede tönen Sturmglocken, niemand weiß, wer den Befehl gegeben hat, keiner kennt die Ursachen, Gerüchte schwirren, in der Stadt sei von Bürgern ein Putsch angezettelt.

Sturmglocken. Nicht das dumpfe Dröhnen der großen Glocken, an die der Klöppel mit gedämpfter Wucht schlägt. Hundert Armesünderglöckchen wimmern in klagender Eintönigkeit, gehetzt, kraftlos. Aber diese wimmernde Eintönigkeit, unheimlich und drohend, zerrt an den Nerven, erregt das Blut, jagt das Herz.

Vor dem Hofbräuhaus entsichern die Wachen ihre Gewehre.

„Wo wird geläutet?“ frage ich.

„Auf den Türmen der Frauenkirche.“

Vor einem Jahr, als man mich beim Streik verhaftete, weigerte ich mich, die Uniform auszuziehen und Waffen zu tragen. Ich haßte die Gewalt und hatte mir geschworen, Gewalt eher zu leiden als zu tun. Durfte ich jetzt, da die Revolution angegriffen war, diesen Schwur brechen? Ich mußte es tun. Die Arbeiter hatten mir Vertrauen geschenkt, hatten mir Führung und Verantwortung übertragen. Täuschte ich nicht ihr Vertrauen, wenn ich mich jetzt weigerte, sie zu verteidigen, oder gar sie aufrief, der Gewalt zu entsagen? Ich hätte die Möglichkeit blutiger Folgen vorher bedenken müssen und kein Amt annehmen dürfen.

Wer heute auf der Ebene der Politik, im Miteinander ökonomischer und menschlicher Interessen, kämpfen will, muß klar wissen, daß Gesetz und Folgen seines Kampfes von anderen Mächten bestimmt werden als seinen guten Absichten, daß ihm oft Art der Wehr und Gegenwehr aufgezwungen werden, die er als tragisch empfinden muß, an denen er, im tiefen Sinn des Wortes, verbluten kann.

„Ihr seid sicher, daß die Weißen Sturm geläutet haben?“

„Ja, sie haben schon den Bahnhof besetzt."
„Wer kommt freiwillig mit?"
Sieben Arbeiter springen vor.
Wir gehen durch eine schmale stille Gasse, als wir uns der Theatinerstraße nähern, knattern Maschinengewehre vom Marienplatz.
„Hinlegen!"
Wir kriechen vorwärts. Durch die Theatinerstraße jagt ein Auto.
„Halt!" rufe ich und schieße in die Luft.
Springend stoppt das Auto. Ein beleibter Herr entsteigt ihm, die Hände voller Zigarettenschachteln.
„Nicht schießen!" schreit er. „Ich habe österreichische Zigaretten."
Die Gesichter meiner Kameraden strahlen, zehn Hände strecken sich nach den Zigaretten.
„Wer sind Sie?"
„Entschuldigen Sie nur, ich bin der österreichische Konsul."
„Sie kommen vom Marienplatz?"
„Ja."
„Wer hat geschossen?"
„Ich weiß nicht."
„Sind Sie weißen Truppen begegnet?"
„Ich habe nichts gesehen. Bitte, nehmen Sie doch die Zigaretten, es sind echte österreichische."
„Sie sollen uns sagen, was Sie wissen."
„Ich weiß gar nichts. Ich habe nur Angst. Wollen Sie nicht doch die Zigaretten nehmen?"
„Hurra", schreien meine Leute, „Österreicher!"
„Bundesgenossen", sagt der Konsul.
„Gutes Kraut", sagen meine Leute.
„Darf ich jetzt nach Hause fahren?"
„Jetzt schon!" ruft einer und steckt sich eine Memphis an.

Wie Indianer pirschen wir zur Frauenkirche, finster drücken die Zwiebeltürme auf das Kirchenschiff. Wir klopfen am Haus des Küsters. Eine Frau öffnet das Fenster, schreit: „Ach Jessas!" und schlägt den Laden zu. Wir trommeln gegen die Tür.
Die Haustür wird geöffnet, im Hemde die Küstersfrau steht zitternd vor uns.
„Wo ist der Küster?"

Hinter dem Rücken der Frau duckt sich ein altes Männchen, mit einem Hemd bekleidet.

„Erbarmens Eahna und erschießens ihm nicht, er hat eh den Ischias!“

„Niemand will Ihren Mann erschießen, auf wessen Befehl haben Sie Sturm geläutet?“

„Ich hab net gläut.“

„Aber hier wurde doch eben Sturm geläutet?“

„Na, na, ich schwörs, erschießens mi bloß net!“

Ich beruhige den alten Mann.

„Können Sie mir sagen, welche Kirche geläutet hat?“

„Na, net wer ichs sagen können. Ich kenn alle Glocken von Müncha ausanand, besser wie meine eignen Kinder. Wenn Westwind is, nacha tönt die Glocke von St. Peter, als wia wenn a Madl lacht, und von der Ludwigskirchen, als wia wenn a Jungfrau 's erste Kind kriegt. Und wenn sich der Wind draht, nacha ...“

„So sagen Sie uns doch endlich, welche Kirche jetzt Sturm läutet.“

„Jetza, i moin halt, die Paulskirchen. Aber bei dem Wind, in dera Nacht, könnt i net drauf schwörn.“

„Gehen Sie jetzt schlafen und erkälten Sie sich nicht.“

„Wo er eh scho den Ischias hat“, kreischt die Frau und schlägt die Haustür zu.

Wir ziehen weiter. Der Marienplatz ist menschenleer. Durch die Kaufingerstraße marschieren wir zum Bahnhof. Als letzter stampft ein hinkender Invalide, in der einen Hand den Krückstock, in der andern das Gewehr, mit seinem Stock hämmert er den Takt unseres Marsches.

Im Hauptbahnhof lagern die Unsern.

„Wo sind die Weißen?“

„Sie haben die Paulskirche besetzt.“

An einem Pfeiler steht ein verlassenes Maschinengewehr, wir nehmen es und schleichen zur Paulskirche. Fünfzig Schritt vor der Kirche stellen wir das Maschinengewehr auf. Vor Aufregung schießt der Mann am Maschinengewehr auf den Turm, schwer rollt das Echo zurück.

„Habts es gehört?“ sagt der Schütze. „Dös hat gesessen.“

Ringsum die Fenster öffnen sich. Eine Stimme brummt in tiefem Baß:

„Des is ja noch schöner, jetzt schiassens gar mitten in da Nacht.“

Im Sturmschritt laufen wir zur Kirche, die der Feind besetzt hält. Der Feind meldet sich nicht. Friedlich schweigt die Glocke.

Wieder klingeln wir den Küster heraus.
„Wer hat Ihnen den Befehl zum Sturmläuten gegeben?" „Des wenn i wüßt!"
Ein Arbeiter packt den Küster.
„Du Hund! Du hast's mit die Weißen!"
„Was, mit die Weißen? Woher soll i jeden damischen Spartakisten kenna? Die Sektion Sendling hat den Befehl zum Läuten gegeben."

Im Sektionslokal der Kommunistischen Partei Sendung sagt man uns, der Befehl sei von der Stadtkommandantur gekommen, die Weißen marschierten gegen München, die Arbeiter zögen ihnen entgegen.
Auf der Straße halten wir ein Lastauto an. In einem Gasthaus an der Nymphenburger Straße machen wir halt.
„Wo sind die Weißen?"
Niemand weiß es.
In der Schenke sitzen drei Soldaten vom Schweren Reiterregiment, trinken ihre Maß und schimpfen auf das schlechte Bier. Die Pferde sind an den Bäumen festgebunden. Ein Soldat gibt mir sein Pferd, die beiden andern begleiten mich.
Wir reiten in der mondhellen gestirnten Aprilnacht durch das friedliche Land, hören wir Stimmen, reiten wir ins Dunkel des schützenden Waldes, wird auf Leviné oder Toller geschimpft, sind wir beruhigt, es sind Freunde.

Wir nähern uns dem Bahnwärterhaus vor Allach, ein Mann läuft eilends ins Haus, wir springen vom Pferd und ihm nach, der Mann steht am Telephon, den Hörer in der Hand. „Mit wem telephonieren Sie?"
Keine Antwort. Ich nehme den Hörer.
„Eine Patrouille?" fragt eine Stimme am andern Ende des Drahts.
„Ein Regiment", antworte ich.
„Ein Regiment?"
„Eine Division."
Pause.
„Wer ist da?" fragt die Stimme. „Ich bin's."
Drüben wird der Hörer eingehängt.
„Sie haben mit den Weißen telephoniert", schreie ich den Bahnwärter an. Der schweigt.
Wir haben keine Zeit, wir müssen weiter. Bevor wir losreiten, zerschneiden wir die Telephondrähte.

Bei Karlsfeld erreichen wir Münchener Arbeiter und Soldaten, die spontan, ohne militärische Leitung, die weißen Truppen, die München vom Norden überfallen wollten, zur Umkehr gezwungen und vor sich hergetrieben haben. Nun, da sie den Angriff abgewehrt und die Fühlung mit den weißen Truppen verloren haben, zerfällt die einheitliche Wucht der vorstürmenden Massen, es bilden sich ratlose Gruppen.

Wir reiten auf der Chaussee in der Richtung Dachau weiter. Plötzlich pfeifen Kugeln, mein Pferd scheut.

„Zurück!" rufe ich.

Wie ich mich umwende, sehe ich das Pferd des einen Kavalleristen sich aufbäumen, der Reiter, getroffen, stürzt zu Boden. Wir haben den Toten erst am nächsten Morgen bergen können. In seiner Tasche finden wir einen Brief:

„Liebe Mutter, wie geht es Dir? Mir geht es gut, ich sitze hier im Gasthaus und warte auf die Weißen. Sie greifen München an. Ich weiß nicht, was die nächsten Stunden bringen werden. Ich sage mir, lieber ein Tod in Ehren."

Im Karlsfelder Gasthaus sind die Vertrauensleute der Münchener Arbeiter versammelt.

„Der Toller soll die Führung übernehmen!" ruft einer.

„Von einem Geschütz?" antworte ich. Ich denke daran, daß ich im Krieg Artillerieunteroffizier war. „Na, vom Heer", ruft ein alter weißhaariger Krupparbeiter.

Ich sträube mich und versuche zu erklären, daß ein Heerführer andere Fähigkeiten braucht.

„Oana muaß sein Kohlrabi herhalten, sonst gibts an Saustall, und wennst nix vastehst, wirst es lerna, die Hauptsach is, dich kennen wir."

Ich weiß nichts zu erwidern, welche Gründe konnten auch dieses törichte, rührende Vertrauen von Männern, die eben eine aktive, militärisch geführte Truppe besiegt hatten, erschüttern?

So werde ich Heerführer.

In den Reihen der Arbeiter finde ich einige junge Offiziere, die in der alten kaiserlichen Armee gedient haben. Ein „Generalstab" wird gebildet, die Arbeiter werden in Bataillone gegliedert, Stellungen vor Dachau bezogen, der Feind hält Dachau besetzt.

„Ein Generalstab braucht Karten", sagt der Chef der Infanterie, ein neunzehnjähriger Student.

„Recht hat er“, sagt ein Bierbrauer, der im Krieg Gefreiter war.

In den frühen Morgenstunden fahre ich mit dem Chef der Infanterie zum Kriegsministerium nach München. Auch die reaktionären Offiziere im Kriegsministerium wußten, daß ein Generalstab Karten braucht, sie haben vorsorglich die Geländekarten von Dachau beiseite geschafft.

Wir fahren nach Karlsfeld zurück. Aus München sind Verstärkungen eingetroffen, fünfhundert Arbeiter aus der Fabrik von Maffei, bewaffnet und militärisch gegliedert.

Vom Kriegskommissar Eglhofer wird mir ein Befehl überbracht.

„Dachau ist sofort mit Artillerie zu bombardieren und zu stürmen.“

Ich zögere, diesen Befehl zu befolgen. Die Dachauer Bauern stehen auf unserer Seite, wir müssen unnütze Zerstörung vermeiden, unsere Kräfte organisieren.

Wir stellen den Weißen bis zum Nachmittag dieses Ultimatum:

Zurückführung der weißen Truppen bis hinter die Donaulinie, Freilassung der am 13. April entführten Mitglieder der Zentralrats, Aufhebung der Hungerblockade gegen München.

Denn seit dem zweiten Tag der Räterepublik ist München durch die Bamberger Regierung blockiert. Als die Engländer im Krieg über das deutsche Volk die Hungerblockade verhängten, war man empört, jetzt versucht die Bamberger Regierung, das eigene Volk auszuhungern.

Die Weißen schicken als Parlamentäre einen Oberleutnant und einen Soldatenrat. Wir verhandeln nur mit dem Soldatenrat. „Kamerad, du kämpfst gegen Kameraden, du gehorchst denen, die dich bedrückt haben, unter denen du gelitten, gegen die du dich im November aufgelehnt hast.“

„Und ihr?“ antwortet er. „Was habt ihr aus München gemacht? Ihr mordet und plündert.“

„Wer sagt das?“

„Unsere Zeitungen schreiben so.“

„Willst du dich überzeugen? Du darfst nach München fahren, niemand wird dir etwas tun, du kannst dich umschauen und sehen, daß du belogen wirst.“

Der Offizier, wütend und ungeduldig, fährt den Soldatenrat an:

„Keine Antwort! Kein Wort weiter!“

„Ach, ihr seid schon wieder so weit!“

Der Offizier steht auf, drängt hinaus, der Soldatenrat flüstert mir zu:

„Wir schießen nicht auf euch.“

Von zweien unserer Leute begleitet, fahren die Parlamentäre nach Dachau zurück. Nach zwei Stunden hören wir, daß die Bamberger Regierung unsere Bedingungen angenommen habe, nur in einem Punkt gäbe sie nicht nach, die weißen Truppen würden sich bis Pfaffenhofen zurückziehen, die Regierung wolle den Stützpunkt diesseits der Donau nicht aufgeben.

Nachmittags um vier Uhr krachen Geschütze. Haben die Weißen die Vereinbarung gebrochen?

Unsere eigenen Geschütze hatten geschossen, auf Befehl eines unbekannten Soldatenrats.

Einer unserer Parlamentäre kommt von Dachau zurück, der Kommandant habe ihm gedroht, die beiden anderen Parlamentäre an die Wand zu stellen, sie verdienten kein anderes Schicksal, da die rote Armee durch den Bruch des Waffenstillstands ehrlos gehandelt hätte.

Ich trage als Führer der Truppen die Verantwortung für das Leben unserer Leute. Ich entschließe mich, im Auto nach Dachau zu fahren und selbst den Vorfall zu klären.

Das Auto erreicht unsere vorderste Linie, ich sehe keine Soldaten. Wir fahren weiter, erreichen die Barrikaden, die die Weißen auf der Chaussee nach Dachau errichtet haben. Sie sind zerstört. Plötzlich wird das Auto von Maschinengewehr- und Infanteriefeuer bestrichen.

„Weiterfahren!“ rufe ich dem Chauffeur zu.

Ich sehe unsere Truppen in Schützenlinien vormarschieren.

„Wer hat den Befehl gegeben?“ frage ich einen Zugführer.

„Ein Kurier.“

Auf den Gedanken, daß der Vormarsch das Werk eines Provokateurs war, komme ich nicht, erst später erfahre ich, daß der Soldatenrat Wimmer, der bei der Einnahme Münchens mit den weißen Truppen einzog, eigenmächtig, um Verwirrung zu schaffen, Kanonade und Angriff befahl.

Was soll ich tun? Mitten im Gefecht den Rückzugsbefehl geben ist nicht möglich, jetzt heißt es, die vormarschierenden Truppen unterstützen.

Ich fahre nach Karlsfeld zurück, schicke Reserven den Kämpfenden nach und schließe mich einem Trupp an. Das Feuer von drüben verstärkt sich.

Meine Gruppe zaudert. Sie verlangt Artillerie zur Unterstützung. Ich weigere mich, den Befehl zu erteilen, springe mit ein paar Freiwilligen vor, die andern folgen, wir erreichen unsere Infanterie, wir stürmen Dachau.

Als das Gefecht einsetzt, stürzen sich die Arbeiter und Arbeiterinnen der Dachauer Munitionsfabrik auf die weißen Soldaten, am entschlossensten sind die Frauen. Sie entwaffnen die Truppen, treiben sie vor sich her und prügeln sie aus dem Dorf hinaus. Der Kommandant der Weißen rettet sich auf einer Lokomotive. Unsere Parlamentäre, deren Erschießung schon befohlen war, retten sich im Durcheinander der Flucht.

Fünf weiße Offiziere und sechsunddreißig Soldaten werden gefangen. Unsere Truppen besetzen die Stadt.

Ich, der „Sieger von Dachau"? Die Arbeiter und Soldaten der Räterepublik haben den Sieg erfochten, nicht ihre Führer. Ohne Unterschied der Partei eilten sie herbei, die Revolution zu schützen, auch sozialdemokratische, auch parteilose Arbeiter, sie warteten auf keine Parole, die einheitliche Front der Werktätigen formierte sich in der Tat.

Die Weißen ziehen sich bis nach Pfaffenhofen zurück. Eglhofer sendet einen Kurier, die gefangenen Offiziere sollten sofort vor Standgerichte gestellt und erschossen werden. Ich zerreiße den Befehl, Großmut gegenüber dem besiegten Gegner ist die Tugend der Revolution, glaube ich.

Die gefangenen Soldaten dürfen frei umhergehen, sie werden verpflegt wie unsere Truppen, es sind irregeleitete Brüder, sie werden die Gerechtigkeit unserer Sache erkennen, sie werden sich überzeugen, daß sie belogen wurden, sie dürfen frei sich entscheiden, ob sie bei uns bleiben oder in die Heimat zurückkehren wollen.

Mögen die Gesetze des Bürgerkriegs noch so brutal sein, ich weiß, die Konterrevolution hat in Berlin rote Gefangene ohne Schonung gemordet, wir kämpfen für eine gerechtere Welt, wir fordern Menschlichkeit, wir müssen menschlich sein.

Die gefangenen Soldaten, die in die Heimat zurückkehrten, kämpften einige Tage später wieder gegen uns.

Wir beziehen in Dachau Quartiere. Im Stab arbeiten frühere Offiziere der kaiserlichen Armee.

Autorität und blinder Gehorsam regierten das kaiserliche Heer, auf Freiwilligkeit und Einsicht soll die rote Armee sich gründen, wir dürfen den alten verhaßten Militarismus nicht übernehmen, der rote Soldat darf keine Maschine sein, er hat erkannt, daß er für seine Sache ficht, sein revolutionärer Wille wird die notwendige Ordnung schaffen.

Ach, der deutsche Arbeiter war zu lange an Gehorsam gewöhnt, er will gehorchen, Brutalität hält er für Stärke, autoritäre Herrengeste für Führertum, Ausschaltung eigener Verantwortlichkeit für Disziplin, vermißt er die gewohnten Ideale, glaubt er, das Chaos breche an.

Soldaten, die vier Jahre lang für die Sache der Monarchie sich blind geopfert, die den Schrecken des Krieges, Hunger und Not ertragen haben, werden, da sie für ihre eigene Sache kämpfen, nach wenigen Tagen unzufrieden, weil die rote Front nicht so gut organisiert ist wie die kaiserliche Kaserne.

Etwa zweitausend Mann haben Dachau gestürmt, nach drei Tagen sind tausend nach München zurückgekehrt. Wir sind gezwungen, die eigenmächtigen Urlauber aufzuhalten, wir müssen Regeln der alten militärischen Disziplin einführen, um die Truppenkadres nicht zu schwächen, wir müssen den Schankwirten verbieten, den Soldaten Alkohol zu verkaufen.

Der Instinkt für Freiheit und Freiwilligkeit ist verschüttet und gebrochen. Jahre wären nötig, um die Laster des Militarismus zu überwinden. Der alte Staat war stark durch das Untertanentum seiner Bürger, gezüchtet in Schulen, Kasernen, Vereinen, Zeitungen, die neue Gesellschaft kann nur durch freie Menschen aufgebaut werden, Untertanengesinnung untergräbt sie.

Durch den Krieg sind die Menschen verwahrlost, alle, Bürger und Arbeiter, besonders die Jungen.

Eines Abends wird die Tür meines Zimmers aufgerissen, Soldaten tragen auf einer Bahre ein junges Mädchen herein. In kurzen Stößen jappt der Atem, im verstörten Gesicht flackern weit aufgerissene, feuchtglänzende Augen, Bluse und Rock sind zerknüllt und zerfetzt.

Ein Soldat meldet:

„Aus der Fürsorge."

„Aus der Fürsorge?"

„Ja, wir haben sie im Massenquartier gefunden."

„In diesem Zustand?"

„Mehr als zwanzig Rotgardisten sind drübergegangen."

„Tragt sie ins Lazarett, ich komme mit."

Unterwegs lasse ich mir erzählen. Erst war's einer, der empfahl sie dem nächsten, da wartete der dritte, die andern folgten im sich entfesselnden abgründigen Rausch.

Das Schicksal dieses verwahrlosten Kindes ergreift mich. Hier sehe ich den Krieg, nackt und brutal, ein Stahlbad hat ihn Wilhelm II. genannt, die deutschen

Professoren sagen von ihm, er wecke die moralischen und sittlichen Kräfte des Volkes, bitte, meine Herren, überzeugen Sie sich, aber sagen Sie nicht, die Geschichte beweise die Verworfenheit der Roten. Ihre Helden, wenn sie ehrlich sind, könnten Ihnen von tausend gleichen Episoden des „großen" Krieges berichten.

Auf dem Weg zum Lazarett begegnet mir ein Soldat mit einem zweiten Mädchen, das man gleichfalls in dem Massenquartier aufgetrieben hat. Ich will auch dieses Mädchen zum Arzt führen. Da es auf einer Bank sich ausruhen möchte, lasse ich einen Posten zurück. Als ich vom Lazarett zurückkomme, ist der Posten mit dem Mädchen verschwunden.

Die militärische Niederlage hat die Bamberger Regierung moralisch geschwächt. Wir dürfen den weißen Truppen keine Zeit lassen sich zu sammeln, wir sind stark genug, sie über die Donau zurückzudrängen. Die Lebensmittelversorgung in München stockt, wir können mit unserm Vormarsch die Hollerdau, ein landwirtschaftlich wichtiges Gebiet, besetzen, dessen Bauern uns freundlich gesinnt sind.

Der Vormarsch wird vom Münchener Generalstab verboten. Die Kommandanten der Dachauer Front sind Unabhängige, die Kommunisten trauen ihnen nicht.

Die weißen Truppen besetzen Augsburg, unsere Truppen sollen die Stadt zurückerobern. Den wichtigen Frontabschnitt bei Dachau zu räumen, halte ich für wahnwitzig, ich versuche, im Münchener Kriegsministerium den Generalstab davon zu überzeugen, Levien, der politische Kommissar, legt mir einen Plan vor, der mich an die Depeschen des Herrn Lipp erinnert. Die roten Truppen werden nach München zurückgenommen, ein Kordon von etwa hundertfünfzig Mann wird die Stadt ringsum bewachen, diese Wachen sind untereinander und mit dem Kriegsministerium telephonisch verbunden. Wenn eine Wache den Feind sichtet, unterrichtet sie das Kriegsministerium, das Kriegsministerium alarmiert die Arbeiter, vor den Toren Münchens wird die Entscheidungsschlacht ausgetragen.

Ausgeheckt ist dieser Plan von einem früheren Pionier namens Hofer. Nach dem Zusammenbruch wird bekannt, daß er als Spitzel im Dienst der weißen Generale arbeitete. Wir wundern uns nicht, daß dieser Mann dem Generalstab angehört, wie leicht ist es, mit den höchsten militärischen Ämtern betraut zu werden. Ein junger Kaufmann wollte nach Brasilien auswandern, er besucht im Kriegsministerium einen Bekannten, der fragt ihn, ob er im Krieg war, der

Kaufmann sagt, er war Verpflegungsoffizier, eine halbe Stunde später ist ihm die Leitung der Artillerie übertragen. Die Nächte sind kalt, unsere Truppen nur dürftig bekleidet, wir brauchen tausend Mäntel, sie sind nicht zu beschaffen. Ich spreche im Vollzugsrat über die militärische Desorganisation in München, über die kindischen Pläne des Herrn Hofer, gerate mit Leviné in Konflikt und wende mich an die Betriebsräte.

Dazu hatte ich kein Recht, aber wichtiger als der „Dienstweg" war mir die Verteidigung der Revolution.

Am 16. April hatte Gustav Landauer an den Aktionsausschuß geschrieben:

„Ich habe mich um der Sache der Befreiung und des schönen Menschenlebens der Räterepublik weiter zur Verfügung gestellt ... Sie haben meine Dienste bisher nicht in Anspruch genommen. Inzwischen habe ich Sie am Werke gesehen, habe Ihre Aufklärung, Ihre Art, den Kampf zu führen, kennengelernt. Ich habe gesehen, wie im Gegensatz zu dem, was Sie „Scheinräterepublik" nennen, Ihre Wirklichkeit aussieht. Ich verstehe unter dem Kampf, der Zustände schaffen will, die jedem Menschen gestatten, an den Gütern der Erde und der Kultur teilzunehmen, etwas anderes als Sie. Der Sozialismus, der sich verwirklicht, macht sofort alle schöpferischen Kräfte lebendig: in Ihrem Werk aber sehe ich, daß Sie auf wirtschaftlichem und geistigem Gebiete, ich beklage, es sehen zu müssen, sich nicht darauf verstehen. Es liegt mir fern, das schwere Werk der Verteidigung, das Sie führen, im geringsten zu stören. Aber ich beklage aufs schmerzlichste, daß es nur noch zum geringen Teil mein Werk, das Werk der Wärme und des Aufschwungs, der Kultur und der Wiedergeburt ist, das jetzt verbreitet wird."

Die Folgen des zehntägigen Generalstreiks zeigen sich. Kohle fehlt, Geld fehlt, die Lebensmittel werden knapp. Bisher lieferten die Bauern täglich 150 000 Liter Milch nach München, jetzt nur noch 17 000 Liter. Ein Edikt der Regierung verbietet das Verarbeiten der Milch zu Butter und Käse und bezeichnet es als konterrevolutionäre Handlung.

Wie immer in der deutschen Revolution bleiben die großzügigen sozialistischen Wirtschaftspläne Papier. Die Unzufriedenheit der Arbeiter wächst, sie haben gehofft, die Revolution werde ihnen rasche Hilfe bringen, daß sie politische Machtträger wurden, genügt nicht, sie wollen die Besserung des Alltags verspüren.

Die Widersprüche innerhalb der Regierung bleiben nicht verborgen.

Der Finanzkommissar Männer, Finanzkommissar, weil er Bankbeamter mit roter Gesinnung war, weigert sich, die Anordnungen des politischen Kommissars, den man ihm beigegeben hat, durchzuführen. In den Kommissionen sitzen manche Männer von zweifelhaften Kenntnissen und zweifelhaftem Charakter. Polizeipräsidenten, Kommissare, Beamte wechseln, weil sie sich unfähig zeigen. Im Beginn jeder Revolution drängen sich unlautere Menschen in verantwortliche Stellen, erst wenn die Revolution sich festigt, findet sie die Kraft, sie auszumerzen.

Gerade der erfahrene Arbeiter scheute die Übernahme verantwortlicher Posten, vielleicht hatte er darum kein Vertrauen zu sich, weil die schwächlichen Führer solange kein Vertrauen zu ihm hatten. Immer war er bereit, Führung und Amt dem ersten Besten, dem ersten Schlechtesten zu übertragen, er hatte Mut, für die Revolution zu sterben, die Barrikade revolutionären Lebens fand ihn kleinmütig und furchtsam.

Entscheidenden politischen Einfluß gewinnen einige Russen, einzig darum, weil ihr Paß sie als Sowjetbürger ausweist. Das große Werk der russischen Revolution verleiht jedem dieser Männer magischen Glanz, erfahrene deutsche Kommunisten starren wie geblendet auf sie. Weil Lenin Russe ist, trauen sie ihnen dessen Fähigkeiten zu. Das Wort „In Rußland haben wir es anders gemacht“ wirft jeden Beschluß um.

Den gleichen verhängnisvollen Einfluß haben einige Frauen, die ein paar Wochen in Sowjetrußland zu Besuch waren, sie stützen sich auf ihre touristischen Erfahrungen und glauben, weil sie die revolutionäre Wirklichkeit flüchtig sahen, nun damit die Eignung zu strategischen Leiterinnen aller künftigen Revolutionen erworben zu haben. Und Männer, die seit Jahren in der sozialistischen Bewegung arbeiten, beugen sich, ohne zu zögern, mit befremdlicher Freude, ihren Phrasen, ihren Allerweltsrezepten.

München ist von konterrevolutionären Truppen zerniert. Wir stützen uns längst nicht mehr auf Oberbayern, die bayerischen, württembergischen und preußischen Regimenter marschieren von allen Seiten gegen München. Vereinzelte Vorstöße der roten Armee können ihren Vormarsch nicht aufhalten.

Der Bamberger Regierung wird es anfangs nicht leicht, bayerische Freiwillige zum Marsch gegen München zu gewinnen. Die Arbeiter weigern sich, auf die Soldaten ist kein Verlaß, selbst die Bauern schließen sich nur spärlich den Freikorps an. Da setzt die Propaganda ein, Schauergeschichten über die Pläne der Münchener Regierung werden verbreitet, den Bauern wollte sie Haus und

Vieh rauben, den Bürgern die Sparpfennige wegnehmen, die Familie zerstören, die Priester ermorden, die Klöster plündern. Die Wirkung solcher Propaganda steigert man durch das Versprechen hoher Kampfzulagen.

Die Regierung muß Hilfe vom Reich erbitten, als erste kommen die Württemberger, sie nehmen Lindau und Augsburg und stoßen vom Westen her gegen München vor. Bald sind die Generäle die politischen Herren, die Bamberger Regierung wird ihr Werkzeug.

Etwa hunderttausend Soldaten sind gegen München aufgeboten, wir verfügen über wenige tausend. Das ist die Frage: Sollen wir die militärische Entscheidung herbeiführen oder dem Kampf ausweichen? Sollen wir zwei Schritte zurückgehen, um später, gesammelter und reifer, einen Schritt vorwärts gehen zu können? Wir haben kein Recht, die Arbeiterschaft zu einem Kampf aufzurufen, der zur sicheren Niederlage, zu sinnlosem Blutvergießen führt. Solange der Gegner nicht weiß, wie schwach wir sind, solange wir noch einen Schein von Macht besitzen, müssen wir für die Arbeiterschaft retten, was zu retten ist.

Auch die Kommunisten wissen, daß unsere Lage unhaltbar ist, aber sie dringen auf militärische Entscheidung, jede Verhandlung mit der Bamberger Regierung sei Verrat, sie erhoffen von der Niederlage mächtige revolutionäre Antriebe, sie glauben, durch die Niederlage werde das Proletariat reifer und aktiver. Aber das Volk hatte allzu viele Niederlagen ertragen. Leiden, Elend und Unterdrückung wirken nur so lange als revolutionäre Antriebe, wie sie im Menschen die Überzeugung wecken, daß seine Lage nicht notwendig sei und daß er sie zu ändern vermöge. Werden sie zur Gewohnheit oder scheinen sie übermächtige, unüberwindliche Gewalten, wird der Mensch Spielball jedes Scharlatans, der ihm verheißt, das himmlische Reich auf Erden herbeizuzaubern, Söldner und Landsknecht jedes Freibeuters, der ihm das Brot für den nächsten Tag bezahlt.

Ich trete von meinem Amt als Truppenkommandant zurück, ich kann es nicht mehr verantworten, mit dem Vollzugsrat und dem Generalstab, deren Politik ich verwerfe, zusammenzuarbeiten. Die Betriebsräte erfahren nichts über die wahren Vorgänge, es ist gefährlich, länger zu schweigen.

In der Versammlung der Betriebsräte am 26. April steigern sich die Gegensätze zum offenen Konflikt, nach einem Mißtrauensvotum treten Aktionsausschuß und kommunistischer Vollzugsrat zurück, die Betriebsräte bilden aus ihren Reihen eine neue Regierung, aber die Kommunisten fordern die Arbeiter auf, den Anordnungen dieser neuen Regierung nicht zu folgen, die kommunistischen Wachen im Wittelsbacher Palais weigern sich, sie zu schützen.

So amtieren zwei Regierungen in München. Der Kampf der Revolutionäre untereinander wird wütender von Stunde zu Stunde.

Die Verhandlungen mit der Regierung in Bamberg führen zu keinem Ergebnis, die mächtigen Generäle wollen keine Verständigung.

Sie hassen Bayern, hier allein war die Republik mächtig, hier allein verteidigte das Volk die Novemberrevolution. Indem man die Räterepublik niederschlug, wollte man die Republik treffen.

Menschenleer sind die Straßen der Stadt am 30. April. Noch verkriechen sich die Bürger in ihren Häusern, noch marschieren kleine Abteilungen von Rotgardisten und bewaffneten Arbeitern durch die Stadt, noch wehen auf dem Wittelsbacher Palais und auf dem Kriegsministerium rote Fahnen, noch läuten wimmernd die Sturmglocken und verscheuchen verängstigte Frauen von Gassen und Märkten. Nur die Kinder freuen sich an den umherjagenden Militärautos, sie ahmen die Großen nach, sie spielen rote Armee, sie besiegen den Feind, sie erobern Städte und machen Gefangene, sie rufen „Hoch die Roten!" und „Nieder die Weißen!", sie verhaften Konterrevolutionäre und sperren sie triumphierend in Schuppen und Keller. Furchtbar sind diese kindlichen Spiele anzuschauen, furchtbarer ist die Wirklichkeit.

Die Rote Garde hat in den letzten Tagen planlos Menschen verhaftet, wir müssen sie befreien, ich telephoniere an die Gefängnisse, die Verzweiflungstaten der Pariser Kommune dürfen sich nicht wiederholen.

Die Parlamentäre, die der Aktionsausschuß zu der Regierung Hoffmann entsandt hat, kehren zurück, die Generäle fordern die bedingungslose Übergabe der Stadt und die Auslieferung aller Führer, sie wissen, daß die Betriebsräte diese Bedingungen nicht annehmen können.

Das gegenseitige Mißtrauen in den Reihen der Revolutionäre ist so groß, daß manche nicht mehr wagen, in ihren Wohnungen zu schlafen, einer sieht im andern den Feind, einer fürchtet, vom andern verhaftet zu werden.

Eine Genossin bringt mir einen Paß, ich solle fliehen. Ich zerreiße den Paß.

Bis zuletzt habe ich gehofft, das schreckliche Blutbad werde vermieden, jetzt geht es nicht mehr um Verteidigung oder Rückzug, die Regierung zwingt uns den Kampf auf. Wir sind gescheitert, alle. Alle begingen Fehler, alle trifft Schuld, alle waren unzulänglich. Die Kommunisten ebenso wie die Unabhängigen. Unser Einsatz war vergebens, das Opfer nutzlos, die Arbeiter vertrauten uns, wie können wir uns jetzt vor ihnen verantworten?

In meiner Verzweiflung gehe ich ins Kriegsministerium, man wird mir erlauben, als Soldat nach Dachau zurückzukehren.

Übernächtigt, mit eingefallenem Gesicht und brennenden schlaflosen Augen sitzt Eglhofer im Arbeitszimmer des Kriegsministers. Soldaten kommen und gehen. Immer neue Hiobsposten.

„Augsburg ist von den Weißen genommen."

„Die roten Truppenverbände lösen sich auf."

„Überall bilden sich Bürgerwehren."

„In den Dörfern werden die Rotgardisten von Bauern entwaffnet, verprügelt, erschossen."

Wortlos nimmt Eglhofer die Berichte entgegen, wortlos gibt er mir den Passierschein.

Ich verlasse das Kriegsministerium und gehe von der Schönfeld- zur Ludwigstraße.

„Toller, Toller!"

Ich drehe mich um und sehe Eglhofer am Fenster. Er winkt mir, ich gehe zurück in sein Zimmer.

„Du kommst nicht mehr durch nach Dachau, die Truppen sind schon auf dem Rückzug. Bei Karlsfeld stehen die Weißen. Sämtliche Außenstellungen der roten Armee sind zusammengebrochen. Gerade ist die telephonische Meldung gekommen."

Wie wir uns stumm ansehen, stürzt ein Soldat ins Zimmer:

„Die Weißen haben den Münchener Bahnhof erobert."

Schreit's, läuft ins Nebenzimmer, schreit es wieder, läuft auf den Gang und brüllt die Worte durch die Korridore. Und ehe wir's fassen können, ist das Kriegsministerium leer. Nur Eglhofers Adjutant, ein kaum zwanzigjähriger Matrose, ist ins Zimmer getreten und stellt sich neben Eglhofer. Der setzt seine Mütze auf, steckt einen Revolver in die Tasche, packt zwei Handgranaten, die vor ihm auf dem Schreibtisch liegen.

„Was willst du tun?" frage ich.

„Hierbleiben."

Der junge Matrose sagt mit leiser schüchterner Stimme: „Ich bleibe auch hier, Rudolf."

Das Telephon klingelt.

„Die Meldung war falsch“, sagt Eglhofer, „die Weißen sind noch nicht in München.“

Eglhofers Gegner nannten ihn einen Bluthund, in Wahrheit war er ein sensibler Mensch, den erst das Erlebnis der Kieler Matrosenrevolte hart und mitleidlos gemacht hat.

Abends versammeln sich die Betriebsräte zum letzten Mal, ohnmächtig sehen sie dem Ende entgegen, ihre Macht ist dahin, die Arbeiterschaft zerfallen, die rote Armee in Auflösung. Sie fordern das Proletariat Münchens auf, die Waffen niederzulegen, schweigend den Einmarsch der Weißen hinzunehmen – die Revolution ist besiegt.

Da stürzt ein Mann aufs Podium, ruft, daß im Luitpoldgymnasium neun Gefangene erschossen sind, Bürger der Stadt München. Entsetzen packt die Versammlung. Diese Arbeiter, die wissen, daß sie vielleicht morgen schon an die Wand gestellt werden, erheben sich schweigend von ihren Sitzen, wann je haben die Weißen ähnlich auf die Kunde von der Erschießung gefangener Arbeiter geantwortet?

Welche Folgen mag diese Verzweiflungstat haben, Hunderte von Menschen auf unserer Seite werden dafür büßen.

Ich laufe ins Luitpoldgymnasium, die Besatzung hat es schon verlassen. Ein paar junge Burschen finde ich und zwei frühere russische Gefangene, die zur roten Armee übergetreten sind. Ich rate jenen, sich davonzumachen, diesen, sich der Uniform zu entledigen und sich zu verbergen. Den Russen halfen keine Alltagskleider, einen Tag später waren sie vogelfrei, Freiwild jedes toll gewordenen Spießers. Ein Münchener alldeutscher Verleger rühmte sich später in einer christlichen Zeitung, daß sie ihm, vor einer Kiesgrube aufgestellt, als lebendige Schießscheiben gedient hätten. Allein in einem Vorort Münchens wurden mehr als zwanzig Russen getötet. So still und tapfer sie als Soldaten der Revolution gelebt hatten, so still und tapfer standen sie vor den Gewehrläufen des Exekutionspelotons.

Hinter einer verschlossenen Türe höre ich Schreie.

„Da sind noch Gefangene“, sagt einer.

„Wo ist der Schlüssel zur Tür?“

Niemand weiß es.

Wir rütteln am Schloß, die Tür gibt nicht nach, wir schlagen sie ein.

Das Schreien und Weinen wird greller und trostloser, plötzlich verstummt es. Die Tür bricht auf, drinnen in den Winkeln hocken und knien sechs Menschen in Todesangst.

Da wir ihnen sagen, daß wir nicht gekommen sind, sie zu erschießen, sondern sie zu befreien, wollen sie es nicht glauben.

Wen hat man da gefangengesetzt? Keine Führer der Konterrevolution, kleine armselige Menschen, ein alter Dienstmann ist darunter, der, weil es regnete, ein Plakat der Roten Garde von der Litfaßsäule riß, um es über seinen Karren zu decken, ein Hotelwirt, den ein entlassener Kellner denunziert hat, ein unzufriedener Arbeiter.

Ein Soldat führt mich zu dem Schuppen, in dem die Erschossenen liegen, nicht Geiseln, wie später die Zeitungen lügen, acht waren Mitglieder der völkischen Thule-Gesellschaft, man hatte bei ihnen gefälschte Stempel der Räteregierung gefunden und faksimilierte Unterschriften ihrer Führer. Als die Kunde kam, daß die weißen Truppen jeden gefangenen Rotarmisten, ja selbst Sanitätsmannschaften gnadenlos töten, hatte der Kommandant des Luitpoldgymnasiums ohne Wissen eines verantwortlichen Führers den Befehl zu ihrer Erschießung erteilt. Eine Frau ist unter den Toten, ein jüdischer Maler. Ich zünde ein Streichholz an und sehe im trüben flackernden Licht die unheimlichen Gestalten.

Der Soldat erzählt mir, wie sie gestorben sind, aufrecht und ohne Furcht, einer hat sich eine Zigarette angesteckt und ist mit der Zigarette im Mund an die Mauer gegangen.

Mit der gleichen Tapferkeit werden morgen die Unsern sterben.

Wie ich vor den Toten stehe, denke ich an den Krieg, an den Hexenkessel im Priesterwald, an die zahllos Hingemordeten Europas.

Wann werden die Menschen aufhören, einander zu jagen, zu quälen, zu martern, zu morden?

Aus einem andern Schuppen blinkt ein Lichtschein, zwischen Proviantsäcken und Kisten sitzt unser Dachauer Zahlmeister hinter seinen Büchern.

„Ich bringe die Bücher in Ordnung“, sagt er, „die Weißen sollen uns nicht vorwerfen, daß wir Revolutionäre die Bücher unordentlich führen, ein Posten von fünfzig Pfennigen stimmt nicht, ich muß den Fehler finden, stör mich nicht.“

Er rechnet weiter.

Hier sitzt der deutsche Revolutionär, gutmütig und ahnungslos, addiert Zahlen und kontrolliert Vorräte, damit alles seine Ordnung habe, wenn er erschossen wird.

„Wenn dich die Weißen hier finden, wirst du an die Wand gestellt."

„Übernimmst du die Verantwortung, wenn ich gehe?"

„Ja."

Traurig sieht er die nicht abgeschlossenen Konten, an der Tür wendet er sich noch einmal um, hastet zum Tisch, zieht mit einem Lineal einen Strich unter die Abrechnung, schreibt: „Ein Posten von fünfzig Pfennigen ist nicht zu ermitteln", dann geht er. Ich muß noch in dieser Nacht dafür sorgen, daß die Leichen aus dem Luitpoldgymnasium geschafft werden, ihr Anblick wird Racheorgien der Weißen entfesseln, ich gehe zur chirurgischen Klinik, spreche mit dem Assistenten des Professor Sauerbruch und flehe ihn an, die Leichen sofort abholen zu lassen. Er hat es nicht getan.

Am nächsten Tag, nach dem Sieg der Weißen, erzählen Plakate und Zeitungen, man habe die Leichen verstümmelt aufgefunden, die abgeschnittenen Geschlechtsteile in Kehrichtfässern entdeckt. Als zwei Tage später die Wahrheit verkündet wurde, in den Fässern hätten Fleischteile geschlachteter Schweine gelegen, niemand sei verstümmelt worden, hatte die erbärmliche Lüge ihre Wirkung getan. Hunderte armer unschuldiger Menschen büßten sie mit unmenschlichen Leiden und grausamem Tod.

In der Morgendämmerung des 1. Mai gehe ich durch die stillen Straßen und weiß nicht wohin. Ich begegne Soldaten, die mir vom Zusammenbruch der Front erzählen. Einer zeigt mir die „Rote Fahne".

„Die Kommunisten rufen zur Verteidigung Münchens auf", sagt er, „warum organisieren sie nicht die Verteidigung?"

Ich erinnere mich an meine Freundin aus der Universitätszeit, sie wohnt in Schwabing, dort werde ich wohl ein paar Stunden schlafen können.

Ich lege mich in Sachen aufs Bett. Müde denke ich: „Heute ist der 1. Mai..."

Zwölftes Kapitel

Flucht und Verhaftung

In breiten Schwarmreihen ziehen die Weißen in Schwabing ein. Die Bürger haben die Fenster geöffnet, sie jubeln, sie überschütten die Soldaten mit Geschenken. Eine Frau in ärmlicher Kleidung läuft auf einen Offizier zu und reicht ihm eine Rose.

Eine Gruppe Soldaten postiert sich vor der Kirche, unserem Haus gegenüber.

Der l. Mai.

Ich stehe am Fenster, die Freundin berührt meine Hand.

„Wir werden beobachtet. Als ich eben die Treppe hinaufging, wurde die Tür im dritten Stock geöffnet, irgend jemand muß Sie gesehen haben und für verdächtig halten."

„In der nächsten Straße wohnt Doktor Berut, mein Freund."

„Ich hole ihn."

Minuten später ist Doktor Berut bei mir.

„Du mußt fort, ein Mann wurde erschlagen, nur weil er eine vage Ähnlichkeit mit dir hatte, die Menge weiß nicht, daß du die Gefangenen retten wolltest, sie hält dich für den Mörder."

„Wohin soll ich?"

„Komm zu mir, hier darfst du nicht bleiben, die Wohnung gehört einem Ausländer, sie wird bestimmt durchsucht."

Ich ziehe meinen Überzieher an und schlage den Kragen hoch, wir gehen die Treppe hinunter, im dritten Stock öffnet sich eine Tür.

„Weitergehen!" ruft mir leise Berut zu.

Vor der Haustür stehen zwei Offiziere. „Ich gehe voran", sagt Berut, „du folgst mir." Einer der Offiziere blickt mich mißtrauisch an, ich gehe auf ihn zu: „Sind Sie Preuße oder Bayer?"

„Bayer natürlich", schnarrt er in preußischem Militärdeutsch.

Ich grüße, er grüßt, ich gehe weiter.

Über der Stadt kreisen Aeroplane und werfen Flugzettel herab. Ich wage nicht, mich zu bücken und einen aufzuheben.

Berut erwartet mich am Eingang seines Hauses, neben ihm steht die Portierfrau und liest einen der Flugzettel.

„Da könnt ma ein schönes Stück Geld verdienen, wenn ma wissen tat, wo der Leviné und der Toller stecken."

„Möchten Sie das Geld verdienen?“
„Brauchen könnt mas scho.“
Ich gehe rasch die Treppe hinauf in die Wohnung von Berut.

Fern rollen dumpf Artillerieschüsse.
Es wird also doch gekämpft.
„Die Roten halten sich am Stachus, die Weißen haben den Platz umzingelt.“
„Ich muß zum Stachus.“
„Du kommst nicht durch, du wirst erkannt und erschossen, wie willst du den Truppenkordon passieren?“
Berut geht fort, nach einer Weile kehrt er zurück, ein Unbekannter begleitet ihn.
„Ich bin nicht Ihr Genosse“, sagt der Unbekannte, „ich bin auch nicht Sozialist, man will Sie morden, darum helfe ich Ihnen, kommen Sie in meine Wohnung, dort bleiben Sie, bis Sie weiterkönnen.“
„Warum sollte Ihre Wohnung nicht durchsucht werden?“
Berut lächelt.
„Sein Vater ist bayerischer Fürst, er floh aus Angst vor uns. Wenn du irgendwo sicher bist, dann dort.“
Ich warte, bis der Abend dämmert, dann gehe ich in die Wohnung eines dieser namenlosen Menschen, die immer da sind, wo Hilfe not tut.
„Der Köchin werde ich sagen, Sie seien ein Freund aus Berlin, Sie seien krank, Sie können nicht abreisen.“

Am nächsten Tag besucht mich Berut, er begrüßt mich mit breitem Lachen:
„Deine Leiche liegt im Schauhaus.“
„Meine Leiche?“
„Hier ist die Zeitung mit der amtlichen Meldung. Du wurdest erschossen aufgefunden und ins Schauhaus gebracht. Polizisten holten den Chauffeur, der dich in Dachau gefahren hat, er erkannte deine Leiche und schluchzte vor Rührung, für die nächsten Tage hast du nichts zu fürchten, sie werden dich nicht suchen.“
Ich lese die Nachricht von meinem Tode und denke an meine alte Mutter. Auch sie hat die Nachricht gelesen, drei Tage kauerte sie auf einem Schemel, sie verhängte die Spiegel, sie trauerte um den Sohn, am vierten Tag erfuhr sie, daß ich noch lebe.

Der einzige Mensch, der mich in meinem Versteck besucht, ist Berut. Auch die Polizei hat inzwischen erfahren, daß ich noch lebe. Eines Tages bleibt Berut aus, er ist verhaftet. Im Polizeipräsidium setzt ein Kriminalbeamter ihm den Revolver an die Stirn und droht, er werde erschossen, wenn er nicht sofort mein Versteck angäbe. Berut führt den Kriminalbeamten in eine fremde Wohnung. Er habe sich geirrt, sagt er, er erinnere sich nicht mehr. Ein Offizier rettet ihn vor der Erschießung.

Auf meinen Kopf hat die Regierung einen Preis von 10000 Mark ausgesetzt, an den Litfaßsäulen klebt ein Plakat:

10 000 Mark Belohnung
wegen Hochverrats

Nach § 81 Ziff. 2 des R StGB ist Haftbefehl erlassen gegen den hier abgebildeten Studenten der Rechte und der Philosophie Ernst Toller. Er ist geboren am 1. Dezember 1893 in Samotschin in Posen, Reg. Bez. Bromberg, Kreis Kolmar, Amtsger. Margonin, als Sohn der Kaufmannseheleute Max und Ida Toller geb. Kohn.

Toller ist von schmächtiger Statur, er ist etwa 1,65-1,68 m groß, hat mageres, blasses Gesicht, trägt keinen Bart, hat große braune Augen, scharfen Blick, schließt beim Nachdenken die Augen, hat dunkle, beinahe schwarze wellige Haare, spricht schriftdeutsch.

Für seine Ergreifung und für Mitteilungen, die zu seiner Ergreifung führen, ist eine Belohnung von

zehntausend Mark

ausgesetzt.

Sachdienliche Mitteilungen können an die Staatsanwaltschaft, die Polizeidirektion München oder an die Stadtkommandantur München – Fahndungsabteilung gerichtet werden.

Um eifrigste Fahndung, Drahtnachricht bei Festnahme und weitmöglichste Verbreitung dieses Ausschreibens wird ersucht.

Bei Aufgreifung im Auslande wird Auslieferungsantrag gestellt.

München, den 13. Mai 1919.
Der Staatsanwalt bei dem standrechtlichen Gericht für München.

Das Bild ist schlecht, und ich habe mir inzwischen einen Schnurrbart wachsen lassen, aber der Köchin ist nicht zu trauen, vielleicht erkennt sie mich, ich muß eine andere Wohnung suchen.

Niemand will mich aufnehmen. Die Intellektuellen sind verängstigt, die Wohnungen der Arbeiter werden täglich durchsucht.

Eines Morgens weckt mich der hallende Schritt einer marschierenden Kolonne, ich springe ans Fenster, ein Zug Soldaten hält vorm Haus.

Jetzt ist es soweit, denke ich.

Mein Gastfreund ist ratlos. „Wir werden beide erschossen."

Er zeigt auf die Querstangen der Gardinen: „Die hohlen Stangen sind vollgepfropft mit Munition, meine Eltern haben sie versteckt, damals, als die Roten die Bürger Münchens aufforderten, Waffen und Munition auszuliefern."

Er hat die Brille aufgesetzt, er nimmt die Brille ab, er putzt sie, er sieht mich mit blinden Augen verlegen an.

„Irgend etwas müssen wir versuchen", sage ich, „haben Sie einen eleganten Anzug?"

„Ja, einen Cutaway."

„Ziehen Sie ihn an. Besitzen Sie ein Monokel?"

Er zieht eine Schublade auf: „Hier von meinen Vater eine Sammlung."

„Klemmen Sie den Glasscherben ein."

Mit dummem, offenem Mund blickt er mich verständnislos an.

„Vielleicht helfen uns diese Requisiten, vor Cut und Monokel knickt jeder Offizier zusammen."

Mein Einfall war närrisch, was soll es helfen, wenn ein Herr um sechs Uhr früh in Cut und Monokel die Tür öffnet, in diesem Augenblick erscheint er mir die Rettung. Ich helfe meinem Freund beim Anziehen, ich suche ihm die rechte Krawatte, großartig sieht er aus, würdig und unverdächtig.

Inzwischen durchsuchen die Soldaten das Haus, oben im Atelier beginnen sie, dort wohnt ein Maler, ein bekannter Nationalist. Bevor er seine Gesinnung bekennen kann, hageln die Ohrfeigen:

„Maler?" ruft der Feldwebel. „Ein Schlawiner!"

Über uns tappen schwere Schritte, die Wohnung der ersten Etage wird durchsucht, gleich werden die Soldaten an unsere Tür klopfen.

Vom Hof tönt Geschrei, die Frau des Pförtners weint und jammert, die Soldaten haben ihren Mann verhaftet, sie stoßen ihn auf die Straße.

Wir warten, wir reden gleichgültige Worte, wir starren nach der Tür, wir hören klingeln, wir gehen in den Korridor, nicht an unserer Tür wurde geklingelt, Spannung sitzt uns in den Kniekehlen, keiner spricht mehr ein Wort, jetzt müssen sie kommen, wären sie nur erst da, unerträglich dehnen sich die Sekunden.

Ich höre Kommandorufe, ich gehe zum Fenster, ich traue meinen Augen nicht, ich sehe, wie die Soldaten sich formieren und den verhafteten Pförtner, wankend mit erhobenen Händen in der Mitte, abmarschieren.

Sind sie unserer so sicher? Stehen Posten vor der Tür?

Niemand kommt.

Später hören wir, daß der Offizier, als er den hohen adligen Namen am Türschild las, den Soldaten abwinkte. Die deutsche Revolution weiß, wen sie zu respektieren hat.

Das Schicksal hat mich wieder verschont; aber jetzt ist keine Zeit zu verlieren, ich muß das Haus verlassen. Wohin soll ich?

Erschießungen, Mißhandlungen, Verhaftungen haben die Mutigsten eingeschüchtert, endlich, am Abend, ist eine junge Frau bereit, mich für eine Nacht in der Wohnung ihrer Eltern zu beherbergen.

Vor dem Haus, in dem sie wohnt, stehen Soldaten, sie flirten mit den Hausmädchen, ich zögere, ich kann nicht mehr zurück, unerkannt drücke ich mich an ihnen vorbei ins Haus.

Der Vater der jungen Frau ist Arzt, er wohnt auf der einen Seite des Stockwerks, auf der andern liegen die ärztlichen Sprechzimmer und die Zimmer der Tochter. Er darf nichts merken, er würde mich verraten.

Müde von den Erregungen dieses Tages lege ich mich auf das Sofa des kleinen Wohnzimmers, immer, wenn ich eingeschlafen bin, höre ich die Stimme der jungen Frau:

„Eben wird die Tür aufgeschlossen."

„Jetzt hat man geklopft."

„Da kommen Menschen."

Ich lausche. Nichts.

Ich sehe nach der Uhr. Es ist halb sechs.

Die junge Frau steht in meinem Zimmer.

„Gleich wird das Hausmädchen das Wohnzimmer reinigen, verstecken Sie sich."

Ich kauere auf dem Boden des Schlafzimmers, über mir Wäsche und Decken, ich kann kaum atmen, das Mädchen räumt nebenan auf, ich darf mich nicht bewegen, im Spiegel des Wohnzimmers kann sie das Schlafzimmer überblicken.

Das Mädchen ist gegangen.

„Gleich wird mein Vater mir guten Morgen sagen: Gehen Sie ins Badezimmer. Hocken Sie sich in die Badewanne. Werfen Sie das Badelaken über sich."

Ich sitze in der kalten Badewanne und horche, ich höre Schritte, höre die Tür sich öffnen, ich warte, höre wieder Schritte, die sich entfernen, ich schleiche rasch ins Wohnzimmer.

„Mein Vater hat nichts gemerkt, aber noch eine Nacht können Sie nicht bleiben."

„Wissen Sie jemand?"

„Vielleicht nimmt Rainer Maria Rilke Sie auf. Ich werde ihn fragen."

Am Nachmittag kommt Rilke.

Immer wenn ich ihn sehe, denke ich an ein Bild, das ich in irgendeinem Buch fand, es zeigte einen Tataren, der, beutebeladen, auf kleinem Steppenpferd müde durch die gelbbrennende Wüste ritt. Der jungen Frau bringt er langstielige Maréchal-Niel-Rosen, die er, man sieht es, sorgfältig gewählt hat, sie sind nicht mehr Knospen und noch nicht zur Blüte geöffnet, sie stehen in jener süßen Schwebe, wo sie nicht wissen, ob sie sich schließen oder entfalten sollen.

Mattgraue Augen unter schweren Lidern sehen mich traurig und behutsam an, dann senken sich Blick und die Spitzen des hängenden Schnurrbarts auf seine Hände.

„Ich bin sehr betrübt, bei mir sind Sie nicht sicher, zweimal schon wurde mein Haus durchsucht. Sie hatten meine Wohnung unter den Schutz der Räterepublik gestellt, ich vergaß, den Anschlag zu entfernen, das wurde mir zum Verhängnis. Vor zwei Tagen war die Polizei wieder da. Detektive haben beim Photographen eine Mappe gefunden, in der Ihr Bild neben meinem lag. Dieser Zufall war der Anlaß zu neuer Verfolgung."

Rilke geht, bald danach wird er aus München ausgewiesen. Die Kämpfe der Politik berührten ihn nie, daß er ein Dichter war, machte ihn der Polizei verdächtig.

Endlich ist ein Mensch bereit, mich aufzunehmen, der Maler Lech. Ich darf nicht länger zögern, aber wie komme ich zu ihm, mein Steckbrief hängt an allen Litfaßsäulen, mein Gesicht ist allzu vielen bekannt. Ich verkleide mich. Der Schauspieler Werin hilft mir. Ich ziehe einen Gehrock an, Haar und Augenbrauen werden weiß gepudert und geschminkt, einige Minuten später verläßt ein soignierter alter Herr, sichtlich Rückenmärker, mit leichtem Knickschritt das Haus.

Der Maler Lech wohnt in einem Gartenhaus Schwabings. Drei Wochen bleibe ich dort verborgen. Tagsüber schleiche ich gebückt durch die Zimmer, damit niemand mich am Fenster erblicke, abends wage ich mich für Minuten in den Garten und atme die Luft des Frühlings. Lech und seine Frau haben nicht viel zu essen, das wenige teilen sie mit mir. Leer verrinnen die Tage. Ich lese in den Zeitungen, daß die Polizei nach mir fahndet, kaum eine Stadt, in der man mich nicht gesehen haben will. Eisenbahnzüge werden angehalten, Dörfer umzingelt. Einmal sucht man mich in Österreich, Soldaten dringen in das Schloß Ottensheim an der Donau, wo Verwandte wohnen. Die Schweizer Grenzbehörden verhaften einen Arzt, er habe mich heimlich über die Grenze geschafft. Man bedroht meinen Bruder, der in Ostdeutschland wohnt.

Man verhaftet meinen Vetter, obschon er als Leutnant der Weißen Garde im Freikorps Epp dient und geschworen hat, er werde mich erbarmungslos niederknallen, wenn er mich träfe.

Mein Steckbrief ist selbst in den kleinsten Weilern Deutschlands plakatiert. Arbeiter und Arbeiterinnen versuchen mir zu helfen, sie zerstören mein Bild im Steckbrief.

Man sucht mich im Atelier des Malers Sohn-Rethel, dem Enkel des Totentanzzeichners. Rethel muß mit erhobenen Händen der Haussuchung folgen, da man mich nicht findet, wird er geohrfeigt und mißhandelt.

Polizisten, Soldaten, Denunzianten wollen den Kopfpreis von zehntausend Mark verdienen.

In eine Wohnung der Römerstraße dringen zwei Kriminalbeamte. Während sie die Zimmer durchsuchen, schrillt die Klingel, vorsichtig öffnet der Kriminalbeamte Gradl die Tür, draußen stehen Soldaten der Regierung Hoffmann.

„Das ist Toller“, ruft der Führer.

Revolver knallen, der Kriminalbeamte sinkt tot zu Boden.

Ich lese den Zeitungsbericht, ich weiß, was mich erwartet, ich will die Stadt trotzdem nicht verlassen. Aber ich muß mich schützen. Mit Wasserstoffsuperoxyd entfärbe ich mein Haar, nach einigen Waschungen wird es rötlich, wie ich mich im Spiegel sehe, erkenne ich mich selbst kaum.

Vom Atelier führt eine Tapetentür in die Kammer eines vorgebauten Erkers. Wir verhängen die Tür mit Bildern, die Nagelköpfe auf einer Seite sind abgefeilt, niemand weiß von meinem Versteck außer einem Freund.

Eines Abends besucht mich eine Frau, sie sagt, sie sei seit Jahren Mitglied der Partei, sie wolle mich aus München herausführen, sie habe auch anderen bei der Flucht geholfen, sie läßt sich die Wohnung zeigen, das Atelier, die Kammer hinter der Tapetentür.

Am nächsten Morgen um vier Uhr schlagen Fäuste an die Wohnung. Die Polizei! Ich springe aus meinem Bett, laufe ans Fenster, das Haus ist von Soldaten umstellt.

„Sie sind da!" rufe ich meinen Freunden zu, die im anderen Raum schlafen. „Einer von euch muß rasch in mein Bett."

Meine Kleider hatte ich, wie immer, abends in die kleine Kammer gelegt, im Hemd laufe ich in mein Versteck, packe von innen die Türklinke und warte.

Schritte nähern sich, ich höre Stimmen, ich höre, wie man die Zimmerwände abklopft, das Klopfen kommt näher und näher, noch eine Sekunde, noch eine Sekunde, jetzt klopfen sie gegen meine Tür, jetzt müssen sie mich finden, ich halte den Atem an, wieder wird geklopft, wieder, das Klopfen entfernt sich, ich höre Schritte, nach einer Weile ist es still.

Sie haben mich nicht gefunden, merkwürdig, ich bin nicht froh, ich weiß, sie werden mich finden, wenn sie mich nur nicht quälen, wie Landauer, wie Eglhofer, wie die andern.

Von draußen ruft Lech mir leise zu: „Bleiben, sie sind noch im Haus!"

Wieder nähern sich Menschen, ich höre eine gequetschte Stimme:

„Wo ist die Tapetentür, die wir in der gleichen Wohnung im ersten Stockwerk gesehen haben?"

Eine andere Stimme schreit:

„Dort!"

Bilder werden abgenommen, durch die Türritzen dringt Licht. Ich stoße die Tür auf, ich sehe Kriminalkommissare und Soldaten.

„Sie suchen Toller, ich bin's."

„Hände hoch!" schreit ein Soldat.

Die Kriminalkommissare schauen mich scharf an, sie erkennen mich nicht. Ein Soldat fällt auf die Knie, richtet mit quellenden Augäpfeln das Gewehr auf mich, entsichert und hält die zitternden Finger am Abzug.

„Sie sind ...?"

„Ja, ich bin Toller. Ich werde nicht fliehen. Wenn ich jetzt erschossen werde, wurde ich nicht auf der Flucht erschossen. Sie alle sind meine Zeugen."

Die Kriminalbeamten stürzen sich auf mich und fesseln meine Hände mit Handschellen.

„Meine Herren, soll ich im Hemd mit Ihnen zur Polizei gehen?"

Man löst meine Fesseln, ich darf mich anziehen.

Wie ich an meinen Gastfreunden vorbeigeführt werde, sage ich, um sie vor Verhaftung zu schützen:

„Diese Menschen wußten nicht, wer ich bin."

Es half Lech nichts, er wurde zu vielen Monaten Festung verurteilt.

Wir gehen durch die morgenleeren, dämmrigen Straßen, voran marschieren drei Soldaten, an den Eisen der Handgelenke halten mich die beiden Kommissare, drei Soldaten mit schußfertigem Gewehr folgen.

In der Luitpoldstraße schlägt die Uhr fünf, eine alte Frau trippelt zur Morgenmesse, an der Kirchentür wendet sie sich um und erblickt mich.

„Habt ihr ihn?" schreit sie, sie senkt den Blick zu Boden, läßt betend den Rosenkranz durch die Finger gleiten, dann, an der geöffneten Kirchentür, kreischt der zerknitterte Mund:

„Totschlagen!"

Dreizehntes Kapitel

Eine Zelle, ein Hof, eine Mauer

Im Korridor vor meiner Zelle postieren sich zwei Soldaten mit aufgepflanzten Bajonetten. Rasch hat es sich im Polizeigebäude herumgesprochen, daß ich gefangen bin, an die Zellenfenster aller Stockwerke pressen sich Köpfe, Hände winken mir, alte Kameraden grüßen mich, selbst die Straßenmädchen verleugnen ihren Beruf. „Mir san a politisch", schreien sie im Chor und „Hoch die Retterepublik!"

Vor meiner Zelle defilieren in großer Prozession die Polizeifunktionäre, jeden Augenblick wird die Klappe am Spion geöffnet, ein Auge glotzt. Wie grauenhaft ein menschliches Auge aussehen kann, aus dem weißen Augapfel quillt gierig die Pupille. Ich drehe der Tür den Rücken zu.

Die Zellentür wird aufgeschlossen, herein trampeln zwei Beamte, Polizeiassessor Lang und ein Schmied.

„Welche Fesseln?" fragt der Schmied.

„Wie bei Leviné", antwortet Lang.

Der Schmied faßt eine grobe Kette, nietet ein Ende an mein linkes Handgelenk, das andere an den Knöchel. Ich lache.

„Ihnen wird das Lachen vergehen!“

„Wenn Sie meine Gedanken fesseln könnten, vielleicht.“

Die Tür knallt zu. Mir ist eigentümlich leicht und heiter zumute, die zerrende Spannung der letzten Wochen hat sich gelöst, ich schleiche nicht mehr gebückt und lauernd, ich kann mich wieder frei aufrichten, frei durch die Zelle gehen.

Ich werde zum Photographen geführt, ich muß mich auf einen Stuhl setzen, der meine „Verbrechernummer“ trägt. Der Photograph drückt mir eine Reisemütze ins Gesicht und photographiert mich von allen Seiten, später bringen die Zeitungen das Bild, mit retouchierten wulstigen Lippen und stechenden „Verbrecheraugen“, zum Abschrecken.

„Wenn die Bilder gut werden, geben Sie mir ein paar“, sage ich.

Aus dem steifen hohen Kragen schießt die Antwort:

„Bis die fertig sind, fressen die Würmer an Ihnen.“

Als ein Beamter meine Fingerabdrücke nehmen will, protestiere ich:

„Ich bin kein Krimineller.“

„Du Lump, du Schurke, hier wird nicht protestiert“, er packt meine Hand, klatscht sie in die Farbe und nimmt die Abdrücke.

Ich werde ins Vernehmungszimmer geführt, am Tisch sitzt Staatsanwalt Lieberich, ein kleiner hagerer Mann mit verknittertem Gesicht, von Falten überzogen, die Augen flach, von unzähligen Krähenfüßen umrissen, die Lippen dünn und scharf.

„Wo sind die Soldaten?“ schreit er.

Rechts und links neben meinem Stuhl stellen sich Soldaten mit aufgepflanztem Bajonett.

„Lassen Sie die Kette nicht abnehmen?“ frage ich.

Kurz und scharf die Antwort: „Nein ... Sie werden gegen Leviné aussagen!“

„Gegen Leviné? Leviné ist unschuldig an der Erschießung der Gefangenen.“

„In der Räterepublik bekämpften Sie ihn?“

„Ja, diesseits der Barrikade.“

Lieberichs Stimme wird ölig:

„Herr Toller, Sie haben jetzt Gelegenheit, Ihre Situation zu verbessern.“

„Bitte protokollieren Sie meine Aussage.“

„Wie Sie wollen. Welche Konfession haben Sie?“

„Ich bin konfessionslos.“

Er wendet sich zur Stenotypistin:

„Schreiben Sie: Jude, jetzt konfessionslos ... Also Sie wollen den Mord verteidigen?"

„Wer hat gemordet, wer hat Gustav Landauer erschlagen, wer die zahllosen Unschuldigen erschossen?"

„Ich verbitte mir diesen Ton, Gustav Landauer war ein Rebell, er wurde mit Fug und Recht legal gerichtet."

Stundenlang werde ich vernommen, Herr Lieberich macht sich kleine Notizen, dann diktiert er ein Protokoll, das manchmal meine Worte wiedergibt, oft ihren Sinn entstellt.

Nach der Vernehmung bitte ich um die Erlaubnis, Zeitungen zu lesen.

„Im Interesse Ihrer Nerven kann ich Ihnen die Erlaubnis nicht erteilen, schonen Sie sich, regen Sie sich nicht auf ... Abführen!"

Nachts in meiner Zelle wache ich auf, über mein Bett beugt sich ein fremder Mann:

„Haben Sie diese Verordnung unterzeichnet?"

„Lassen Sie mich schlafen, ich antworte jetzt nicht."

„Ich meine es gut mit Ihnen, wollen Sie eine Zigarette rauchen?"

„Ich will schlafen."

Ich kehre mich zur Wand und schweige.

Das Klappfenster öffnet sich, draußen stehen die Posten, zwei Arbeiter aus Stuttgart, wir sprechen wie Kameraden, über den Krieg, über die Revolution, ich bin nicht mehr Gefangener, sie sind nicht mehr Wärter.

Einer der Soldaten bringt mir ein Päckchen Butter, zwei Stunden später wird er abgelöst und bestraft, aber nachts öffnet sich die Klappe wieder, einer steckt mir Zeitungen zu.

„Leviné erschossen!" lese ich.

Mein Herzschlag setzt aus, diese Erschießung ist ein Justizmord, und die Rechtssozialisten haben ihn nicht verhindert, der Kriegsminister, der mit seinem Kopf sich für die Räterepublik verpfändete, hat sich der Stimme enthalten, als der Ministerrat über die Begnadigung beriet. Daß die sozialdemokratischen Führer diesem Justizmord nicht wehrten, zeigt ihre Ohnmacht, ihre Schwäche, ihren moralischen Verfall, doch die Millionen Anhänger haben sie nicht mit Schimpf und Schande davongejagt.

Und mit welch infamer Rechtskonstruktion wurde das Todesurteil begründet! Als Leviné Mitglied der Räteregierung wurde, die er anfänglich bekämpft hatte, hielt sich die Räterepublik schon eine Woche, der angebliche Hochverrat war begangen, Levinés Tätigkeit nach juristischen Begriffen also nur Beihilfe zum Hochverrat, ein Verbrechen, das mit Festung oder Zuchthaus geahndet werden kann, nicht mit dem Tod. Doch Leviné sollte zum Tode verurteilt und hingerichtet werden. Die willigen Richter wußten sich zu helfen. Die „erste" Räterepublik, erklärten sie, sei nur eine „Auflehnung" gewesen, erst mit Levinés Eingreifen habe der Hochverrat begonnen. Sie sprachen ihm die Ehre ab und verurteilten ihn zum Tod. Gestern hatten die gleichen Richter Männer, die an der „Auflehnung" teilgenommen hatten, des vollendeten Hochverrats schuldig befunden und zu vielen Jahren Festung und Zuchthaus, ja zum Tode verurteilt. Sie wunderten sich, wenn das Volk das Vertrauen zu ihren Richtersprüchen verlor. So gedächtnisschwach waren sie, daß sie in heller Empörung flammten, wenn jemand aufstand und sie anklagte, Klassenjustiz zu üben.

Überall in München regieren die alten Herren, sie verteidigen die Republik. Die gleichen Männer, die im Auftrag der Monarchie Pazifisten und Sozialisten verfolgten, verfolgen heute im Auftrag der Republik Revolutionäre, einige Jahre später werden sie ihre Brotgeber einsperren, die Roth und Pöhner.

Nach einigen Tagen bringt man mich ins Gefängnis Stadelheim, im Auto sitze ich gefesselt zwischen zwei Kriminalbeamten, mir gegenüber mit entsichertem Revolver Offiziere, ein Lastauto eskortiert uns, Soldaten stehen darauf, vor sich schußbereit Maschinengewehre.

Wir fahren durch die Maximilianstraße, welch anderes Gesicht zeigt heute die Stadt, auf dem Trottoir flaniert Militär, ordengeschmückt, Monokel im Auge, elegante Damen flirten, die Bourgeoisie ist obenauf, in den Arbeitervierteln ducken sich die Menschen und schielen nach unserm Wagen, sie haben so viele Gefangene gesehen in der letzten Zeit.

Vor dem Tor des Stadelheimer Gefängnisses halten wir, weiße Kreideschrift, Menetekel dieser Zeit, leuchtet: „Hier wird aus Spartakistenblut Blut- und Leberwurst gemacht, hier werden die Roten kostenlos zu Tode befördert."

Johlend, schimpfend empfängt uns die Soldateska. Ein Kriminalbeamter will mir meinen kleinen Koffer tragen helfen.

„Dem Hund wird nicht geholfen!" schreien die Soldaten. „Erschossen wird er!"

Im Aufnahmezimmer muß ich mich ausziehen, man betastet mich, meine Kleider, Kamm, Zündhölzer, Taschentuch, Taschenspiegel werden mir weggenommen, ich werde in eine Zelle geführt, die Türriegel knallen, mich umfängt die tödliche Stille des Stadelheimer Zellenbaus.

Ich hause im Gang der Schwerverbrecher.

Trostlos grau und leer sind die Wände, das Fenster aus Mattglas liegt hoch an der Decke, wenn ich es öffne, sehe ich einen Fetzen Himmel. Ein Klapptisch, eine Bank, eine Pritsche mit graugewürfeltem grobem Leinen, in der Ecke der stinkende Abortkübel.

Im Polizeigefängnis spürte ich das Leben der vielen hundert anderen Gefangenen, ich sah ihre Gesichter, ich hörte ihre Stimmen und manchmal, nachts, den warmen Lärm der Stadt. Ich bin sehr allein, im Käfig der schweren Stille überfällt mich die Angst der großen Verlassenheit, um einen Menschen zu hören, spreche ich ein paar Worte laut vor mich hin, die Worte tönen hohl und ohne Echo, mitten im Satz zerbricht meine Stimme.

Ich lese die Tafel der Hausordnung, ich suche auf den Wänden die Zeichen der Gefangenen, ich finde eingekratzte Namen von Menschen, die in diesem Raum Jahre gekerkert waren, in einem Winkel sehe ich mit Bleistift geschriebene Worte, ich entziffere sie:

„Gleich holen sie mich zum Erschießen, ich sterbe unschuldig, 2. Mai 1919."

Leise öffnet sich die Türklappe, ein junger Wärter in Militäruniform steckt seinen Kopf in die Zelle:

„Genosse ..."

Ich laufe zur Tür, ich bin nicht allein.

„Ich war Rotgardist, als die Weißen einzogen, haben wir unsere roten Binden abgerissen. Du bist in der Zelle von Leviné."

Die Klapptüre schlägt zu. Diese Zelle hat Eugen Leviné bewohnt, bevor er zur Mauer ging, drüben im Frauengefängnis lag in einer Zelle schreiend seine Frau, sie preßte die Hände an ihre Ohren, um nicht die Schüsse zu hören, die ihn töteten.

Lärm tost im Bau, zack, schlagen die Riegel zurück, zack, das Kosttürchen fliegt auf, der Hausel bringt mir das Mittagessen, ein Stück stinkenden amerikanischen Speck und Sauerkohl.

„Wer liegt rechts neben mir?" frage ich.

„Ein Raubmörder, der auf seine Hinrichtung wartet."

„Und links?"

„Ein Lebenslänglicher."

„Wo sind die anderen politischen Gefangenen?"

„Drüben im andern Zellenbau."

In der Nacht weckt mich das Knattern von Maschinengewehren. Was bedeutet das? Neue Kämpfe? Werden wir befreit? Das Knallen verstummt, beginnt von neuem, einzelne Schüsse rollen in die Nacht, Salven spritzen gegen die Backsteinmauern. Am Morgen erzählt mir der Wächter, es werde immer nachts geschossen, die Soldaten täten's zu ihrem Vergnügen, er habe sich daran gewöhnt, ich solle mich nur nicht am Fenster zeigen, gleich knallten die Gewehre.

Die Erschießung Levinés hat die Menschen erregt, man fürchtet, daß mich das gleiche Los treffen wird, in allen Ländern regen sich die Kräfte der Solidarität.

Am zweiten Tag werde ich zum Spaziergang in den Hof geführt, allein gehe ich im Quadrat des kleinen gepflasterten Hofes, zwei Wächter bewachen mich, an den Fensterflügeln des Gefängnisses hängen Soldaten, sie schimpfen und johlen.

Die Schatten der toten Kameraden begegnen mir, ich sehe die Mauer, an der sechsunddreißig Menschen erschossen wurden, von zahllosen Kugeleinschlägen ist sie durchlöchert, vertrocknete Fleischteile, Gehirnfetzen, Haare kleben daran, die Erde davor narben eingetrocknete Blutlachen. Ich zähle an der Mauer die Einschläge, der Wärter erzählt, warum sie so tief sitzen, die betrunkenen württembergischen Soldaten zielten nach Bauch und Knien. „Du darfscht nit gleich verrecke, du Spartakischte-Hund, a Bauchschüßle muschte hawe“, sagten sie.

Ich stehe vor der Mauer und friere.

Hier wurde der Knabe erschossen, der einem Rotgardisten Munition gebracht hatte.

Hier starb die Frau, die, um ihren Liebsten zu retten, seine Handgranate auf ihrer Brust verbarg.

Hier war Leviné mit dem Ruf „Es lebe die Weltrevolution!“ zusammengebrochen.

Eine kleine Tür trennt uns von dem Hof des Frauengefängnisses, in dem Gustav Landauer erschlagen wurde.

Über den Hof geht ein junger Mensch mit verbundenem pausbäckigem Kindergesicht. „Eisners Mörder, Graf Arco“, sagt der Aufseher.

Dieser lächelnde Knabe ist Eisners Mörder, der Tat dieses Kindes folgten die Schüsse auf Auer, die Wirren, die Räterepublik, die Niederlage, das Wüten der Weißen.

Ich kann nachts nicht schlafen, ich höre eine Stimme jammern: „Ich bin unschuldig, ich bin unschuldig!“

Gegen Morgen wird es still.

Während ich spazierengehe, überqueren zwei Frauen den Hof, eine junge Frau, gestützt auf eine alte, die alte ist stumm, ihre Lippen pressen sich, die junge schreit unaufhörlich.

„Mein Mann, mein Mann, ich will meinen Mann haben!“

Die Wärter führen die Frauen zu einem kleinen Schuppen im Winkel des Hofs, Sargkisten aus grobem Holz liegen dort, auf Vorrat, ich betrachte sie jeden Tag. Die junge Frau stürzt sich über einen Sarg und bricht zusammen:

„Meinen Mann will ich haben“, jammert sie, „gebt mir meinen Mann.“ Plötzlich schnellt sie auf. „Einen solch häßlichen Sarg habt ihr ihm gegeben!“

Eines Tages führt mich der Aufseher in ein Bürozimmer zur Vernehmung. Im Korridor des Erdgeschosses erblicke ich sechs Leute in Mannschaftsuniform. Studenten und Offiziere, man sieht es Gesichtern und Gesten an.

„Da ist er“, ruft einer.

Nach der Vernehmung führt mich der Aufseher wieder nach oben, die sechs Soldaten, die immer noch im Korridor stehen, folgen uns schimpfend auf den Fersen.

„Du roter Lump, du roter Hund, du Spartakistenaas, warte nur, die Kugel ist schon für dich gerichtet, jetzt hat deine Stunde geschlagen!“

Der Aufseher schließt die Eisentür auf, die zum Zellengang führt, ich gehe hinein, die sechs bleiben vor der Tür stehen.

Nach einer Stunde öffnet der junge Wärter das Kosttürchen.

„Herr Toller, lassen Sie sich nicht auf den Spazierhof führen, ich stand vor der Tür des Vernehmungszimmers und hörte, was die sechs Soldaten mit Ihnen vorhaben, sie sagten, jetzt sei eine gute Gelegenheit, Sie um die Ecke zu bringen. Als einer fragte, wie denn, schlug ein anderer vor, wenn er auf den Spazierhof geführt wird, gehen wir mit, einer tritt ihm auf die Fersen, daß er aufspringt, das wäre dann Fluchtversuch.“

Der Gangaufseher ruft „Spazierhof“, ich folge ihm.

Vor dem Eisengitter des Zellenganges lauern wirklich die sechs. Wir gehen die Treppe hinunter, die sechs folgen schweigend. Sekunden habe ich Angst, oft hatte ich von solchen „Erschießungen auf der Flucht“ gelesen, dann fühle ich nichts mehr, ich sehe. Ich sehe, daß an einigen Stellen der Wand Mörtelteile sich abgelöst haben, ich sehe, daß der Kragen des Aufsehers speckig ist, ich sehe, daß neben dem linken Ohr des Aufsehers ein großer roter eitriger Pustel schwärt.

Wir stehen vor dem Eisengitter des Zellengangs im Erdgeschoß, durch das eine Seitentür in den Spazierhof führt. Der alte Aufseher Müller, der wie der junge den Plan der sechs kennen mußte, hatte nicht gewagt, mich zu warnen, er mußte mich auf den Spazierhof führen, die Vorschrift verlangt es, am Eisentor aber handelt er nicht nach der Vorschrift, er sperrt das Tor auf, gibt mir einen Stoß, folgt schnell, dann schließt er das Tor von innen zu, so rettet er mir das Leben.

Ich melde mich beim Gefängnisdirektor und berichte den Vorfall, eine Woche später läßt er mich rufen, meine Angaben hätten die Aufseher bestätigt, aber man habe nicht feststellen können, welche Truppe an jenem Tag in Stadelheim Dienst getan, alle Nachforschungen nach den sechs Soldaten seien vergeblich.

Ich erkranke, eine Operation wird notwendig. In der chirurgischen Klinik liege ich in der Krankenstube der Gefangenen, das Fenster ist mit engen Stäben vergittert, selbst der Fiebernde ist fluchtverdächtig. Vor der Tür stehen zwei Soldaten mit Revolvern und Handgranaten, im Nebenzimmer wachen Kriminalbeamte.

In der ersten schlaflosen Nacht nach der Operation klingele ich, ich möchte einen Schluck Wasser trinken, Durst quält mich, ich kann mich nicht rühren.

Eine junge Nonne öffnet behutsam die Tür, am Eingang neben dem Weihwassergefäß bleibt sie stehen, taucht ihre Finger hinein und bekreuzigt sich.

„Wasser bitte", sage ich.

Sie eilt hinaus, nach einer Weile kehrt sie zurück, ein Glas Wasser in Händen. Ihre Hände zittern, ihr Gesicht ist bleich, ängstlich stolpern die Füße ein paar Schritte, ängstlich verharrt sie, flackernden Schreck in den Augen.

„Darf ich Sie bekreuzigen?" flüstert sie.

Ich sehe sie fragend an.

„Alle Schwestern sagen, Sie sind der Teufel."

Ich lache, das Lachen tut mir weh, sie wird rot, hastig stellt sie das Glas hin.

„Erlauben Sie es", sagt sie bittend, sie schlägt das Kreuz über mein Bett, sie gibt mir zu trinken und läuft davon.

In der nächsten Nacht sieht sie wieder nach mir, ohne daß ich geklingelt habe, und nun kommt sie jede Nacht, sie hat keine Angst mehr, sie setzt sich zu mir ans Bett, zutraulich spricht sie von ihrem Heimatdorf in Oberbayern, von ihrem Bruder, der einen Bauernhof besitzt, wie ärmlich er lebt, wie er sich plagt und so schwer durchbringt, dabei muß er noch für die alte Mutter sorgen, die Kuh gibt wenig Milch, und die Städter drücken den Preis, ein Pferd hätte er auch, einen Schimmel, früher hätte sie ihn gefüttert, wenn sie über den Hof zum Stall ging, hat er gewiehert, nein, jetzt fährt sie nicht mehr nach Haus, sie sei Jesu Braut und habe Abschied genommen von der Welt.

Einmal fragt sie mich: „Glauben Sie an Gott?"

Ehe ich noch antworten kann, spricht sie schon, ihre Stimme verrät, daß sie sich vor meiner Antwort fürchtet:

„Viele Menschen sagen, sie glauben nicht an Gott, und doch wohnt Gott in ihren Herzen."

In der Nacht, bevor ich entlassen werde, beugt sie sich über mein Bett und küßt mich.

Am Morgen, draußen wartet schon der Gefangenenwagen, kommt schüchtern eine Novize, heimlich gibt sie mir ein Päckchen:

„Schwester Ottmara schickt es Ihnen, ein kleines Kreuz, es ist sehr heilig, es ist ein Reliquienkreuz, es soll Sie schützen, immer, Ihr ganzes Leben."

Vierzehntes Kapitel

Standgericht

Einen Tag vor der Verhandlung besucht mich der Frisör. Er schneidet mir die zweifarbigen Haare, die rötlichen Spitzen müssen bleiben, verrät er, der Staatsanwalt habe es eigens befohlen, damit die Richter und die Herren von der Presse und die Leute sähen, wie raffiniert ich es angestellt hätte, mich dem Zugriff der Gerechtigkeit zu entziehen. „Trösten Eahna, Herr Toller", meint er, „in zwei Farben schillern ist modern, das tun ja alle miteinand heit."

Am Morgen führt mich ein Auto, dem ein Lastwagen mit schwerbewaffneten Soldaten folgt, zum Gerichtsgebäude. Von zwei Gendarmen eskortiert, betrete ich den Saal und setze mich auf die Anklagebank. Ich sehe niemand, nicht die „Herren von der Presse" und nicht „die Leute", ich sehe nur das große Bild in Goldrahmen, das über dem leeren Richtertisch an der Wand hängt, es ist der gute König Ludwig. Millibauer nannte ihn sein Volk. Zuletzt begegnete ich ihm im Krieg, in den Harmonikahosen knickten die Knie, als er die Front der Kriegsfreiwilligen abschritt, jetzt lebt er auf einem Gut in Ungarn; aber sein heroisches Bild ist der Schutzpatron des republikanischen Reiches geblieben.

Habe die Ehre, Majestät, blinzle ich dem Bild zu.

„Aufstehen, der Gerichtshof", flüstern die Gendarmen.

Da schreiten in feierlichem Gänsemarsch die Richter durch die geöffnete Tür, drei Talare, zwei Uniformen und zwei Bratenröcke.

Aus den Kleiderrequisiten wachsen Köpfe, und die Köpfe haben Augen. Harte Sezieraugen und kalte Fischaugen, neugierige Flackeraugen und stahlblaue Puppenaugen.

Komisch, wie unfeierlich sie wirken, ich kann das Gefühl nicht loswerden, die da oben spielen Richter, wie wir als Kinder Pfarrer oder Kapellmeister gespielt haben.

Eine alte Arbeiterfrau brachte mir jeden Tag ins Gefängnis eine Thermosflasche mit Suppe. Damit ich etwas Warmes habe, ließ sie mir sagen.

Die Richter des Standgerichts nennen, was ich getan, Hochverrat, sie weisen mit dem Finger auf das kaiserliche Gesetzbuch, nach dem sie richten, sie sind zweifellos weiser als die alte Arbeiterfrau, sie verachten den gesunden Menschenverstand, der begreift, daß der Hochverratsparagraph dieses Gesetzbuchs die Monarchie schützen sollte und die Monarchie längst entthront ist.

Mit der Anklage, ich hätte die Verfassung gestürzt, ist es auch so eine Sache, die alte Verfassung haben jene Minister gestürzt, die mich heute vor Gericht stellen, und eine neue gibt es noch nicht. Das weiß wohl die alte Arbeiterfrau; aber die Richter brauchen es nicht zu wissen, wie denn auch, etwa die beiden Offiziere, die in Paradeuniform neben den gelblichen Herren in schwarzen Talaren sitzen, denen frische Luft mangelt, oder die beiden Beisitzer „aus dem Volk", nicht zum Richten bestellt, sondern zu kontrollieren, ob alles seinen ordentlichen Weg gehe und die Paragraphen beachtet würden, angst und bange ist ihnen vor der Aufgabe, der sie nicht gewachsen sein könnten, selbst wenn sie hundertmal klüger wären, als sie sind. Sie wischen sich mit dem Taschentuch den Schweiß von Stirn und Nase, sie atmen erleichtert auf, wenn sie im Zuschauerraum Bekannte sehen, die stolzgeschwellte Gattin oder neidische Freunde, wär's nur schon vorbei.

Arme Angeklagte, ihr werdet aus der warmen Dumpfheit des Lebens gerissen, ihr steht vor euren Richtern und sollt eine Tat verantworten, es wird euch bewiesen, daß diese Tat einen Grund hat, daß sie einer früheren Tat mit gesetzmäßiger Notwendigkeit folgte. Ihr sollt den Grund nennen, ihr kennt ihn nicht, ihr wißt viele Gründe und viele nicht, da spielten mit Gefühle, Begierden, Erinnerung, ja vielleicht die Sonne, der Sturm, eine Speise, ein Getränk, die Ahnen. Ein Licht kann erlöschen aus vielen Gründen, der Docht kann verglimmt sein, das Öl fehlen, der Wind es ausgeblasen, ein Regen es erstickt haben. Aber des Menschen Worte sind vor dem Richter einsinnig, seine Taten eindeutig und haben nur einen Grund, eingeleisig ist seine Bahn, das Leben einfach und einfältig.

Ein junger Mensch erschlug im Gasthaus in der Leidenschaft einen Kameraden, nach der Tat rannten Wirt und Gäste erschreckt davon, er blieb mit dem Toten allein, er faßte nicht mehr, was er getan, nur Durst verspürte er, großen Durst, er ging zum Bierhahn, goß sich ein Glas ein, leerte das Glas in einem Zug, sah zur Erde, dort lag der Tote, neben ihm das Messer, es war sein Messer, da begriff er und floh. Daß er Bier getrunken habe, sagte der Richter, zeuge nicht für seinen Durst, sondern für seine Roheit, und darum wurde ihm Milde versagt, das Bier kam ihn teuer zu stehen, es kostete ihn viele Jahre Zuchthaus.

Daran muß ich denken, als mich die Richter vernehmen, für meinen Hochverrat scheinen sie sich nicht zu interessieren, ob ich intime Beziehungen zu einer bekannten Schauspielerin hatte, ist ihnen wichtig, ob ich geschlechtskrank gewesen sei, nein, sie sehen sich bedeutungsvoll an und nicken mit den Köpfen, ich weiß nicht, in welchem Kausalzusammenhang Erotik und Hochverrat stehen, weiß nicht, ob sie mein Verbrechen nun milder oder härter beurteilen.

Den Ernst der Verhandlung unterbricht ein heiteres Zwischenspiel, als erster Zeuge wird der Bauer Eisenberger vernommen, er ist Abgeordneter, in Kniehosen, Wadenstrümpfen und grünem Lodenhütchen erscheint er vor Gericht, der Richter bedeutet ihm, daß solches Gewand der Würde des Gerichts nicht angemessen sei. „So, nicht angemessen“, sagt er, „da kann i ja wieder gehn, i will Eahna wos sagn, angmessener erschein i in der Nationalversammlung a nöt, und die Nationalversammlung, die is noch würdiger als wie das Gricht“, und überhaupt habe das Gericht gar kein Recht, ihn als Zeugen zu laden, weil er Abgeordneter sei und ein Immuner, und wenn einer immun sei, müsse erst die Nationalversammlung gefragt werden, ob er aussagen dürfe. Trotzdem sagt er aus. Er weiß nichts zu bekunden, er spricht aus seiner Lebenserfahrung:

„Entweder wissen wir nichts mehr, wir Alten", sagt er, „oder die andern sind gescheiter", und überhaupt sei er nur ein einfacher Bauer. Da der Vorsitzende ihm zublinzelt, er solle nicht so tun, so ein einfacher Bauer sei er gar nicht, bezeugt er endlich unter Eid, der Angeklagte habe auf ihn einen dummen Eindruck gemacht. Mit „Grüß Eahna Gott, Herr Vorsitzender", verabschiedet er sich und fragt, bevor er zur Tür hinausgeht, wo er seine Diäten holen könne, viel Zeit habe er nicht, er müsse nach Weimar fahren zur Nationalversammlung, damit das deutsche Volk endlich seine Verfassung bekomme.

Meine Verteidiger wollen durch Zeugen beweisen, daß die Minister der amtierenden Regierung an der Schaffung der Räterepublik beteiligt waren und den Hochverrat förderten, diese einfache Frage ist den Richtern zu verzwickt, sie erklären sie als nicht zur Sache gehörig, wichtiger scheint ihnen, ob die Bücher der roten Armee in Dachau ordentlich geführt wurden und ob ich, wie ein Bürger aus Dachau bekunden werde, tatsächlich dem Hausmädchen bei meiner Abreise vom Kriegsschauplatz kein Trinkgeld gegeben hätte.

Viele Zeugen werden vernommen, die einen sagen Gutes, die andern Schlechtes, ich lerne, daß man gewünschte Antworten durch geschickte Fragen erzielt. Fragt der Staatsanwalt, weint der Zeuge, fragt der Verteidiger, lacht er. Ich muß mich gegen den Vorwurf der Feigheit wehren, weil ich mich nicht erschlagen ließ. Ich muß darum kämpfen, daß ich für meine Tat verantwortlich bin, denn ich weiß, daß man aus meinem Aufenthalt in der psychiatrischen Klinik im vorigen Jahr mir einen Strick drehen möchte, wenn man mir die Verantwortung abspricht, wird die Partei, deren Vorsitzender ich war, verurteilt.

Ich lasse es zu, daß Thomas Mann, Björn Björnson, Max Halbe, Carl Hauptmann meine Dichtungen loben, ich schäme mich, dieses Lob soll ein milderes Urteil erwirken.

Schon ist die Beweisaufnahme geschlossen, da meldet sich der Staatsanwalt, neue Zeugen würden bekunden, daß ein militärischer Befehl, den ich abgeleugnet habe, meine Unterschrift trüge. Dieser Befehl belastet mich nicht ernstlich, trotzdem, aus einem plötzlichen Gefühl von Angst leugne ich, ich rede mir ein, wenn ich jetzt auf einer Lüge ertappt würde, müßte das Urteil härter ausfallen, der Mut verläßt mich, meine Rede verwirrt sich, ich möchte stark sein und bin klein, während ich spreche, denke ich daran, daß ich schon einmal so klein war, als ich nicht zugeben wollte, das Streikflugblatt geschrieben zu haben, ich wünsche, daß die Richter mir nicht glauben, aber die Richter glauben mir, die Beweisaufnahme bleibt geschlossen.

Das Wort hat mein Anwalt Hugo Haase, zum letzten Mal verteidigt er Recht gegen Willkür, bald danach wird er, wie so viele Männer des neuen Deutschland, erschossen. „Es ist ein unfaßbarer Gedanke“, sagt er, „daß die Revolutionäre von gestern die Revolutionäre von heute wegen Hochverrats vor die Richter ziehen können, die zum Schutze der ursprünglichen monarchischen Verfassung eingesetzt worden sind. Es ist ein Nonsens, daß die Regierung, die selbst durch eine Revolution zur Herrschaft gekommen ist, diejenigen als Hochverräter ins Zuchthaus oder gar aufs Schafott schickt, die nichts anderes tun, als sie selbst getan hat. Als das Parlament nach dem Tode Eisners die Flucht ergriff, hat es sich selbst als gesetzgeberisches Organ ausgeschaltet. Aber auch das alte Ministerium stellte seine Funktionen ein. Die Minister ließen sich fast gar nicht mehr sehen, nur drei von ihnen verhandelten weiter mit dem Zentralrat der Arbeiter- und Soldatenräte. Damit war anerkannt, daß anstelle der parlamentarischen Verfassung die Räte die oberste Gewalt in Bayern hatten. Die Beschlüsse dieser Körperschaft wurden allgemein als maßgebend angesehen. Die Räterepublik war beschlossen, und zwar gerade unter dem Drängen der rechtssozialistischen Partei, als Toller sich nicht in München befand. Er hat sich auf den Boden der gegebenen Tatsachen gestellt und für die neue Regierung gearbeitet. Unvergeßlich ist mir, wie nach dem 9. November 1918 der Generalfeldmarschall Hindenburg, der General Groener, der frühere Staatssekretär des Auswärtigen v. Hintze und zahlreiche andere hohe Beamte und Militärs unter ausdrücklicher Betonung, daß sie sich auf den Boden der gegebenen Tatsachen stellten, der revolutionären Regierung ihre Dienste anboten. Wird die Anklagebehörde die Behauptung aufstellen wollen, daß alle diese Männer Hochverräter waren?

Einer der edelsten Menschen, der sich auch im Krieg bewährt hat, Romain Rolland, ist warm für Toller eingetreten. Am 7. Juli haben die französischen sozialistischen Studenten ihn zu ihrem Ehrenpräsidenten gewählt.

Der Staatsanwalt hat ihn dadurch herabsetzen zu können geglaubt, daß er ihn einen „Landfremden“ nannte. Die Engherzigkeit dieser Auffassung scheint mir besonders kraß in diesem Augenblicke, wo die neue Reichsverfassung noch schärfer als bisher den Grundsatz vertritt, daß jeder Deutsche überall in Deutschland vollberechtigt zu Hause ist. Die Äußerung des Staatsanwalts mutet um so merkwürdiger an, als er gewiß den Preußen Toller nicht für einen Landfremden angesehen hat, als er sich nach Kriegsausbruch in seinem jugendlichen Enthusiasmus bei einer bayerischen Truppe stellte. Die bayerischen Kameraden, die bayerischen Offiziere, die als Zeugen für ihn aufgetreten sind und ihm Kameradschaftlichkeit, Mut, Unerschrockenheit und Pflichttreue nachgerühmt haben, sind weit entfernt von dem engen Standpunkt des Staatsanwalts. Selbst das rechtssozialistische Organ Münchens, die „Münchener Post", hat geschrieben, daß Toller vom Vertrauen der Arbeitermassen getragen war.

Es ist meine innerste Überzeugung, daß Toller freigesprochen werden muß."

Ich spreche das letzte Wort des Angeklagten, ich habe mich gesammelt und wiedergefunden.

„Meine Herren Richter", sage ich, „ich habe all meine Handlungen aus sachlichen Gründen, mit kühler Überlegung begangen und beanspruche, daß Sie mich für diese Handlungen verantwortlich machen.

Ich würde mich nicht Revolutionär nennen, wenn ich sagte, niemals kann es für mich in Frage kommen, bestehende Zustände mit Gewalt zu ändern. Wir Revolutionäre anerkennen das Recht zur Revolution, wenn wir einsehen, daß Zustände nach ihren Gesamtbedingungen nicht mehr zu ertragen, daß sie erstarrt sind. Dann haben wir das Recht, sie umzustürzen.

Sie werden nicht von mir verlangen, daß ich nach meinen Anschauungen vom Standgericht Gnade erbitte. Ich frage mich, warum setzt man Standgerichte ein? Glaubt man, wenn man einige Führer erschießt oder ins Gefängnis schickt, die gewaltige revolutionäre Bewegung der ausgebeuteten werktätigen Bevölkerung der Erde eindämmen zu können? Welche Unterschätzung dieser elementaren Massenbewegung, welche Überschätzung von uns Führern!

Die Revolution gleicht einem Gefäß, gefüllt mit dem pulsierenden Herzschlag der Millionen arbeitender Menschen. Nicht eher wird der revolutionäre Geist tot sein, als bis die Herzen dieser Menschen aufgehört haben zu schlagen.

Man sagt von der Revolution, sie sei eine Lohnbewegung des Proletariats und will sie damit verächtlich machen.

Meine Herren Richter! Wenn Sie einmal zu den Arbeitern gehen, dann werden Sie begreifen, warum diese Menschen vor allen Dingen ihre materielle Notdurft befriedigen müssen.

Aber in diesen Menschen lebt auch ein tiefes Ringen um geistige Befreiung, ein tiefes Sehnen nach Kunst und Kultur. Der Kampf hat begonnen, und er wird nicht niedergehalten werden durch die Bajonette und Standgerichte der vereinigten kapitalistischen Regierungen der ganzen Welt.

Ich bin überzeugt, daß Sie nach bestem Wissen und Gewissen das Urteil sprechen. Aber nach meinen Anschauungen müssen Sie mir zugestehen, daß ich dieses Urteil nicht als ein Urteil des Rechts, sondern als ein Urteil der Macht hinnehmen werde."

Zu fünf Jahren Festung werde ich verurteilt, ich hätte das Verbrechen eines Hochverrats begangen, aber aus ehrenhaften Motiven.

Fünfzehntes Kapitel

Antlitz der Zeit

Fünf- oder sechshundert Arbeiter verteidigten Bahnhöfe, Straßen, Plätze Münchens gegen eine Armee von hunderttausend Soldaten.

Den Stachusplatz umzingelten zwei Regimenter, mein Freund Alisi hielt ihn mit zwei Maschinengewehren und vier Mann zwei Tage lang. Die Maschinengewehre bestrichen die Zufahrtsstraßen, vier Mann setzten eine Division matt.

Nicht die feindliche Übermacht besiegte ihn, sondern seine alte Wirtin. Das kam so:

Am dritten Tage näherte sich dem Stachus ein Offizier als Parlamentär. Alisi ging ihm entgegen. Vor einem Hotel in der Sendlingerstraße begegneten sich die beiden.

„Legen Sie den Revolver aufs Trottoir!" schrie der Offizier.

„Das kann ich tun", sagte Alisi.

„Wir geben Ihnen freien Abzug, wenn Sie den Stachus räumen."

„Mit oder ohne Waffen?" fragte Alisi.

„Ohne Waffen."

„Damit ihr uns dann herunterknallen könnt. Darauf lasse ich mich nicht ein."

Aus einem Fenster des Hotels schwappte eine Brust, hinter der Brust erschien ein kleiner, aufgeregt zappelnder Kopf.

„Was, du willst keinen Frieden machen, verdammter Bursche; seit zwei Tagen kommen wir nicht aus dem Haus, unsere Gäste können nicht abreisen. Als du noch Schuhputzer im Hotel warst, habe ich mich schon genug über dich geärgert, du hast gesagt, du hast die Schuhe blank geputzt, du hast geschludert, habe ich gesagt, du hast dich nicht gebessert, sag' ich, du bist zu den Roten gegangen, gleich schließt du Frieden, sonst komm' ich herunter."

Was dem feindlichen Heere nicht gelang, gelingt Frau Sonnenhuber.

Alisi sah schief und verlegen zum Fenster im ersten Stock:

„Wenn Sie es meinen, Frau Sonnenhuber." Und zum Offizier:

„Jetzt habt ihr halt euern Frieden, damische Brüder." Er wandte sich traurig zum Stachus und verschwand mit seinen Kameraden über die Dächer.

Die letzten Verteidiger wurden überwältigt, sie kämpften heroisch, aber die Übermacht war zu groß.

Bestialisch wütete der weiße Schrecken, siebenhundert Menschen wurden erschossen, Männer, Frauen und Kinder, Tausende wurden verhaftet, niemand war sicher vor Denunzianten. Die Leichenhallen waren zu klein, die Opfer zu fassen, Massengräber wurden geschaufelt wie im Krieg.

Wilhelm Creowdy, ein Freund des Grafen Arco, berichtet von den Morden im Hof des Stadelheimer Gefängnisses:

„Zwölf Mann, die erschossen werden, haben keine Ahnung, daß man sie erschießen will, mit erhobenen Händen werden sie geführt, in Reihen von zwei und drei. Nun stehen sie vor der Kirche, ein Mann lacht: „Was werden sie mit uns tun? Vielleicht stecken sie uns ins Gefängnis." Sie gehen durch die Kirchenmauer, da sehen sie auf dem Hof Tote liegen, sie begreifen, was sie erwartet, sie beginnen zu weinen. Die tödlichen Schüsse krachen.

Jetzt kommen zwei Frauen, auf der Straße haben sie die Leichen ihrer Männer gesehen, die man niederknallte ohne Gericht, auf bloße Denunziation, die zwei Frauen haben sich schreiend auf die Leichen ihrer Männer gestürzt, ein Soldat ruft: „Packt die Weiber, die gehören auch dazu!", man führt sie nach Stadelheim, ein Kapuziner geht betend voran, die Frauen mit wirren, offenen Haaren wanken hinterdrein. Mit den Worten Jesu' auf den Lippen sterben sie, die Leichen werden entkleidet, den Toten stiehlt man Ringe und Uhren.

Der Referendar Schleusinger aus Starnberg erzählt: „Kein Zweifel mehr, der Zusammenbruch ist da. Schon in der Frühe um sechs Uhr weckt mich dumpfer Kanonenschlag, bald kann ich das Tacken der Maschinengewehre und das Knattern des Infanteriefeuers vernehmen. Um acht Uhr klingelt das Telephon, ein kleiner Beamter des städtischen Gerichts ist am Apparat: „Herr Schleusinger, die Truppen des Generals Epp stehen vor Starnberg, sie erschießen rücksichtslos jeden Revolutionär."

Um neun Uhr beginnt die Sitzung des Arbeiterrats, die letzte. Ein Beschluß wird gefaßt: Kein Mitglied des Arbeiterrats verläßt seinen Posten. Eben wollen die Arbeiterräte auseinandergehen, als der Oberbefehlshaber der roten Truppe mit seinem Adjutanten erscheint. Er könne Starnberg nicht halten und müsse sich zurückziehen. Der Zusammenbruch reißt auch uns Sozialdemokraten in seinen Strudel. Starnberg ist der Schlüssel zur Hauptstadt. Fällt Starnberg, so ist München von Norden her schutzlos den Angriffen der Weißgardisten preisgegeben.

Wir rechnen: Um ein Uhr werden die Truppen des Generals Epp in Starnberg sein, um ein Uhr hat sich daher der Arbeiterrat im Rathaus einzufinden.

Die weißen Truppen kommen schon um zwölf Uhr, so werde ich beim Mittagessen überrascht. Ich höre schwere Schritte die Treppe heraufkommen, es sind keine weißen Soldaten, zwei junge Mitglieder der Bürgerwehr, die beim Einrücken der Truppen auf einmal da sind und den Weißgardisten bei Verhaftungen helfen.

Als ich mit den beiden aus dem Hause trete, biegt um die Ecke ein Leutnant mit einem Dutzend Stahlhelmsoldaten, der Leutnant in Friedensuniform, Monokel im Auge. Eine knarrende Stimme: „Sind Sie Herr Schleusinger?" – "Jawohl, Herr Leutnant." – „Sie sind festgenommen." Ein Wink, die beiden Bürgerwehrleute treten weg, zwei Stahlhelme nehmen mich in die Mitte.

Bald stehe ich vor dem Kommandeur der Spitzentruppen: „Sind Sie der Vorsitzende des revolutionären Arbeiterrats?" – „Jawohl." Der Major stampft mit dem Fuß auf den Boden: „Tun Sie Ihre Hand aus der Tasche." Ich habe einen verkrüppelten Arm, dessen Hand ich meist in der Tasche trage. „Herr Major, Sie sind nicht mein Vorgesetzter." Kaum hab' ich dies gesagt, hagelt's von allen Seiten Hiebe, mit Handgranatenstielen, Gewehrkolben, Kommißschuhen schlägt und stößt man auf mich ein, blutend sinke ich zu Boden, man hätte mich wohl auf dem Platz erschlagen, wenn mich nicht ein Bekannter, ein in Starnberg ansässiger österreichischer Offizier, aus dem Haufen der wütenden Mannschaften hervorgezogen und Einspruch gegen die barbarische Mißhandlung erhoben hätte. Man schleppt mich halb bewußtlos ins Gefängnis.

Ich bin nicht der einzige Verhaftete, Rotgardisten, fast alle mehr oder minder schwer verwundet, auch einige Arbeiter, sind schon vor mir verhaftet worden. Nach den üblichen Formalitäten komme ich in die Zelle im ersten Stock, es dauert kaum zehn Minuten, da wird die Tür geöffnet und mein Freund Maier,

Mitglied des Arbeiterrats, tritt herein, den Kopf verbunden, unter dem Tuch sickert Blut hervor, von ihm erfahre ich, daß fast der ganze Arbeiterrat verhaftet und in das Gefängnis eingeliefert wurde, beim Verlassen des Rathauses habe sie die Menge beschimpft, bespuckt, geschlagen. Auch die militärische Begleitung ließ sich aufhetzen, ein Soldat schlug meinem Freund den Gewehrkolben über den Schädel.

Nach einer halben Stunde werde ich in das Büro des Gefängnisverwalters hinuntergeführt, ein Hauptmann und ein Unteroffizier sitzen an einem Tisch, auf dem einige von mir unterzeichnete Aufrufe und Verfügungen liegen, ich werde gefragt, ob ich die Aufrufe unterzeichnet hätte. "Ja", sage ich. „Dann haben Sie Hochverrat begangen." Nach einer kurzen Pause: „Sie sind zum Tode verurteilt. Abführen."

Ein formloses Verhör. Nachher erfahre ich, daß dies das Feldgericht war. Ein Feldgericht, besetzt mit einem Richter.

Es ist mittlerweile vier Uhr geworden, da beginnt die fürchterlichste Stunde meines Lebens.

Ich schrecke auf, unten vor dem Gefängnis Stimmengewirr, unterbrochen von scharfen Kommandorufen, der schlürfende Schritt des Gefängnisverwalters kommt die Treppe herauf, nähert sich meiner Zelle, der Schlüssel kreischt im Schloß. „Herr Schleusinger, es steht nicht gut." Zwei Stahlhelmleute stürmen die Treppe herauf. „Sie werden erschossen!" Ein Leutnant steht auf dem Treppenabsatz und schleudert mich die Treppe hinab. „Heraus mit dir, Bürschel!"

Ich raffe mich auf, trete aus dem Gefängnis auf die Straße, ein Offizier springt auf mich zu, auf das Gefängnis deutend, schreit er mich an: „Was tun Sie da drinnen? Marsch in die Reihe!"

In die Reihe? Ja, da stehen sie, mehr als zwanzig junge, zum größten Teil verbundene, verwundete Rotgardisten und Arbeiter, umgeben von je zwei Reihen weißer Soldaten: das Exekutionspeloton. Ich weiß nicht, wie lange wir so stehen.

Der Führer des Zuges scheint noch auf etwas zu warten, richtig, da erscheint der Vorstand des Bezirksgerichtes, er tritt auf mich zu, zieht sein Notizbuch, fragt jeden der Todeskandidaten nach seinem Namen, auch den meinigen schreibt er auf, fein säuberlich, sine ira et studio. Ein Kommandoruf, ein kurzer Trommelwirbel.

In diesem Augenblick packt mich das Grauen.

Ich behalte automatisch meine Haltung, wie eine Puppe, die man in eine bestimmte Stellung gebracht hat, der Zug bewegt sich über den Hauptplatz, Hunderte von Zuschauern umsäumen die Straßen. Der Zug nähert sich der Bleichwiese, der Exekutionsstätte.

Dann kommt etwas Schreckliches, da steht mitten in der Straße ein großer grauer Wagen, der schwenkt vor der Spitze unseres Zuges ein, fährt vor uns her, ein eigentümlicher Geruch geht von ihm aus, wie süßlicher Karbolgeruch von desinfiziertem Verbandzeug, wir brauchen kein Verbandzeug mehr.

Der Wagen scheint größer, immer größer zu werden, ich habe plötzlich das Gefühl, dieser Wagen, grau und riesengroß, ist der Abschluß meines Lebens.

Wir stehen auf der Bleichwiese, sie wird im Westen durch einen Bahndamm abgeschlossen, in einer Entfernung von hundert Metern stehen Scharen Neugieriger. Wir werden mit dem Rücken an den Bahndamm gestellt, Soldaten nehmen in einer Entfernung von etwa acht Metern vor uns Aufstellung, da stürzt einer von uns zu dem Leutnant, der das Peloton kommandiert, hastig, mit der Stimme sich mehrmals überschlagend, stammelt er, während des Krieges U-Boot-Matrose in der kaiserlichen deutschen Marine, nach der Demobilisierung arbeitslos, auch der Vater war arbeitslos, die Mutter krank, was die rote Armee bezweckte, wüßte er nicht, aber Hunger tue weh, so sei er der Roten Garde beigetreten. Er bittet, er fleht. Es hilft ihm nichts, Stahlbehelmte stoßen ihn in die Reihe zurück.

In diesem Moment geschieht etwas Unerwartetes, die Verwirrung, die durch das Vortreten des Matrosen entstand, nutzt ein anderer entschlossen aus, ein Sprung, zwei Stahlhelmleute taumeln zur Seite, ein dritter erhält einen Schlag ins Gesicht, daß ihm sofort das Blut aus der Nase rinnt, ein Moment allgemeiner Überraschung, einige Soldaten schießen mit Gewehren und Revolvern dem Fliehenden nach, treffen nicht, andere laufen dem Ausreißer nach, hindern aber dadurch die Zurückbleibenden, weiter auf den Flüchtling zu schießen. Dieser, dem die Todesangst Windesschnelle verleiht, läuft den Sümpfen der Würm zu. Erreicht er das hohe Schilf, ist er gerettet. Im letzten Augenblick noch scheint ein Hindernis ihn aufzuhalten, ein Arbeiter stellt sich mit ausgebreiteten Armen dem Fliehenden in den Weg, um ihn den Henkern zurückzugeben, die Todesfurcht gibt Riesenkräfte, der Kerl erhält einen Stoß, daß er mehrere Meter zurücktaumelt, der Flüchtling erreicht das schützende Schilf. Die Aufmerksamkeit der Henker wendet sich wieder uns zu.

Der Offizier deutet auf mich: „Dies ist der Rädelsführer, der muß erst zusehen, wie es geht.“ Ich werde zur Seite geführt.

„Hände hoch!" Die Armen heben die Hände in die Höhe. „Ihr habt die Waffen getragen gegen eure rechtmäßige Regierung, darauf steht die Todesstrafe." Ein halblautes dünnes Wimmern ist die Antwort, mir steht das Herz still, ich wende mich halb zur Seite, um nichts zu sehen. Eine Waffe getragen? Ich habe gleich andern nie eine Waffe getragen.

Die Stimme des Offiziers ertönt: „Revolver rechts und links an seine Schläfen, willst du hinschauen, du Hund!" Ich muß mich fügen, sehe und sehe die Unglücklichen im Feuer zusammenbrechen, sie fallen hintenüber wie Säcke. Nach der ersten Salve einige unregelmäßig abgefeuerte Schüsse, einer schreit noch nach dem zweiten Schuß, da tritt ein Soldat bis auf zwei Meter an ihn heran und gibt ihm den Fangschuß.

Der Offizier wendet sich zu mir.

Da keucht jemand heran: „Herr Schleusinger, Sie werden nicht ... Herr Leutnant, warten ... da!" Er deutet auf die Straße, die wir gekommen waren, ein Mann läuft aus Leibeskräften, schon von weitem mit einem weißen Zettel winkend, es ist der Ortsvorsteher, wortlos reicht er dem Offizier das Papier, dieser liest, macht ein enttäuschtes Gesicht.

„Der Mann ist in das Gefängnis zurückzuführen, er wird dem ordentlichen Gericht überstellt." Ich werde ins Gefängnis zurückgeführt.

Ich bin wieder in meiner Zelle, erschöpft sinke ich aufs Lager. Ich bin gerettet.

Um zehn Uhr besucht mich ein guter Freund, von ihm erfahre ich, daß noch einer der zum Tode Verurteilten gerettet worden ist, diesen Mann haben zwei Lungenschüsse nicht getötet, nach mehreren Stunden gab er Lebenszeichen von sich, rohe Soldaten wollten dem Bedauernswerten, der wie die anderen Erschossenen von den Hütern der Ordnung bis auf Hemd und Hose ausgeraubt war, vollends den Garaus machen, ein junger Lehrer und dessen Bruder luden ihn jedoch auf eine Tragbahre und brachten ihn ins Krankenhaus. Den Soldaten, die nach einigen Minuten vor dem Krankenhaus die Herausgabe des ihnen entrissenen Opfers forderten, wehrte der Arzt den Eintritt.

Um elf Uhr wird mein väterlicher Freund, der Starnberger Bahnvorsteher erschossen, ein furchtbares Jammern und Schreien und Flehen schreckt uns alle auf, erfüllt alle Gänge des Gefängnisses, plötzlich wird es ruhig, ein Schuß kracht, noch einer. „Er ist eben erschossen worden, er wollte die Eisenbahnbrücke nach München sprengen", flüstert der Gefängnisverwalter. Ich weiß, daß ein Mord geschehen ist, vor vierzehn Tagen war es, als in eine wichtige Sitzung des Arbeiterrats das Telegramm der Regierung Hoffmann aus Bamberg wie eine Bombe geplatzt war, auf den Sozialdemokraten machte das Telegramm tiefen

Eindruck, er bat ums Wort: „Genossen, ich bin Beamter, bin Bahnmeister, ich habe Familie, ich darf es nicht riskieren, brotlos zu werden, ich erkläre meinen Austritt aus dem Arbeiterrat." Wir hielten ihn nicht. Nun ist er tot, standrechtlich erschossen, trotz aller Vorsicht. Der Mann hätte niemals eine Brücke gesprengt.

Fünf Uhr abends, vor dem Gefängnis Stimmengewirr, Schreien, Tritte von vielen Menschen, drei Rotgardisten werden eingebracht, alle drei blutüberströmt, der eine, ein junger Genosse, bis zur Unkenntlichkeit geschlagen, das Gesicht aufgeschwollen und in allen Farben spielend, zweimal haben sie ihn an die Wand gestellt; aber er schlug wie rasend um sich, biß, wälzte sich auf dem Boden, schnellte empor."

Die Weißen fragten nicht nach dem Parteibuch, vor den Gewehrläufen waren alle Republikaner gleich, Kommunisten und Sozialdemokraten, Unabhängige und Parteilose.

Sie ermordeten Eglhofer, die Frau eines Arztes wollte ihn im Auto retten, als das Auto an einer Straßenkreuzung anhielt, wurde er erkannt, verhaftet und in einen Keller der Residenz geschleppt. Er duckte sich nicht unter den Schlägen der Bürger, im Keller traten ein paar Offiziere zu einem Standgericht zusammen, es genügte, daß er zugab, Eglhofer zu sein, der Spruch hieß Tod. Die Offiziere verließen den Keller, bei Eglhofer blieb ein Soldat als Wache. Als die Offiziere gegangen waren, zog der Soldat seinen Revolver, legte ihn neben Eglhofer und wollte hinausgehen, Eglhofer rief ihn zurück: „Kamerad, du hast deinen Revolver vergessen, dachtest du nicht daran, daß ich dich überfallen konnte?"

„Wir wissen, wer du bist. Wenn du nicht willst ..."

Er zuckte die Achseln.

Der Soldat nahm den Revolver an sich, einige Minuten später wurde das Todesurteil vollstreckt.

Sie ermordeten Gustav Landauer, in dem die deutsche Revolution einen ihrer reinsten Menschen, einen ihrer großen Geister verlor. Ein Arbeiter, der in den letzten Stunden Gustav Landauers Gefährte war, berichtet:

„Unter Schreien: „Der Landauer! Der Landauer!" bringt ein Trupp bayerischer und württembergischer Soldaten Gustav Landauer, auf dem Gang vor dem Aufnahmezimmer schlägt ein Offizier dem Gefangenen ins Gesicht, die Soldaten rufen dazwischen: „Der Hetzer, der muß weg, derschlagts ihn!" Landauer wird mit Gewehrkolben an der Küche vorbei in den Hof gestoßen, Landauer sagt zu den Soldaten: „Ich bin kein Hetzer, ihr wißt selbst nicht, wie verhetzt ihr seid.“ Im Hof begegnet der Gruppe der Freiherr von Gagern, mit einer schlegelartigen Keule schlägt er auf Landauer ein, unter den Schlägen des Majors sinkt Landauer zusammen, er steht jedoch wieder auf und will zu reden anfangen, der Vizewachtmeister schießt auf Landauer, ein Schuß trifft ihn in den Kopf, Landauer atmet noch immer, da sagt der Vizewachtmeister: „Das Aas hat zwei Leben, der kann nicht kaputt gehen.“

Ein Sergeant vom Leibregiment ruft: „Ziehen wir ihm doch den Mantel 'runter“, der Mantel wird ihm ausgezogen. Da Landauer immer noch lebt, legt man ihn auf den Bauch, unter dem Ruf: „Geht zurück, dann lassen wir ihm noch eine durch“, schießt der Vizewachtmeister Landauer in den Rücken, da Landauer immer noch zuckt, tritt ihn der Vizewachtmeister mit Füßen zu Tode, dann wird ihm alles heruntergerissen und seine Leiche ins Waschhaus geworfen.“

Ludwig Spörer, dem ich im Gefängnis begegnete, konnte weder sprechen noch hören, an seiner Stirn zwischen den Augenbrauen kerbte sich eine tiefe, rote Narbe, ich bat ihn, mir auf einem Zettel seine Geschichte aufzuschreiben: „Ich war Rotgardist. Am 2. Mai wurde ich gefangengenommen. Weißgardisten führten mich in die Mattäserbrauerei. Ich wurde zu einem Offizier geführt. Er nahm meine Personalien auf. Dann hat er mich einem Feldwebel übergeben. Der hat mich in den Hof einer Schule geführt. Dort hat er gesagt: „Wozu lange Umstände machen? Kerl, stell dich an die Wand!“ Ich hab' mich, ohne viel zu überlegen, an die Wand gestellt. Furcht hatte ich schon; aber alles ging so rasch, daß ich zu langem Besinnen nicht kam. Der Feldwebel zog seinen Revolver, zielte, schoß.

Ich liege auf dem Hof. Mein Kopf fällt nach hinten. Ich fühle feucht. Er hängt wohl in eine Pfütze. Aber wie? Ich öffne die Augen. Über mir Himmel. Ich überdenke, was geschehen ist. Sehr geschwind denke ich. Der Feldwebel hat seinen Revolver gezogen, hat gezielt, hat geschossen. Das habe ich nicht geträumt. Aber tot bin ich nicht. Wahrscheinlich nur verwundet. Wo, weiß ich nicht. Ich will mich erheben. Nein, nein, das darf ich nicht tun. Der Feldwebel sitzt vielleicht oben in seinem Büro und sieht, daß ich noch lebe. Dann kommt er und macht mir vollends den Garaus. Ich bleibe ganz steif liegen.

Wieviel Zeit verging, weiß ich nicht. Ich höre Stimmen: „Du, da liegt ein Roter.“ Ich fühle, wie man in meine Taschen greift, mich ausraubt. Ich muß nun doch eine Bewegung gemacht haben. Der eine sagt: „Du, der lebt noch.“

„Dann gib ihm den Fangschuß", sagt der andere. Ich fühle was Kaltes an meiner Stirn.

Als ich erwache, liege ich in einem großen Saal auf einem Operationstisch. Ich sehe Männer in weißen Kitteln und Schwestern. Ich sehe ihre Lippen sich bewegen. Aber ich höre nichts. Ich will sprechen. Kein Laut. Plötzlich erinnere ich mich: Ich bin doch tot! Was denn? Ich gebe Zeichen. Die Menschen um mich merken, daß ich nicht sprechen noch hören kann. Allmählich erfahre ich alles.

Der Schuß vom Feldwebel war an meinem Zigarettenetui abgeprallt. Vor Angst und Schreck war ich ohnmächtig geworden. Der Soldat, der mir den Fangschuß gab, hatte den Revolver an meiner Stirn angesetzt. Aber da mein Kopf nach unten hing, war die Kugel nicht in die Stirn gedrungen. Es war nur ein Streifschuß geworden. Man kann den Finger 'reinlegen, so tief ist die Narbe. Ich bin auf dem Hof für tot liegen geblieben. Abends warfen die Soldaten den Toten auf einen Wagen, auf dem schon einige Leichen lagen. Sie fuhren uns auf den Ostfriedhof. Als ich auf die Erde gelegt wurde, muß ich mich bewegt haben. Ein Pfarrer sah es und veranlaßte, daß ich in die chirurgische Klinik geschafft wurde.

Ich kam vors Volksgericht. Sie haben mir ein Jahr drei Monate Festung wegen Beihilfe zum Hochverrat aufgeschmissen. Morgen transportieren sie mich in die Festung."

Die bayerische Regierung stellte einen Mann, der zweimal alle Qualen des Todes erleiden, der zweimal in Wahrheit sterben mußte, vor Gericht, verurteilte ihn und steckte ihn ins Gefängnis.

Der Justizminister jener Tage war Demokrat, er hieß Müller-Meiningen. Kein Geschehnis erhellt deutlicher den Geist unserer Justiz, das Antlitz unserer Zeit. Das Mittelalter kannte das Gottesurteil, bewahrte das Schicksal den Gefangenen vor dem Tod, schenkte die irdische Justiz ihm Freiheit. Wir leben im zwanzigsten Jahrhundert, wir sind stolz auf unsere Humanität, auf unseren Fortschritt.

Erst als versehentlich einundzwanzig Mitglieder des katholischen Gesellenvereins verhaftet wurden und weiße Soldaten die Gefangenen, die man in einen Keller gesperrt hatte, erbarmungslos niederhieben, niederstachen, niederschossen, erzwang die Regierung von den Generälen, daß kein Gefangener mehr seinem Richter entzogen werden durfte.

Es waren die gleichen Richter, die ein Jahr später ihre Ansprüche auf höhere Gehälter damit begründeten, daß sie im Kampf der Regierung gegen die Revolution ihren Mann gestanden hätten.

Der Reichswehrminister Noske dankte dem Oberbefehlshaber der weißen Truppen mit diesem Telegramm:
„Für die umsichtige und erfolgreiche Leitung der Operationen in München spreche ich Ihnen meine volle Anerkennung aus und den Truppen meinen herzlichsten Dank."

Sechzehntes Kapitel

Fünf Jahre

Die Lokomotive pfeift. Der Zug verläßt die Münchener Bahnhofshalle. Beamte, Schaffner, Gepäckträger, Arbeiter, Arbeiterinnen sind zusammengelaufen, sie winken mir zu, sie rufen „Auf Wiedersehen", die Passagiere, die in die Freiheit aller Herren Länder reisen, sehen erstaunt den Auflauf. „Auf Wiedersehen in fünf Jahren", antworte ich. „Wir holen dich früher 'raus", brüllt der Lokomotivführer eines Zuges, der im Nebengeleise hält.

Wie anders war der Weg zum Militärgefängnis im Kriegsjahr 1918, der Knabe, der „Mörder" rief, die trostlose Verlassenheit, die Feindschaft der Dinge und Menschen.
Jetzt strömt mir die Wärme der Kameradschaft zu, sie trägt mich, sie spannt meine Kräfte, ich bin nicht allein, ich spüre die Hände, die von überall her sich zu mir strecken. Fünf Jahre, eine lange Zeit, ich bin seltsam heiter, ich beneide nicht einmal den Passagier im Schlafwagen, der morgen früh am Canale Grande Venedigs aufwachen wird. Selbst die Kriminalbeamten sind freundlich, sie kennen die Launen des politischen Wetters, man kann nie wissen, die Herren sagen mir, daß sie auch nur Arbeiter seien und ihre Pflicht täten, wenn's nach ihnen ginge, du lieber Gott, sie müßten sich auch schinden, es sei nicht so leicht, eine höhere Gehaltsstufe zu erklimmen, wenn wir wieder zur Regierung kämen, sollte ich daran denken und es sie nicht entgelten lassen. Ob ich eine Zigarette rauchen wolle, fragte der eine. „Vielleicht essen Sie ein Stück Leberkäs, er ist hausgemacht", sagt der andere, „nämlich meine Frau meint, wenn ich verreise, geh' ich fremd, und darum, Sie wissen schon." Im Nebenabteil wird ein Mädchen

ins Zuchthaus transportiert, ich frage sie, wieviel Jahre sie sitzen müsse. „Sechs Jahre“, „Ein Jahr mehr als ich“, „Pah“, lacht sie, „das mach' ich auf einem Backen.“

Im kaiserlichen Deutschland saßen auf Festungen Offiziere und Duellanten, auch die Beleidiger Seiner Majestät, sie alle ließen es sich gut gehen, aßen und tranken, spazierten tagsüber in die Stadt und bändelten mit den schönen Bürgertöchtern an. Diese heitere Haft ist verschwunden, der bayerische Justizminister hat sich für uns sozialistische Gefangene eine eigene Art Festung erdacht, ein Mittelding zwischen Gefängnis und Zuchthaus nennt sie der Reichsjustizminister Radbruch, spazierengehen dürfen wir nicht mehr, unsere Frauen und Freunde dürfen uns nicht mehr frei besuchen, jeder Brief wird zensuriert, wir essen die Dampfkost der Gefängnisküche. Die Haft gleicht nur in einem Punkt der Strafe, die die Richter uns diktierten, wir werden mit „Herr“ angeredet, zum Zeichen, daß wir, wie die bayerische Sprache sagt, eine Ehre haben. Dabei wissen wir nicht, ob die Rechte von heute uns morgen bleiben, alles ist ungewiß, einmal werden die Zügel gestrafft, einmal gelockert, politische Stärke oder Schwäche der Regierung verspüren wir an unserem Leibe.

Anfangs hausen wir in verschiedenen Gefängnissen, nach einigen Monaten treffen sich alle im alten Jugendgefängnis Niederschönenfeld bei Rain am Lech. In der sumpfigen, nebligen Ebene zwischen Lech und Donau liegt der dreiflüglige, nüchterne Zellenbau mit seinen kahlen Höfen, seinen hohen Mauern. Die Zellen sind schmal, wenn ein Mensch sich an die eine Wand lehnt, berührt er mit ausgestreckter Hand die andere. Tagsüber bleiben die Zellentüren offen, wir gehen im Käfig des schmalen Korridors auf und ab, auf und ab, draußen vorm Gitter wachen Tag und Nacht die Wärter.

Hundert politische Gefangene beherbergt Niederschönenfeld, Menschen aus allen Klassen, allen Berufen. Die meisten hoffen, die Haft werde nur kurz währen, eine neue Revolution werde sie befreien, morgen, übermorgen, nächste Woche. Berichten die Zeitungen von einem Streik, träumen sie, dem Streik werde der Generalstreik folgen, der die Kerkertüre öffnet. Wagt einer, dagegen zu sprechen, verfolgt ihn wütender Haß der andern. „Du bist schuldig, daß wir nicht frei werden“, sagt mir ein Kamerad, „weil du nicht daran glaubst.“

Die ersten Monate leben die Gefangenen in brüderlicher Verbundenheit, sie teilen Lebensmittel und Geld, sie teilen Gefühle und Gedanken, die Sucht des Bekennens hat sie gepackt, sie bekennen ihr Leben, ihre Taten, ihre Schuld. Alles soll der eine vom andern wissen, sie entblößen die dunkelsten Regungen, sie zeigen sich Briefe der Frauen und Mütter, nichts darf fremd und verborgen bleiben. Bald kennt einer den andern, sein Leben, seine Art zu denken, seine Art zu sprechen, die Mechanik seines Fühlens, seinen Geruch und den Ton seiner Stimme, er weiß, was er auf diese Frage antworten wird und was auf jene. War am Anfang jeder bemüht, liebevoll in den andern sich zu versenken, jetzt ist er die Nähe des Nächsten satt, er kann ihn nicht ertragen, er wirft ihm vor, was der andere ihm einst anvertraute, die Haft macht ihn krank, die Einsamkeit böse.

Die Gegenwart ein Alp, man stößt ihn fort, die Vergangenheit allein ist wert, von ihr zu sprechen, jeder Tag, jede Stunde, seitdem die Revolution begann, wird geweckt zu neuem Leben, man berauscht sich an Kämpfen, die längst vergessen, an Worten, die längst vermodert, an Gefühlen, die längst gestorben sind. Beim gemeinsamen Essen entbrennen politische Diskussionen von fanatischer Besessenheit, nur ein Thema kennen alle, die Räterepublik, nur eine Hoffnung, die Weltrevolution. Wehe denen, die nicht glauben, daß ein revolutionäres Morgenrot dem nächsten Tag leuchtet, Verräter sind sie, Kleinbürger, Konterrevolutionäre.

In Deutschland zerfällt die Arbeiterbewegung, die Parteien spalten sich wieder und wieder, Gruppen und Sekten entstehen, das gleiche wiederholt sich im Gefängnis, aber während draußen die Handlungen der Menschen durch sinnliche Wirklichkeiten gehemmt und gelenkt werden, fehlt hier in der dünnen Luft der Haft jede Möglichkeit der Korrektur, es bilden sich Parteigruppen, die einander verfolgen, verleumden, schlagen. Der Haß ist um so größer, je mehr Gemeinsames sie haben, eine kommunistische Gruppe verbietet ihren Mitgliedern, mit Angehörigen einer anderen kommunistischen Gruppe zu sprechen. Im Mittelalter schlugen die Mönche um eines Buchstabens willen sich tot.

Ein junger Student, mit dem ich mich angefreundet hatte, wird entlassen, scheu und ängstlich sich umsehend, schleicht er in meine Zelle, bevor er geht, stockt er. „Bitte, erzähl nicht meinen Parteigenossen, daß ich mich von dir verabschiedet habe."

Am unduldsamsten sind gewisse byzantinische Intellektuelle, sie vergötzen den Proletarier, sie treiben einen förmlichen Kult mit ihm und lehren ihn die Verachtung der andern Intellektuellen. Sie ahmen Formen proletarischen Lebens nach, die der Arbeiter nur aus Not angenommen hat. Ein Gefangener, der früher kaiserlicher Offizier war, kommt mit zerlöchertem und zerfetztem Rock zum Essen, er hat selbst sich so zugerichtet.

„Warum tust du das?“ frage ich ihn.

„Ich habe die Pflicht, meinem Leben proletarische Formen zu geben“, antwortet er.

Oft, wenn ich mit Arbeitern spreche, merke ich, wie dünn der Firnis der Parteidoktrin sitzt, darunter leben die Instinkte, die die herrschende Gesellschaft im Alltag der Schule, der Familie, der Vereine gezüchtet hat.

Als im Jahre 1917 der Sozialdemokrat Stadthagen starb, berieten die Arbeiter einer großen Berliner Fabrik, ob die drei Deputierten, die am Grabe einen Kranz niederlegen sollten, im Gehrock und Zylinder erscheinen müßten. Einer der Delegierten, ein neunzehnjähriger Arbeiter, besaß keinen Zylinder, und er weigerte sich, einen zu kaufen.

Endlich, nach stundenlanger Diskussion, wurde der revolutionäre Beschluß gefaßt, daß dieser Arbeiter sich zwar keinen Zylinder kaufen müsse, daß ihm aber, damit die Würde der Arbeiterschaft gewahrt bleibe, einer geborgt werde.

Ein Bauer aus der Hollerdau ist überzeugter Pazifist, er erzählt, wie er Weihnachten 1919 andern Bauern die Friedenspredigt von Eisner vorlas, da hätten die Menschen gesehen, was Krieg sei, da wären ihnen die Augen aufgegangen, vor Entsetzen, Tränen hätten sie vergossen, auch ihn hab's gewürgt.

Eine halbe Stunde später sprechen wir vom Krieg, wir haben an der gleichen Front gekämpft, bei Pont à Mousson.

„Wann warst denn du da?“ fragt er mich.

„1915.“

„1915? Da war ja Stellungskrieg, da war ja nichts mehr los, weißt du, als ich da war, da war Bewegung, des war a Gaudi, den Franzosen haben wir 's Messer in Bauch gestoßen, daß es nur so geschnakelt hat.“

Ein Arbeiter hat sich eine eigene Theorie erfunden, die bürgerlichen Frauen seien die Pest der Menschheit, sie gehörten alle an die Laterne, diese hochmütigen, sittenlosen Weiber, die Männer seien gar nicht so schlimm.

Einmal erzählt er mir von seiner Schwester.

„Sie ist bei sehr reichen Leuten in Dienst“, sagt er, „bei einer feinen Bürgerfamilie, sonntags, wenn meine Schwester Ausgang hat, gibt ihr die Gnädige stets die Hand.“

Ein Mann namens Adolf Hitler wurde in München zu einigen Monaten Gefängnis verurteilt, weil er eine Versammlung der bayerischen Königspartei zu sprengen versuchte. Unter seiner Führung drangen Leute mit erhobenen Stühlen auf das Rednerpodium, es entspann sich eine Saalschlacht, Ärzte mußten einigen Verwundeten beistehen.

Um den Mann Adolf Hitler scharen sich unzufriedene Kleinbürger, frühere Offiziere, antisemitische Studenten und entlassene Beamte. Sein Programm ist primitiv und einfältig. Die Marxisten und die Juden sind die inneren Feinde und an allem Unglück schuld, sie haben das unbesiegte Deutschland hinterrücks gemeuchelt und dann dem Volk eingeredet, Deutschland hätte den Krieg verloren.

Die äußeren Feinde sind die Franzosen, eine verkommene, vernegerte Rasse, der Krieg gegen sie ist unvermeidlich und darum notwendig. Die nordische deutsche Rasse ist allen anderen überlegen. Gott habe ihn, den Hitler, dazu berufen, Marxisten und Juden auszurotten.

Hitler stachelt das Volk zu wütendem Nationalismus. Ich erinnere mich nicht, vor zwei Jahren, als wir „inneren Feinde“ gegen das Unrecht des Friedens von Versailles zu kämpfen begannen, Hitlers Namen gehört zu haben. Auch in der Revolution hat er geschwiegen.

Ein Gefangener erzählt mir, er sei dem österreichischen Anstreicher Adolf Hitler in den ersten Monaten der Republik in einer Münchener Kaserne begegnet. Damals hätte Hitler erklärt, er sei Sozialdemokrat. Der Mann sei ihm aufgefallen, weil er „so gebildet und geschwollen“ dahergeredet hätte, wie einer, der viel Bücher liest und sie nicht verdaut. Doch habe er ihn nicht ernst genommen, weil der Sanitätsunteroffizier verraten hätte, im Krieg sei der Hitler, als er von der Front zurückkam, schwer nervenkrank in einem Lazarett gelegen, blind, plötzlich habe er wieder sehen können.

Diese nervöse Erblindung macht mich nachdenklich. Welche Kraft muß ein Mensch haben, daß er blind werden kann vor einer Zeit, die er nicht sehen will.

Reiche Fabrikanten unterstützen den Hitler. Er wütet auch gegen die Gewerkschaften, und sie gebrauchen ihn als Prellbock.

Die Zeit verrinnt. Immer heftiger kreisen Gespräche, Gedanken und Träume der Männer um Frauen, nachts pressen wir den Kopf ins Kissen, aus Verzweiflung, aus Hunger nach Wärme. Wir sind der Bücher müde, stundenlang blättern wir in den illustrierten Zeitschriften, starren auf die Bilder nackter Frauen, nackter Brüste, nackter Beine.

Im Gefängnis Eichstädt schliefen über unserm Stockwerk gefangene Mädchen, das erregte die Männer, sie klopften nachts an die Decke, die Mädchen antworteten ihnen, sie schickten sich durch die Kanalröhren der Aborträume Briefposten zu, eingerollte Bogen, an Bindfäden gebunden. Liebesverhältnisse knüpften sich an, Liebhaber und Braut sahen sich niemals, sie beschrieben in unbeholfenen Worten, wie sie aussähen, sie erbaten Liebespfänder, Locken schenkten sie sich, kleine Tücher, die sie nachts auf die Brust gepreßt hatten, Schamhaare.

Auf dem Hof des Gefängnisses stand ein kleines Waschhaus, dort arbeiteten die gefangenen Mädchen, Aufseherinnen wachten darüber. Einmal wird die Aufseherin fortgerufen, ein Mädchen bleibt allein, sie preßt ihren Kopf ans Fenster, die Augen suchen die Zelle des Mannes, der ihr seit Wochen schreibt und dem sie seit Wochen antwortet, sie liebt ihn, sie möchte ihn sehen, aber wird sie ihn erkennen? Doch der Mann hat sie schon erkannt, er winkt ihr zu, er sei es, den sie liebe, ungläubig schüttelt sie den Kopf, er weist auf die braunen gelockten Haare, auf die scharf gebogene Nase, auf die Narbe am Ohr. Endlich glaubt sie ihm, sie strahlt ihn an, sie streckt die Arme zu ihm hin, einmal, ein einziges Mal ihn berühren, ihn umarmen, vergeblicher Wunsch, die Gitter trennen sie. Da, in einer Sekunde überströmenden Gefühls, springt sie vom Fenster zurück, nestelt an ihrem groben grauen Leinenkleid, knöpft es auf, zeigt ihren Körper, ihre festen kleinen Brüste, die gedrungenen rundlichen Beine, sie weint und lacht vor Freude, endlich kann sie ihm etwas Gutes tun, ihm zeigen, wie sie ihn liebt, ach, sie täte alles für ihn, er muß es sehen, weil sie dieses tut. Beide merken nicht, daß die Aufseherin die Szene beobachtet. Das Mädchen büßte schwer die zarte Geste eines großen einfältigen Herzens, sie sollte eine Woche später entlassen werden, sie verlor die Bewährungsfrist.

In Niederschönenfeld sind keine Frauen, aber viele junge Burschen.

Ein junger Matrose schlingt blaue Bänder um die Knöchel, weibisch wiegt er sich in den Hüften, er lockt die Männer, sie lassen sich locken, ja, er verführt nachts einen Aufseher. Andere junge Burschen ahmen ihn nach, Eifersuchtsszenen entzünden sich, die Verliebten schreiben sich glühende Briefe, dichten sich an, erröten, wenn sie einander sehen, vergießen Tränen und versöhnen sich, die Burschen werden mit Geschenken überhäuft. Manch einer hungert um des Geliebten willen. Nachts besuchen sich die Gefangenen in den Zellen, keine Strafe schreckt sie, der sehnsüchtige Wunsch, Liebe zu geben und Liebe zu empfangen, zerbricht Hemmungen und Gewohnheiten, bis eines Tages die Spannung sich in groteskem Nachspiel löst. Einige Gefangene, orthodoxe Parteifunktionäre und lüsterne Spießer, bilden ein Gericht, in tagewährender Verhandlung, bei erregter Aufmerksamkeit der Richter, müssen Liebhaber und Geliebte sich verantworten. Ein Arbeiter, der sich mit der Vergangenheit seiner Frau, die Prostituierte war, abgefunden hat, besucht mich in meiner Zelle.

„Ach, Toller“, sagt er, „mei Famili, wenn die erfährt, daß i mit solchene Leut eingesperrt bin.“

Bayern und das Reich bekriegen sich in Pressefehden, der „Bayerische Kurier“ weiß endlich, woher die bayernfeindlichen Nachrichten stammen, aus der Festung Niederschönenfeld, ich bin der geheime Spion, der seinen Vetter, den preußischen Staatskommissar Weißmann, unterrichtet. Ich bin mit Herrn Weißmann weder verwandt, noch kenne ich ihn, und meine Briefe werden zensuriert. Das schreibe ich der „Freiheit“, der Berliner Zeitung, der Festungsvorstand beschlagnahmt meinen Brief, ich beschwere mich beim Ministerpräsidenten Graf Lerchenfeld, ich bin inzwischen bayerischer Landtagsabgeordneter geworden, und wenn der Landtag mich auch verhindert, mein hohes Amt auszuüben, leite ich daraus wenigstens das Recht her, mit dem Ministerpräsidenten telegraphisch zu verkehren. Das Telegramm wird beschlagnahmt, das vorhandene Personal reiche nicht aus, um beliebiges Absenden von Telegrammen zu gestatten, läßt mir der Festungsvorstand durch den Oberaufseher mitteilen, ich will erwidern, daß der Vorstand dazu kein Recht habe, der Oberaufseher unterbricht mich, packt mich an den Schultern und stößt mich aus dem Zimmer.

„Sie dürfen mich nicht angreifen“, sage ich, „ich werde mich über Sie beschweren.“

„Ich habe Sie nicht angegriffen“, schreit der Oberaufseher, „Sie lügen.“

„Nicht ich lüge“, sage ich.

Eine Stunde später werde ich zum Festungsvorstand gerufen, dem Staatsanwalt Hoffmann, einem zärtlichen Vater, oft stand ich am Gitterfenster und sah ihm zu, wie er mit seinem Kind spielte.

Jetzt sitzt er breit, sein kurzes Kinn eingezogen, den wulstigen Nacken versteifend, auf seinem Stuhl, die fleischige Linke trommelt auf der Tischplatte, die Rechte zückt drohend ein Papier:

„Hier ist eine Meldung, Sie haben einen deutschen Mann der Lüge geziehen."

„Ich bin ebenso wie der Oberaufseher in Deutschland geboren."

„Antworten Sie auf meine Frage."

„Ja, der Oberaufseher sprach die Unwahrheit, er hat mich ..."

„Sie geben die Meldung zu, ich verfüge Einzelhaft bis auf weiteres, drei Tage Bettentzug, Hofentzug, Schreibverbot und die üblichen Nebenstrafen."

Aufseher führen mich in die Einzelhaftzelle, ich fasse Minuten nicht, daß ein Mensch diese Gewalt über mich übt. Ich brülle, trommle gegen Tür und Wände, der Aufseher öffnet die Tür, ich packe den Schemel und bin mir im gleichen Augenblick unheimlich bewußt, daß ich zum Mörder werden könnte, daß niemand vor solcher Tat gefeit ist.

Ich muß etwas tun, ich muß diesem Staatsanwalt zeigen, daß seine Gewalt Grenzen hat, ich trete in den Hungerstreik.

Hunger tut nicht weh am ersten Tag, am zweiten fühlt man im Magen bohrenden Schmerz, am dritten beginnt der Mensch zu fiebern, dumpf und fühllos vergißt er den Hunger.

Am vierten Tag abends wird die Strafe des Bettentzugs aufgehoben, Zeitungen hatten sich meiner angenommen. Ich breche den Hungerstreik ab und bitte um etwas Nahrung. Der Aufseher bringt mir eine Tasse Wasserkakao und ein Stück Brot, ich stürze die Bissen hinunter, jetzt kommt der Hunger wieder, ich warte eine halbe Stunde, ich halte es nicht mehr aus vor Hunger, ich bitte den Aufseher um ein Stück Brot.

„Der Herr Staatsanwalt hat nur ein Stück Brot erlaubt."

Wieder kriecht eine halbe Stunde, ich werde verrückt vor Hunger.

An diesem Abend spielt die Volksbühne in Berlin zum erstenmal mein Drama „Masse Mensch". Ach, mir wäre ein Stück Brot lieber.

Ich klingle wieder nach dem Wärter.

„Was wollen Sie?"

Ich schreie den Aufseher an: „Ich verlange, daß Sie den Staatsanwalt fragen, ob Sie mir Brot bringen dürfen."

Wie ein Hund, der die Stimme seines Herrn hört, zuckt der Aufseher zusammen, mein barscher Ton weckte den Untertanen, er schlägt die Hacken zusammen und geht zum Staatsanwalt.

Eine Viertelstunde später wird die Zellentür aufgeschlossen. Endlich bekomme ich Brot!

„Der Herr Staatsanwalt läßt sagen, er habe nur ein Stück Brot gestattet, dabei bleibt es, Sie hätten nicht in den Hungerstreik treten sollen, Strafe muß sein, läßt er Ihnen auch sagen."

Der Aufseher schlägt die Tür zu und dreht das Licht ab.

Ich werde diese Nacht nie vergessen. Im Dunkel taste ich nach dem Tisch und suche zerstreute Brotkrumen. Am nächsten Morgen verweigert der Magen die Kaffeebrühe.

Die Staatsanwälte, die man aus München nach Niederschönenfeld versetzt hat, verzeihen uns nicht, daß wir sie klein gesehen haben, daß sie sich vor uns fürchteten, daß sie bereit waren, sich auf den „Boden der Tatsachen" zu stellen, wenn sie uns schikanieren, rächen sie sich für ihre eigene Feigheit.

Ein Verlag in London schickt mir die englische Buchausgabe von „Masse Mensch". Das Buch wird „wegen Fremdsprachigkeit" beschlagnahmt.

Der Herausgeber einer Anthologie bittet mich um einen Beitrag, ich schicke eine kleine Erzählung, die Erzählung wird beschlagnahmt. Da ich keine Abschrift besitze, bitte ich um Rückgabe. „Bewilligt", antwortet der Staatsanwalt, „wenn Toller sich verpflichtet, niemals von der Tatsache der Beschlagnahme Erwähnung zu tun."

Ich bitte den Staatsanwalt um die Erlaubnis, für meinen Hut einen Karton zu besorgen. „Abgelehnt aus Sicherheitsgründen", heißt seine Antwort, „Hut kann man auch in Zeitungspapier oder dergleichen einhüllen. Falls er hier nicht benötigt wird, heimsenden."

Ich schreibe an einen Freund nach Berlin eine Karte, sie enthält die Worte: „Beste Grüße sendet Ihnen E.T." Die Karte wird wegen „verschleierten Inhalts" beschlagnahmt.

Nach den Festungsbestimmungen dürfen wir Zeitungen halten, während eines Monats wird die „Frankfurter Zeitung" zweiundzwanzigmal, die „Freiheit" zwanzigmal, die „Rote Fahne" dreißigmal beschlagnahmt.

M. wird mit Einzelhaft bestraft, weil er „beim Rapport eine Bewegung mit dem linken Fuß machte, mit der er dem Vorstand seine Nichtachtung bezeugen wollte“.

Der Festungsgefangene Walter erhält Einzelhaft „zwecks Charakterfeststellung“, weil an seinem Bett ein Eisen locker ist. Walter beschwert sich, am nächsten Tage werden ihm acht Tage hartes Lager diktiert, weil er sich beschwert hat. Walter beschwert sich beim Oberstaatsanwalt, weil er gewagt hat, sich wieder zu beschweren, wird er mit drei Tagen Wasser und Brot bestraft. Der Festungsgefangene Erich Mühsam erlaubt sich, den Vorstand auf den krankhaften Geisteszustand von W. aufmerksam zu machen, Mühsam wird mit sieben Wochen Einzelhaft bestraft. „Es soll Mühsam Gelegenheit gegeben werden“, schreibt der Vorstand, „darüber nachzudenken, ob es ihm zukommt, durch die Einmischung in die Angelegenheiten der anderen Gefangenen sich eine Führerrolle anzumaßen.“ Einige Wochen später muß Walter in eine Heilanstalt überführt werden.

Der Festungsgefangene Ta. wird während eines Jahres mit 149 Tagen Einzelhaft, 243 Tagen Schreibverbot, 70 Tagen Hofentzug, 168 Tagen Besuchsverbot, 217 Tagen Paketverbot, 14 Tagen Bettentzug, 8 Tagen Dunkelarrest und 24 Tagen Kostentzug bestraft.

Im Reichstag rechtfertigt der bayerische Staatsanwalt Emminger unsere Behandlung, die Gefangenen Niederschönenfelds seien „rote Bestien“.

Der Mörder Eisners, Graf Arco, ist nicht bei uns, für ihn wurde eine eigene Festung in Landsberg am Lech bestimmt, für ihn gelten die Strafverschärfungen nicht, er vergnügt sich in der Stadt und auf benachbarten Gütern.

Ich fasse das Leid nicht, das der Mensch dem Menschen zufügt. Sind die Menschen von Natur so grausam, sind sie nicht fähig, sich hineinzufühlen in die Vielfalt der Qualen, die stündlich, täglich Menschen erdulden?

Ich glaube nicht an die „böse“ Natur des Menschen, ich glaube, daß er das Schrecklichste tut aus Mangel an Phantasie, aus Trägheit des Herzens.

Habe ich nicht selbst, wenn ich von Hungersnöten in China, von Massakres in Armenien, von gefolterten Gefangenen auf dem Balkan las, die Zeitung aus den Händen gelegt und, ohne innezuhalten, mein gewohntes Tagwerk fortgesetzt? Zehntausend Verhungerte, tausend Erschossene, was bedeuteten mir diese Zahlen, ich las sie und hatte sie eine Stunde später vergessen. Aus Mangel an

Phantasie. Wie oft habe ich Hilfesuchenden nicht geholfen. Aus der Trägheit meines Herzens.

Würden Täter und Tatlose sinnlich begreifen, was sie tun und was sie unterlassen, der Mensch wäre nicht des Menschen ärgster Feind.

Die wichtigste Aufgabe künftiger Schulen ist, die menschliche Phantasie des Kindes, sein Einfühlungsvermögen zu entwickeln, die Trägheit seines Herzens zu bekämpfen und zu überwinden.

Manche Sozialisten verspotten die Idee der Freiheit als eine bürgerliche Illusion, sie unterscheiden nicht zwischen Freiheit als Lebensgefühl, als Gewissen, das dem Menschen Würde und Selbstachtung verleiht, und Freiheit als Lebensordnung, als Lebensform. Jede Form bedeutet Begrenzung. Jede politische und soziale Ordnung muß notwendig individuelle Freiheiten einschränken. Entscheidend ist nur der Grad der Einschränkung. Arbeiter und Bauern haben dafür feineren Instinkt. Auch für die Rangverschiedenheit der Menschen. Gewiß, der Sozialismus wird auf einer Ebene Gleichheit kennen: Jeder wird das gleiche Recht auf Nahrung, Wohnung, Bildung haben. Aber auf anderer Ebene wird gerade der Sozialismus eine gestufte Rangordnung schaffen. Menschen, die fähig sind, politische, soziale und kulturelle Reiche zu verwalten, werden eine Aristokratie nicht der Geburt, sondern des Geistes, der Leistung, der Bewährung bilden. Mit höheren Pflichten berufen, nicht mit materiellen Vorrechten ausgestattet.

Die freiheitlichen Zeitungen hören nicht auf, das Unrecht in Niederschönenfeld anzuprangern, da erfindet die bayerische Regierung ein Komplott der Gefangenen. In deutschen Zeitungen ist unter der Schlagzeile „Neue Putschversuche Mühsams und Tollers“ zu lesen:

„In der letzten Zeit haben sich Anhaltspunkte dafür ergeben, daß in der Gefangenenanstalt Niederschönenfeld zum Sturz der Regierung und zur Einführung der Räterepublik ein anscheinend weitverzweigtes hochverräterisches Komplott angezettelt worden ist. Das in allen Einzelheiten festgelegte hochverräterische Unternehmen sollte nach Entwaffnung der Einwohnerwehren ins Werk gesetzt werden. Eine Durchsuchung bei den Gefangenen hat diesen Verdacht bestätigt.“

Wie man in einem Gefängnis, das von Mauern gegürtet, von Stacheldrahtverhauen und spanischen Reitern umwehrt, mit Kanonen und Maschinenpistolen bespickt, von vielfachen Postenketten zerniert ist, ein weitverzweigtes Komplott anzetteln kann, wird sich mancher Leser gefragt haben. Die Schauernachricht war nicht nur fürs Inland gedacht, sie sollte die Notwendigkeit der Einwohnerwehren, deren Auflösung Frankreich forderte, dartun.

Uns Gefangene läßt man die Zeitungen nicht lesen. Eines Morgens werden unsere Zellen geöffnet, nur mit dem Hemd bekleidet, werden wir von fremden Aufsehern in leere Zellen getrieben, strenge Einzelhaft wird über alle verhängt. Erst nach Wochen erfahren wir von unserm Plan, die Zensur läßt eine französische Zeitschrift passieren, die davon berichtet.

Nach Rathenaus Ermordung erinnert sich der Reichstag der Republikaner, die in deutschen Zuchthäusern und Gefängnissen verkümmern, eine allgemeine Amnestie soll sie befreien. Welche Hoffnungen erregt diese Nachricht, endlich werden wir frei, nach drei Jahren frei, vergessen sind die grauen Tage, die schlaflosen Nächte, die Qual des Herzens, die Entbehrungen des Geistes, vergessen die Stunden der Verzweiflung, des Verzagens, wie oft war der Tod uns näher als das Leben, bald werden wir atmen können unter freiem Himmel, bald werden wir die Sterne leuchten sehen in warmen Sommernächten, haben wir nicht schon vergessen, wie zärtlich der Abendwind über die Felder streicht, wir werden bei unseren Kameraden sein, wir werden Frauen finden, die wir lieben und die uns lieben. Sehnsüchtig warten wir auf die Botschaft, die das Kerkertor öffnet, wir umarmen uns, wir lachen, wir singen, der Hader ist vergessen, wir packen unsere Habseligkeiten, wir ziehen festtägliche Kleidung an, wenn die Nachricht kommt, werden wir bereit sein, länger als Minuten soll das Gefängnis uns nicht mehr halten. Der Wärter bringt mir eine Depesche, ein Reichstagabgeordneter telegraphiert, daß die Amnestie beschlossen sei. Müde vor Glück geben wir uns stumm die Hand.

Was ist geschehen? Tagelang bekommen wir keine Zeitungen. Tagelang keine Briefe.

Endlich erfahren wir: Die bayerische Regierung hat im Reichstag erklärt, das Reich habe kein Recht, Amnestien für Bayern zu erlassen, und gedroht, sie werde das Gesetz nicht durchführen. Der Reichstag beugt sich, alle politischen Gefangenen werden entlassen, nur die bayerischen bleiben gekerkert.

Ein Gefangener fällt bei der Nachricht in epileptische Krämpfe, ein anderer versucht, sich aufzuhängen. Die andern gehen still in ihre Zellen, die Wände schieben sich zusammen, als wollten sie uns erdrücken.

Die Wachen am Gitter vor dem Gefängnis sind verstärkt, Zeitungen und Briefe werden nicht verteilt. Wir leben in erregter Unruhe und wissen nicht, was

„draußen“ sich begibt. Auf unsere Fragen antworten die Aufseher, wir sollten nicht bestraft, sondern geschützt werden. Endlich erfahren wir die Wahrheit.

Adolf Hitler, dessen Partei in den letzten Jahren ständig wuchs, hat am 7. November mit Hilfe des Generals Ludendorff einen Putsch angezettelt. In einem Münchener Bierkeller erklärte er die Regierung für abgesetzt und sich zum Diktator. Er ließ nachts eine Anzahl angesehener jüdischer Bürger verhaften, kündigte den Marsch auf Berlin an und schwur, morgen werde er tot oder Sieger sein.

Im Bierkeller war die Begeisterung groß.

Am anderen Tage, als Hitler und Ludendorff an der Spitze einer Demonstration durch die Luitpoldstraße zogen, marschierte Reichswehr gegen die Putschisten. An der Feldherrnhalle eröffneten die Soldaten das Feuer, einige Nationalsozialisten stürzten tot zu Boden, Ludendorff und Hitler warfen sich auf den Bauch, was niemand ihnen verübeln wird, und zogen sich dann mit ihren Anhängern zurück.

Der Justizminister hatte Nachrichten erhalten, daß eine Gruppe der Völkischen uns im Gefängnis überfallen und ermorden wollte, darum die verstärkten Wachen.

Hitler ist wegen Hochverrats angeklagt, man merkt deutlich, daß die republikanischen Richter mit ihm sympathisieren. Er wird zu fünf Jahren Festung verurteilt, eigentlich müßte er jetzt nach dem geltenden Recht die Bewährungsfrist für die Versammlungssprengung verlieren und auch die damals über ihn verhängte Gefängnisstrafe verbüßen. Davon ist keine Rede.

Wie anders behandelt man meine sozialistischen Freunde. Der achtzehnjährige Lorenz Popp, der zu fünfzehn Monaten Festung verurteilt war und zwölf Monate in Niederschönenfeld verbrachte, schickte mir nach seiner Entlassung einen Brief, er schriebe jetzt für eine sozialistische Zeitung Aufsätze über kulturelle Probleme des Proletariats. Sein Brief wurde beschlagnahmt, er selbst verhaftet, er verlor die Bewährungsfrist und muß jetzt den Rest seiner Strafe verbüßen.

Aus den Reihen der Völkischen stammen die Mörder Erzbergers und Walther Rathenaus. Es besteht, schreiben die Zeitungen, in der Partei eine Femeorganisation, deren Aufgabe es sei, gefährliche Gegner „umzulegen“.

Vor Rathenaus Ermordung sangen völkische Studenten ein Lied, das die Strophe enthielt:

Knallen die Gewehre – tak, tak, tak
aufs schwarze und aufs rote Pack.
Auch Rathenau, der Walther,
erreicht kein hohes Alter,
knallt ab den Walther Rathenau,
die gottverdammte Judensau!

Ich erkranke an einer schmerzhaften Zahnsepsis, in Niederschönenfeld wohnt kein Zahnarzt, ich fahre, von einem Wächter bewacht, nach Neuburg.

Es muß gar nicht schwer sein zu entkommen, wir haben eine schmale, stille Gasse passiert, in die an einer Kreuzung drei Straßen münden, ich gebe dem Wärter einen Stoß, renne fort, steige in den Zug, steige an der nächsten Station aus, Freunde werden mir helfen, ich fliehe nach Österreich. Das nächste Mal werde ich den Plan durchführen.

Bevor ich wieder nach Neuburg fahre, habe ich das Drama „Hinkemann“ zu schreiben begonnen. Dieses Mal soll ein anderer Gefangener mit mir fahren, ich sage ihm meinen Plan, wir werden gemeinsam fliehen. Eine Bedingung habe ich gestellt: er muß so lange warten, bis ich das Stück beendet habe. Einige Tage später sagt mir der Gefangene: „Ich warte nicht länger, morgen fahre ich zum Zahnarzt, sag, daß dich Schmerzen plagen, dann fährst du mit, diesmal türmen wir.“ Ich bin mitten im dritten Akt, morgen früh will ich die letzte Szene schreiben, ich habe sie aufgebaut, ich sehe sie bildhaft vor mir, morgen wird sie mir gelingen, ich weiß es, später nicht mehr, ich darf nicht nachlassen, nicht unterbrechen. Ich kann nicht schlafen, soll ich fliehen, soll ich schreiben, soll ich fliehen, soll ich schreiben? Ich melde mich nicht zum Zahnarzt, mein Freund fährt allein, er flieht, die Flucht gelingt. Am gleichen Tag verbietet das Justizministerium die Reisen zum Zahnarzt.

Einen Tag lang bereue ich, daß ich 1919 die Begnadigung abwies, nach sechs Monaten Haft. In Berlin wurde mein Drama „Die Wandlung“ gespielt, mehr als hundertmal, der bayerische Justizminister wollte eine Geste der Großmut zeigen und mich freilassen. Ich verzichtete auf den Gnadenakt, ihn annehmen, hieß die Heuchelei der Regierung unterstützen, es widerstrebte mir hinauszugehen, während die Arbeiter weiter gefangen bleiben sollten.

Nicht jeder Fluchtversuch gelang, den kuriosesten unternahm mein Freund K. Auf dem Hof steht ein Aborthäuschen, jeden Tag verschwindet er darin auf eine halbe Stunde, löst vom Fußboden die Bretter, gräbt mit den Händen ein Erdloch, schüttet den Sand in den Abort und befestigt wieder die Bretter. Als das Loch so tief ist, daß er gebückt darin stehen kann, steigt er hinein und legt die Bretter über seinen Kopf. Wir verlassen den Hof, er bleibt unten, bei Einbruch der Nacht will er hinaussteigen, den Zaun überklettern und davonlaufen. Aber die Wärter merken schon am Tor, daß ein Gefangener fehlt. Das Gefängnis wird durchsucht, vergeblich. Der Hof ist leer, ein Wärter geht in das Aborthaus, der schwere Mann tritt auf den Fußboden, in diesem Augenblick hustet mein Freund K., der Wärter sieht sich erstaunt um, einen Augenblick glaubt er, er selbst habe gehustet, da hustet mein Freund K. zum zweitenmal und wird entdeckt. –

Mein Zellennachbar heißt Hans. Oft sitze ich bei ihm, er erzählt Geschichten aus seinem Leben. Eine habe ich aufgezeichnet.

„Mit drei Mark fünfzig habe ich angefangen. In der Schwanthalerstraße kaufte ich eine Uhr dafür, die ich am selben Tage wieder für sieben Mark verkaufte. Für dieses Geld kaufte ich zwei Uhren und machte weiter. Gelegentlich kam ich auch mit anderen Händlern zusammen, die mich auf einen neuen Trick brachten. Einer von ihnen handelte mit Heiligenbildern von Altötting und hatte Flaschen, in denen im Spiritus ein Stück Holz schwamm. Der sagte mir, daß er diese billig hergestellten Fläschchen für teures Geld bei den Bauern als Reliquien verkaufe und ihnen weismache, das Holz sei ein Splitter vom Kreuz Christi. Das kann man natürlich nur in Gegenden machen, wo keine Bahn hinkommt und auch sonst die Bevölkerung noch vollkommen unter dem Bann der Pfaffen steht. Ich schrieb gleich an Maria Huld, die Händlerin in München, und sie schickte mir eine Anzahl Heiligenbilder nach Zwiesel. Ich kaufte kleine gläserne Röhrchen und richtete sie so zu als Reliquie, wie ich es gesehen hatte. Für eines dieser Fläschchen habe ich einmal vierzig Mark bekommen, unter zehn Mark habe ich keines abgegeben. Die Bilder, die mich ein paar Pfennige kosteten, habe ich für fünfzig Pfennig verkauft, aber ich focht noch dazu Fleisch, Eier und Butter und erhielt so viel, daß ich alle Tage noch größere Mengen in den Herbergen verkaufen konnte, und stand bei den Bauern im Geruch eines Heiligen. Um dieses Geschäft noch besser ausüben zu können, ließ ich mir von einem Handwerksburschen eine italienische Fleppe machen und sagte, ich sei in Rom gewesen.

Wie ich den Bayrischen Wald so ziemlich abgegrast hatte, ging ich mit Bildern und Uhren nach Tirol. Außerdem hatte ich Ringe bei mir für alle Berufe, mit Kegel und Kugel für Huren, mit Nachteulen für Förster.

Wie ich mit Bildern handelte, kam ich auch einmal zu einem Bauern, und weil mir schon so viel geglückt war, bin ich frecher geworden und dachte mir, wenn die so närrisch sind auf die Bilder, dann kannst du auch mal was zu stopfen bekommen. Dem Bauern sagte ich, ich wäre in Rom gewesen und ähnliches mehr, was ich schon früher erzählte. Der Bauer war über meine weiten Reisen sehr verwundert. Ich sagte, da muß man das Sach verkaufen, was an sich schon eine Sünd ist, und muß umherlaufen, und das, was der Mensch auch zum Leben braucht, den geschlechtlichen Trieb, kann man nicht befriedigen. Daß mal ein Bauer so vernünftig wäre und sagen würde, du kannst meine Frau auch haben, wie es in Italien ist, das fällt keinem ein. Ja, sagte der Bauer, so was tut man doch nicht. Ich antwortete ihm, in Italien ehren die die Pilger viel besser als im Bayrischen Wald, und machte noch mehr solche Krämpfe. Darauf der Bauer, ja wenn meine Alte nicht so empfindlich wäre in dieser Sache, schließlich brauchte sie es ja gar nicht zu wissen, ich red' schon mit ihr, dann wirst du es schon sehen. Abends lag ich in ihrem großen Ehebett. Er in der Mitte. Ich und sie auf der Seite. Und richtig, er stellte sich schlafend. Ich sagte, von einem Pilger mußt du es dir gefallen lassen. Was sie auch gerne tat."

Je mehr ich mich an die Gefangenschaft gewöhne, je mehr die Haft zum Alltag wird, desto stärker bedrängen mich die Erlebnisse der Revolution. Ich war gescheitert, ich hatte geglaubt, daß der Sozialist, der Gewalt verachtet, niemals Gewalt anwenden darf, ich selbst habe Gewalt gebraucht und zur Gewalt aufgerufen. Ich haßte Blutvergießen und habe Blut vergossen. Doch als sich mir im Gefängnis Stadelheim Gelegenheit bot zu entfliehen, lehnte ich den Fluchtplan ab, weil er einem Wärter das Leben kosten konnte. Was erwartet den Menschen, frage ich mich, der in die Geschicke der Welt eingreifen will, also zum politischen Handelnden wird, wenn er die als recht erkannte sittliche Idee im Kampf der Massen verwirklichen will? Hatte Max Weber mit dem Wort recht, daß, wollten wir dem Übel nirgends mit Gewalt widerstehen, wir so leben müßten wie Franz von Assisi, daß es für die absolute Forderung nur einen absoluten Weg gäbe, den des Heiligen? Muß der Handelnde schuldig werden, immer und immer? Oder wenn er nicht schuldig werden will, untergehen? Treiben die Masse sittliche Ideen, treiben sie nicht vielmehr Not und Hunger? Kann sie je siegen, wenn sie vom Kampf abläßt um sittlicher Ideen willen? Ist der Mensch nicht Individuum und Masse zugleich? Spielt sich der Kampf zwischen Individuum und Masse nur in der Gesellschaft ab, nicht auch im Innern des Menschen? Als Individuum handelt er nach der als recht erkannten moralischen Idee. Ihr will er dienen, und wenn die Welt dabei zugrunde geht. Als Masse wird er getrieben von sozialen Impulsen, das Ziel will er erreichen, auch wenn er die moralische Idee aufgeben muß. Unlösbar scheint mir dieser Widerspruch, weil ich ihn handelnd erlebt hatte, und ich suche, ihn zu formen. So entsteht mein Drama „Masse Mensch".

Die sinnliche Fülle der Erlebnisse war so stark, daß ich ihrer nur Herr werden konnte durch Abstraktion, durch die dramatische Auflichtung jener Linien, die den Grund der Dinge bestimmen.

In wenigen Tagen schreibe ich das Stück, abends um neun erlischt das Licht in den Zellen, eigenes Licht ist verboten, ich verhänge den Tisch mit einer Decke, ich lege mich flach auf den Boden und schreibe beim Schein einer Kerze weiter, bis zum Morgen.

Das Stadttheater in Nürnberg führt das Drama auf, es hat ein merkwürdiges Schicksal, die einen sagen, es sei konterrevolutionär, weil es die Gewalt verwerfe, die anderen, es sei bolschewistisch, weil die Trägerin der Gewaltlosigkeit untergehe.

Mancher Kritiker warf dem Stück vor, es sei nicht tendenzlos.

Was nennt der bürgerliche Kritiker tendenzlos? Jene Summe von Betrachtungsarten, Gefühlsreaktionen und Erkenntnissen, die das bestehende Herrschaftsverhältnis geistig legitimieren.

Nur eine Form der Tendenz ist dem Künstler nicht erlaubt, die der Schwarz-Weiß-Zeichnung, die den Menschen der einen Seite als Teufel bildet, den der andern als Engel. Die höhere Idee ist entscheidend. Es ist denkbar, daß in einem dichterischen Werk die zentrale Figur einen Bürger mit „reinem Herzen" darstellt, den idealen „guten" Menschen, trotzdem widerlegt er durch die Divergenz zwischen persönlichem Tun und dem Tun der herrschenden Mächte das System der Gesellschaft, in der er lebt.

Der Künstler soll nicht Thesen begründen, sondern Beispiele gestalten. Viele große Werke der Kunst sind politische Dichtungen, doch darf man politische Dichtung nicht mit Propaganda verwechseln, die sich dichterischer Mittel bedient. Diese dient ausschließlich Tageszwecken, sie ist mehr und weniger als Dichtung. Mehr, weil sie die Möglichkeit birgt, im stärksten, im besten hypothetischen Fall den Hörer zu unmittelbarer Aktion zu treiben, weniger, weil sie nie die Tiefe auslotet, die Dichtung erreicht, dem Hörer die Ahnung vom tragischen Grund zu vermitteln, aus dem Leben und Kunst wachsen, oder, nach dem Wort Hebbels, an den Schlaf der Welt zu rühren.

Die große reine Form ist immer das tendenzlos Ewige; aber wie der Ton eine bestimmte Höhe oder Tiefe erreichen muß, damit das menschliche Ohr ihn höre, muß auch das dichterische Werk in bestimmter Höhen- oder Tiefenlage klingen, damit die Zeit es vernehme.

Die bayrische Regierung verbietet die Aufführungen von „Masse Mensch", sogar die geschlossenen Vorstellungen, sie stützt sich auf eine Beschwerde des Zentralvereins deutscher Staatsbürger jüdischen Glaubens, der sich durch die Börsenszene beleidigt fühlt.

Die vertraute Nähe so vieler Menschen bereichert mein Wissen, ich erfahre mehr vom Arbeiter, als tausend Bücher und Statistiken mir erzählen können. Ich lese die Briefe der Frauen und Kinder, die Antworten der Männer, ich beobachte ihre Nöte und ihre Freuden, ihre Schwächen und ihre Tugenden, wie herrliche Kräfte sind hier verschüttet. Manch einer gewinnt im Gefängnis zum erstenmal die Zeit, Bücher zu lesen, mit welchem Eifer durchforscht er sie. Einer, der kaum wußte, was das Wort Philosophie bedeutet, beginnt, Kant zu studieren, anfangs schmerzt ihn der Kopf, wenn er ein paar Zeilen gelesen hat, bald ist er fähig, sich zu vertiefen und die schwierigsten philosophischen Fragen zu begreifen. Andere, von der Politik enttäuscht, ziehen sich zurück, wenden sich religiösen Lehren zu, auch der Kommunismus war für sie eine metaphysische Sehnsucht, sie ertragen es lächelnd, wenn die Kameraden sie Renegaten schelten. Das Klischeebild, das ich mir vom Proletarier gebildet hatte, zerfällt, ich beginne, ihn zu sehen, wie er ist, jenseits der politischen Demagogie.

Der bewußte aktive Proletarier des zwanzigsten Jahrhunderts, den Maschine und Großstadt geschaffen, ist weder ein moralischer Heiliger noch ein Gott, er ist der historische Träger einer Idee, des Sozialismus, seine Art ist zeit- und klassengebunden, wenn der Sozialismus sich erfüllt und die Klassen aufhebt, wird auch der Proletarier untergehen. Sind die „aufgeklärten" Massen des zwanzigsten Jahrhunderts gefestigter als die „unwissenden" im neunzehnten? Wie leicht lassen sich auch jetzt Massen von Stimmungen, von Versprechungen, von Hoffnungen auf neue Vorteile lenken und ablenken, heute jubeln sie dem Führer zu, morgen verdammen sie ihn, heute stehen sie zu ihrer Sache, morgen geben sie sie preis; wie leicht wird es großen Volksrednern, sie zu Handlungen blinder Leidenschaft hinzureißen. Ich habe den sozialen Boden sehen gelernt, der diese seelischen Schwankungen bedingt, die große Not des Tages, die die Kraft lähmt, die Abhängigkeit des Menschen vom Arbeitsmarkt, von der Maschine.

Die Macht der Vernunft, glaubte ich, sei so stark, daß, wer einmal das Vernünftige erkannt hat, ihm folgen muß. Erkenntnisse werden vergessen, Erfahrungen werden vergessen, mühselig ist der Weg des Volkes, nicht der Gegner schlägt ihm die härtesten Wunden, es schlägt sie sich selbst.

Diese Konflikte und den Zusammenprall von Rebellen und Revolutionären, den Kampf des Menschen mit der Maschine und seine Gefährdung, versuche ich, in meinem Drama „Die Maschinenstürmer“ zu bilden, in der Historie der Ludditen fand ich mannigfaltige Parallelen.

Am Tage der Uraufführung in Max Reinhardts Großem Schauspielhaus in Berlin wurde Rathenau von völkischen Studenten ermordet. Als im letzten Akt des Dramas das Volk, von einem Verräter gestachelt, seinen Führer erschlägt, erheben sich spontan die fünftausend Menschen, die Bühne ward zur Tribüne der Zeit.

An der Wand meiner Zelle flirren Sonnenlichter. Zwei eirunde Flecke bilden sich, wie sähe der Mensch das Leben, den der Krieg entmannt hat, ist der gesunde Mensch nicht mit Blindheit geschlagen? Minuten später schreibe ich die Fabel zu meinem Drama „Hinkemann“.

Auch der Sozialismus wird nur jenes Leid lösen, das herrührt aus der Unzulänglichkeit sozialer Systeme, immer bleibt ein Rest. Aber soziales Leid ist sinnlos, nicht notwendig, ist tilgbar.

Als das Stück im Dresdener Staatstheater aufgeführt wird, kommt es zu wüsten Tumulten, ein völkischer Herr Mutschmann hat sie organisiert, einer Wohlfahrtskasse entnahm er Geld und kaufte achthundert Eintrittskarten für Studenten, Handlungsgehilfen, Schüler. Jedem dieser achthundert Schau- und Radaulustigen war ein Zettel in die Hand gesteckt, mit jenen kriegsfeindlichen Sätzen aus meinem Drama, die das Signal zum Theaterskandal geben sollten. Die erste Szene wird gespielt, die achthundert sehen sich bestürzt an, die Stichworte fallen nicht, der Regisseur hat sie gestrichen. In der zweiten Szene endlich fällt das Stichwort, nun ist kein Halten mehr. Trillerpfeifen schrillen, das Deutschlandlied wird gegrölt.

Eine Episode des Stücks spielte das Leben vorweg.

In der Loge des ersten Ranges bricht ein Mensch inmitten der Aufregung zusammen, vom Herzschlag getroffen, die Nachbarn bitten die Rowdys, sie möchten auf den Sterbenden Rücksicht nehmen. Einer neigt sich über ihn, betrachtet sachkundig sein Gesicht, sieht die gebogene Nase und wendet sich zu seinen Kumpanen: „Es ist nur ein Jud“, sagt er. Die anderen toben weiter.

Ich denke an meine frühe Jugend, an den Schmerz des Knaben, den die anderen Buben „Jude“ schimpften, an mein kindliches Zwiegespräch mit dem Bild des Heilands, an die schreckliche Freude, die ich empfand, wenn ich nicht als Jude erkannt wurde, an die Tage des Kriegsbeginns, an meinen leidenschaftlichen Wunsch, durch den Einsatz meines Lebens zu beweisen, daß ich Deutscher sei, nichts als Deutscher. Aus dem Feld hatte ich dem Gericht geschrieben, es möge mich aus den Listen der jüdischen Gemeinschaft streichen. War alles umsonst? Oder habe ich mich geirrt? Liebe ich nicht dieses Land, habe ich nicht in der reichen Landschaft des Mittelländischen Meers gebangt nach den kargen, sandigen Kiefernwäldern, der Schönheit der stillen versteckten Seen des deutschen Nordens? Rührten mich nicht die Verse Goethes und Hölderlins, die ich als wacher Knabe las, zu dankbarer Ergriffenheit? Die deutsche Sprache, ist sie nicht meine Sprache, in der ich fühle und denke, spreche und handle, Teil meines Wesens, Heimat, die mich nährte, in der ich wuchs?

Aber bin ich nicht auch Jude? Gehöre ich nicht zu jenem Volk, das seit Jahrtausenden verfolgt, gejagt, gemartert, gemordet wird, dessen Propheten den Ruf nach Gerechtigkeit in die Welt schrien, den die Elenden und Bedrückten aufnahmen und weitertrugen für alle Zeiten, dessen Tapferste sich nicht beugten und eher starben, als sich untreu zu werden? Ich wollte meine Mutter verleugnen, ich schäme mich. Daß ein Kind auf den Weg der Lüge getrieben wurde, welch furchtbare Anklage gegen alle, die daran teilhatten.

Bin ich darum ein Fremder in Deutschland? Hat allein die Fiktion des Blutes zeugende Kraft? Nicht das Land, in dem ich aufwuchs, die Luft, die ich atmete, die Sprache, die ich lebe, der Geist, der mich formte? Ringe ich nicht als deutscher Schriftsteller um das reine Wort, das reine Bild? Fragte mich einer, sage mir, wo sind deine deutschen Wurzeln, und wo deine jüdischen, ich bliebe stumm.

In allen Ländern regt sich verblendeter Nationalismus und lächerlicher Rassenhochmut, muß ich an dem Wahn dieser Zeit, an dem Patriotismus dieser Epoche teilnehmen? Bin ich nicht auch darum Sozialist, weil ich glaube, daß der Sozialismus den Haß der Nationen ebenso wie den der Klassen überwinden wird?

Die Worte „Ich bin stolz, daß ich ein Deutscher bin“, oder „Ich bin stolz, daß ich ein Jude bin“ klingen mir so töricht, wie wenn ein Mensch sagte: „Ich bin stolz, daß ich braune Augen habe.“

Soll ich dem Wahnwitz der Verfolger verfallen und statt des deutschen Dünkels den jüdischen annehmen? Stolz und Liebe sind nicht eines, und wenn mich einer fragte, wohin ich gehöre, ich würde antworten: „Eine jüdische Mutter hat mich geboren, Deutschland hat mich genährt, Europa mich gebildet, meine Heimat ist die Erde, die Welt mein Vaterland."

Unser Freund Hagemeister ist gestorben.

Er erkrankte vor einer Woche, er fühlte die Nähe des Todes, er bat, man möge ihn ins Krankenhaus bringen, das Justizministerium ließ es nicht zu. Sie rissen ihn aus unserer Mitte, sie legten ihn, da in diesem Ehrengefängnis eine Krankenstube fehlt, in Isolierhaft, einen Blindgänger aus dem Krieg stellten sie ihm ans Bett, er solle daran klopfen, wenn er etwas wünsche. Der Gefängnisarzt hielt ihn für einen Simulanten. Zwei Tage vor seinem Tod besuchte ihn seine Frau. Der todkranke Mann durfte nicht mit ihr allein sein. In München kämpfte sie um sein Leben. Sie lief zu Staatsanwälten und Behörden, überall fand sie taube Ohren.

Nachts, in letzter Verlassenheit ist er gestorben. „Sanft entschlafen", sagt der Staatsanwalt.

Wir dürfen Abschied nehmen von unserem toten Freund, in der kahlen Zelle sitzt er, das Gesicht des vierundvierzigjährigen Mannes ist auf die Brust gesunken, die eine Hand liegt verkrampft auf dem Klapptisch neben der leeren Granate, die andere fällt mit hilfloser Gebärde von der Stütze des Stuhls. Die Wärter sind verstört. Der Staatsanwalt fürchtet eine Meuterei. Es ist ihm unheimlich, daß wir so still sind, er läßt ins Dachgeschoß ein Maschinengewehr schaffen, das den Hof bestreichen kann.

Wir gehen auf den Hof, keiner spricht ein Wort, wir demonstrieren gegen den Mord, ohne Fahnen, ohne Reden. Einer geht hinter dem anderen. Lautlos. Stumm. Eine Stunde gehen wir so. Die Posten vorm Gefängnis sind verstärkt, die Wärter alarmiert, am Maschinengewehr lauern Soldaten. Wir beachten sie nicht. Wir gehen im Quadrat des Hofes, einer hinter dem anderen. Lautlos. Stumm.

Ein Schwalbenpärchen hat sich in meiner Zelle eingenistet. Einen Sommer lang lebt es bei mir. Es baut ein Nest, die Schwälbin brütet, das Männchen unterhält sie mit trillerndem Lied. Junge entschlüpfen, die Eltern füttern sie, lehren sie fliegen, eines Tages kehren sie nicht mehr zurück. Wieder ziehen die Alten Junge auf, aber der Frost, der vorzeitig den Sommer überfällt, tötet sie, stumm aneinandergeschmiegt trauern die Eltern um die gestorbenen Kinder. Im Herbst ziehen sie davon in südliche Länder.

Unendlich beschenkt mich dieser Sommer. Die scheuen Tierchen haben sich so an mich gewöhnt, daß sie, wenn ich am Tisch arbeite, auf die Lampe sich setzen und miteinander zwitschern und spielen. Ich bin still und glücklich und dankbar. Was ich gesehen und beobachtet, gefühlt und gedacht, schreibe ich nieder in einem kleinen Buch. Ich nenne es „Das Schwalbenbuch". Es ist wahrhaftig ein ungefährliches Buch, aber der Staatsanwalt beschlagnahmt das Manuskript. Seine Verbreitung, schreibt er im häßlichen Stil der behördlichen Sprache, würde dem Strafvollzug Nachteile bereiten, das Buch enthalte agitatorische Stellen in solcher Häufung, daß es als Hetze wirke.

Ich beschwere mich beim deutschen Reichstag. Ich schreibe:

„Ich habe nie um Gnade für mich gebeten. Ich will auch heute keine Gnade von Ihnen. Ich erwarte, daß Sie mir zu dem Recht verhelfen, das ich als politischer „Ehrenhäftling" beanspruchen darf. Unter dem barbarischen Regime der Zarenknute war es in Rußland eingekerkerten Schriftstellern möglich, sich die Freiheit des Geistes zu retten. Im Freistaat Bayern wird, im Jahre 1923, die Freiheit des Geistes als Verbrechen geahndet.

Ich habe geschwiegen, als der Festungsvorstand mir vor einigen Monaten in gesetzwidriger Weise verbot, mit einer Verwandten, die Ärztin ist und die mich besuchte, über meinen Gesundheitszustand zu sprechen.

Ich habe, aus dem Gefühl der Verachtung, bei Vorfällen geschwiegen, die ebenso eindeutig das vollkommene Fehlen jeder Rechtsnorm im Strafvollzug für bayerische sozialistische Gefangene dartun.

Ich habe, aus dem Gefühl der Verachtung, geschwiegen, als bayerische Behörden, von der Tribüne des Landtags und in der Presse, mich, den Wehrlosen, mit Schmutz bewarfen.

Ich habe, aus dem Gefühl der Verachtung, geschwiegen, als die Festungsverwaltung durch Beschlagnahme von Zeitungen verhinderte, daß ich wenigstens vom genauen Inhalt der Anwürfe Kenntnis bekäme.

Ich habe mich darauf beschränkt, die unzähligen Eingaben zu unterstützen, die von den Festungsgefangenen bei den verschiedenen Landes- und Reichsstellen eingereicht wurden. Einmal allerdings schwieg ich nicht: als ich nach dem entsetzlichen Tod August Hagemeisters den Anstaltsarzt beim Ersten Staatsanwalt in Neuburg wegen fahrlässiger Tötung anzeigte. Damals mußte ich erkennen, daß es für den sozialistischen Gefangenen in Bayern kein geschriebenes Recht gibt. Ich als Anzeigender wurde nicht einmal vernommen.

Heute wende ich mich an den deutschen Reichstag.

Wollen Sie dulden, daß einem Strafvollzugsbeamten das Recht zugesprochen wird, Werke der deutschen Literatur nach Belieben zu unterdrücken? Wollen Sie dulden, daß ein Gefangener, nur weil er revolutionärer Sozialist ist, in der Republik Deutschland außerhalb des Gesetzes steht?"

Der Reichstag würdigt mich keiner Antwort. Ich helfe mir selbst. Ein Freund stenographiert das Schwalbenbuch auf einen handgroßen Zettel mit winziger Schrift, ein Gefangener, der entlassen wird, trägt ihn in seinem Körper in die Freiheit und sendet ihn dem Verlag, der das Buch druckt.

Der Staatsanwalt rächt sich auf seine Weise. Vögel bauen nur dann in überdachten Räumen, wenn das Fenster nach Osten sich wendet. Ich muß meine Zelle verlassen und in eine nördliche ziehen.

Im nächsten Frühling kommen die Schwalben wieder, kommen von irgendwo, aus Urwaldlandschaft und Sonnentraum. Unter Hunderten von Gefängnissen finden sie unser Gefängnis, unter Hunderten von Zellen meine. Sie beginnen ihr Nestchen zu bauen, auf Befehl des Staatsanwaltes poltern Aufseher in die Zelle und reißen das fast vollendete Nest mit gleichgültig roher Gebärde herunter.

Wie erschrecken die Schwalben, als sie ihre kleine Wohnung nicht mehr finden. Mit ihren Schnäbeln ziehen sie suchend den Halbkreis des Nestes, flattern ängstlich umher, blicken in alle Winkel der Zelle. Aber schon am nächsten Tag beginnen sie wieder zu bauen. Wieder zerstören die Wächter das Nest. Der neue Zelleninsasse, Maurer in einem bayerischen Dorf, schreibt dem Staatsanwalt diesen Brief:

Herr Festungsvorstand!

Ich bitte den Herrn Festungsvorstand, den so schwer geprüften, geduldigen und überaus nützlichen und fleißigen Tierchen ihr so hart und schwer erkämpftes Nestchen belassen zu wollen. Ich erkläre, daß dieselben mich nicht im geringsten stören und auch nichts beschädigen. Erwähnen möchte ich noch, daß in verschiedenen Gefängnissen Schwalbennester sich befinden und dieselben bei schwerer Strafe nicht zerstört werden dürfen.

Hochachtungsvoll Rupert Enzinger aus Kolbermoor.

Staatsanwalt Hoffmann erteilt den lakonischen Bescheid: „Schwalben sollen im Stall bauen, da ist Platz genug."

Das Nest, das inzwischen sich rundet, verfällt dem Spruch. Dem Gefangenen wird eine Zelle gen Norden gewiesen, die andere zugesperrt.

Verwirrt, leidenschaftlich erregt, fangen die Schwalben gleichzeitig in drei anderen Zellen zu bauen an. Halb sind die Nester geschichtet, doch Wächter entdecken sie, und das Grausame geschieht.

In sechs Zellen baut das Paar. Wer kann wissen, was sie treibt. Vielleicht Hoffnung, daß die Menschen ihnen ein Nest gewähren, aus Einsicht und ein wenig Güte.

Die sechs Nester werden weggefegt.

Ich weiß nicht, wievielmal Aufbau und Zerstörung einander folgten. Sieben Wochen dauert der Kampf, ein heldenhafter, ruhmreicher Kampf bayerischer Rechtsbeschützer wider den Geist tierischer Auflehnung. Ein paar Tage bauen die Schwalben nicht mehr, sie haben verzichtet.

Leise spricht es sich von Gefangenem zu Gefangenem: Sie haben im Waschraum zwischen den Abflußröhren eine Stelle gefunden, wo keiner sie entdecken kann, nicht der Spähblick der Wächter, der von draußen die Gitter abtastet, nicht der Spähblick des Wächters, der von drinnen Verbotenem nachspürt. Selten lebte reinere Freude im Zellengang. So waren die Schwalben doch Sieger geblieben im Kampf mit menschlicher Bosheit. Jeder Gefangene fühlt sich Sieger mit ihnen.

Doch die lauschenden Wächter, an einem Morgen haben sie auch dieses Nest erspäht.

Nun bauen die Schwalben nicht mehr. Abends fliegen sie in eine Zelle, nächtigen dort, eng aneinandergeschmiegt, auf dem Leitungsdraht, fliegen in der Frühe davon. Eines Abends ist das Schwalbenmännchen allein. Die Schwälbin war gestorben.

Das letzte Jahr der Haft. So unbändig war mein Freiheitswille all diese Jahre, keine Krankheit, keine Strafe vermochte ihn zu brechen, jetzt, da Wegmeiler die Zeit einhegen, da ich die Tage zu zählen beginne, die mir noch bleiben bis zur Entlassung, geschieht etwas Merkwürdiges: Ich fühle, wie meine Lebenskraft sich mindert, tagelang liege ich apathisch in meiner Zelle, ich freue mich nicht auf die Freiheit, ich ängstige mich vor ihr. Ich ängstige mich vor Verantwortung und Verpflichtung, hier war ich geborgen, das Gefängnis war wie eine Mutter, eine grausame Mutter, sie ordnete meinen Tag, sie gab mir Nahrung, sie befreite mich von äußerer Sorge, jetzt soll ich ins Leben zurückkehren, neue Kämpfe erwarten mich, werde ich sie bestehen? Tausende von Briefen habe ich in diesen Jahren erhalten, viele Menschen warten auf mich, sie haben sich ein Bild von mir geformt, größer als ich bin, sie erwarten Erfüllungen, die ich enttäuschen muß, ich bin ärmer, als sie wähnen. Ich fühle mich schwächer werden von Tag zu Tag, Todesgedanken beschatten meine Nächte, mein Pulsschlag wird leiser, ich wünsche mir den Tod, da er nicht kommt, verwirrt mich die unheimliche

Lockung, in einer Nacht bin ich nahe daran, den Tod zu rufen. Am nächsten Tag ist der Alp von mir gewichen. Meine Kraft wächst, ich kann nur sein, was ich bin, ich will das Leben bestehen und werde es bestehen, und wenn ich versage, muß ich es tragen.

Einen Tag vor meiner Entlassung werde ich zum Staatsanwalt gerufen. Freundlich lächelt er mich an.

„Ich habe Ihnen zwei Botschaften zu bringen, Herr Toller, eine frohe und eine weniger frohe. Zuerst die weniger frohe. Eins: Sie sind Preuße. Sie haben nach den Feststellungen der Behörde Ihre Gesinnung nicht geändert, bedeuten also nach wie vor eine Gefahr für die Sicherheit des Landes, die nur durch Wegweisung abgewendet werden kann. Zwei: Zur Sicherung des Vollzugs der Ausweisung sind Sie über die bayerische Grenze zu stellen. Drei: Gebühren bleiben außer Ansatz. Vier: Die Kosten des Verfahrens und des Vollzugs haben Sie zu tragen. Und jetzt die frohe Botschaft: Sie sollten erst morgen ein Uhr achtzehn Minuten entlassen werden, Ihnen wird ein Tag Ihrer Haft geschenkt, Sie dürfen schon heute zu Ihren lieben Angehörigen heimfahren, die beiden Herren", er weist auf zwei Kriminalbeamte, die sich verneigen und ihre Melonen lüften, „werden Sie bis zur sächsischen Grenze begleiten."

„Wann geht der nächste Zug?" frage ich Herrn Hoffmann.

„Sorgen Sie sich nicht darum, Herr Toller, die Reiseroute haben wir gewählt, größere Städte, besonders Industrieorte, werden vermieden, was sollen Ihnen Demonstrationen der Arbeiter, Sie sehnen sich gewiß nach Ruhe, trotz des kleinen Umwegs werden Sie am 16. Juli morgens wohlbehalten die sächsische Grenze passieren, so bleiben Ihnen immerhin einige unverhoffte Stunden."

Ich darf nicht mehr zu meinen Kameraden zurückkehren, ich muß mich splitternackt ausziehen, Körper, Anzug und Wäsche werden durchsucht, ich packe meine Sachen, die Herren Kriminalbeamten nehmen mich in die Mitte, das Gefängnistor öffnet sich, ich atme die Luft des unvergitterten Himmels. Auf dem Weg zur Bahn patrouillieren radfahrende Landjäger, sie fahren wie Kunstfahrer kleine Bögen und graziöse Achten, auf dem Bahnsteig schreite ich eine Ehrenkompanie schwerbewaffneter Gendarmen ab.

„Warum so viel Ehre?" frage ich die Kriminalbeamten.

„Ein Attentat auf Sie war geplant", antworten die Herren, „die bayerische Regierung weiß, was sie Ihnen schuldig ist, wir sind ein Ordnungsland, fahren Sie mit Gott und behalten Sie unser liebes Bayernland in freundlicher Erinnerung."

An der sächsischen Grenze verlassen die Herren den Zug.

Ich bin allein.
Ich bin frei.

Ich stehe am Coupéfenster und blicke in die Nacht des vertrauten Firmaments. Ich denke an die Zeilen des Schwalbenbuchs:

> Ich stehe am nächtlichen Gitterfenster
> Träumend zwitschert die Schwälbin
> Ich bin nicht allein
> Auch Mond und Sterne sind mir Gefährten
> Und die schimmernden schweigenden Felder

Nein, ich war nie allein in diesen fünf Jahren, in der trostlosesten Verlassenheit nie allein. Die Sonne hat mich getröstet und der Mond, Wind, der über eine Pfütze strich und sie wellte zu fliehenden Kreisen, Gras, das im Frühjahr wuchs zwischen Steinen des Hofs, ein guter Blick, ein Gruß geliebter Menschen, Freundschaft der Kameraden, der Glaube an eine Welt der Gerechtigkeit, der Freiheit, der Menschlichkeit, an eine Welt ohne Angst und ohne Hunger.

Ich bin dreißig Jahre.
Mein Haar wird grau.
Ich bin nicht müde.

Blick Heute

Wer den Zusammenbruch von 1933 begreifen will, muß die Ereignisse der Jahre 1918 und 1919 in Deutschland kennen, von denen ich hier erzähle.

Hatten die Menschen gelernt aus Opfern und Leiden, aus Niederbruch und Verhängnis, aus dem Triumph des Gegners und der Verzweiflung des Volkes, hatten sie Sinn und Mahnung und Verpflichtung jener Zeiten begriffen?

Die Republikaner, die die Republik ihren Feinden auslieferten.

Die Revolutionäre, die über Thesen und Parolen den Willen des Menschen und seine Entscheidung vergaßen.

Die Gewerkschaftsfunktionäre, die über gefüllten Kassen die wachsende Gewalt des Gegners nicht sahen, der sie mitsamt ihren Kassen fortfegen sollte.

Die Bürokraten, die den freien Mut, die Kühnheit, den Glauben erstickten.

Die Doktrinäre, die über spitzfindigen Fehden versäumten, dem Volk klare und große Ziele zu weisen.

Die Schriftsteller, die ein verstiegenes Bild des kämpfenden Arbeiters schufen, und verzagten, wenn sie dem wirklichen Arbeiter begegneten, mit seiner Schwäche und seiner Stärke, seiner Kleinheit und seiner Größe.

Die Realpolitiker, die taub waren für die Magie des Wortes, blind für die Macht der Idee, stumm vor der Kraft des Geistes.

Der Fetischisten der Ökonomie, die die moralischen Kräfte des Volkes und die großen Impulse der Menschen, die Sehnsucht nach Freiheit, nach Gerechtigkeit, nach Schönheit kleinbürgerliche Untugenden hießen.

Nein, in fünfzehn Jahren haben sie nichts gelernt, alles vergessen und nichts gelernt. Wieder haben sie versagt, wieder sind sie gestrandet, wurden gestäupt und geschunden.

Sie haben das Volk vertröstet von Tag zu Tag, von Monat zu Monat, von Jahr zu Jahr, bis es, müde der Vertröstungen, Trost in der Trostlosigkeit suchte.

Die Barbarei triumphiert, Nationalismus und Rassenhaß und Staatsvergottung blenden die Augen, die Sinne, die Herzen.

Viele haben gewarnt, seit Jahren gewarnt. Daß unsere Stimmen verhallten, ist unsere Schuld, unserer größte Schuld.

Von falschen Heilanden erwartet das Volk Rettung, nicht von eigener Erkenntnis, eigener Arbeit, eigener Verantwortung. Es jubelt über die Fesseln, die es auf Geheiß der Diktatoren sich schmiedet, für ein Linsengericht von leerem Gepränge verkauft es seine Freiheit und opfert die Vernunft.

Denn das Volk ist müde der Vernunft, müde des Denkens und Nachdenkens, was hat denn, fragt es, die Vernunft geschaffen in den letzten Jahren, was halfen uns Einsichten und Erkenntnisse? Und es glaubt den Verächtern des Geistes, die lehren, daß die Vernunft den Willen lähme, die seelischen Wurzeln zersetze, das gesellschaftliche Fundament zerstöre, daß alle Not, soziale und private, ihr Werk sei.

Als ob die Vernunft je regiert hätte, als ob nicht gerade das unvernünftig Planlose Deutschland, Europa in den Sturz getrieben hätte!

Überall der gleiche wahnwitzige Glaube, ein Mann, der Führer, der Cäsar, der Messias werde kommen und Wunder tun, er werde die Verantwortung für künftige Zeiten tragen, aller Leben meistern, die Angst bannen, das Elend tilgen, das neue Volk, das Reich voller Herrlichkeit schaffen, ja, kraft überirdischer Sendung, den alten schwachen Adam wandeln.

Überall der gleiche wahnwitzige Wunsch, den Schuldigen zu finden, der die Verantwortung trage für vergangene Zeiten, dem man das eigene Versagen, die eigenen Fehler, die eigenen Verbrechen aufbürden darf, ach, es ist das alte Opferlamm aus Urzeiten, nur daß heute statt Tieren Menschen zur Opferung bestimmt werden.

Die Folgen sind furchtbar. Das Volk lernt ja zu sagen zu seinen niederen Instinkten, zu seiner kriegerischen Gewaltlust. Geistige und moralische Werte, in Jahrtausenden mühsam und martervoll errungen, sind dem Spott und Haß der Herrschenden preisgegeben. Freiheit und Menschlichkeit, Brüderlichkeit und Gerechtigkeit – vergiftende Phrasen, fort mit ihnen auf den Kehrichthaufen!

Lerne die Tugend des Barbaren, Schießen, Stechen, Rauben, unterdrücke den Schwächeren, merze ihn aus, brutal und rücksichtslos, verlerne, des anderen Leiden zu fühlen, vergiß nie, daß du zum Rächer geboren bist, räche dich für die Kränkungen von heute, für die Kränkungen von gestern und für jene, die morgen dich treffen könnten, sei stolz, du bist ein Held, verachte friedliches Leben und friedlichen Tod, höchstes Glück der Menschheit ist der Krieg.

Lerne, daß einzig Blut ein Volk formt und baut und erhöht. Du willst wissen, was es mit diesem Blut für eine Bewandtnis habe in einem Lande, das von zahllosen Stämmen bewohnt und durchquert ward, frage nicht, glaube! Schon dein Fragen ist verdächtig, hüte dich, daß wir dich nicht in die Reihen jener stoßen, die getilgt werden müssen vom Erdboden. Denn wir bestimmen, wer leben darf und wer sterben muß zu unserem Heil.

Und Europa?

Wie ein kleiner Makler, der auf die Kurse der Abendbörse wartet, auf neuen Gewinn und neuen Profit, und ein Erdbeben begräbt ihn mitsamt seiner Börse, so verharrt Europa. Weil tausend Kriegsspekulanten an Granaten und Bomben, an Giftgasen und Pestbazillen Milliarden verdienen und diese Blutmilliarden nationale Werte heißen, schweigen die Völker.

Der Arzt weiß, daß im Menschen, den physische und seelische Krisen erschüttern und der nicht ein noch aus weiß, planlos verharrt, weglos umherirrt, Todeswünsche erwachen, die mächtiger und mächtiger werden, die ihn locken, sich besinnungslos zu verschleudern und dem Chaotischen zu verfallen.

An dieser schweren Krankheit leidet das alte Europa. Im Tornado des Krieges, der mit steigenden Rüstungsaktien drohend sich kündet, stürzt sich Europa in den Abgrund des Selbstmords.

So war alles umsonst, geistige Bemühung und menschliche Not, entsagende Arbeit der Edelsten und Opfer der Tapfersten, und uns bliebe nur der Weg ins Dunkel des tödlichen Schlafs?

Wo ist die Jugend Europas?

Sie, die erkannt hatte, daß die Gesetze der alten Welt zerbrochen sind, die ihren Verfall täglich und stündlich erlitt?

Sie lebte und wußte nicht wozu. Sie wollte arbeiten, und die Tore der Werkstätten blieben ihr verschlossen. Sie sehnte sich nach weisenden Zielen, nach der Erfüllung ihrer großen und kühnen Träume, man tröstete sie mit dem Rausch der Leere.

Folgt sie wirklich den falschen Propheten, glaubt sie der Lüge und verachtet die Wahrheit?

Wartet sie darauf, bis der Krieg die Städte vergast, die Länder verwüstet, die Menschen vergiftet, glaubt sie, dann erst käme ihre Zeit, ihre Tat, ihr Sieg? Sieht sie nicht, daß auf zertrümmertem Grund die neue Welt anders aussähe, als sie heute träumt?

Wenn ein Schiff im Sturm treibt auf dem Atlantik, hat der Kapitän viele Mittel, den Anprall der Wogen zu dämmen und Gefahren zu bannen, Menschen helfen ihm und Maschinen, er braucht nicht Furcht zu haben vor Hungersnot, die Kammern bergen Brot und Kleider und Kohlen. Aber wenn das Schiff zerschellte und die Menschen auf Planken treiben, was helfen dann Wille und Tatkraft und Vernunft?

Wo seid ihr, meine Kameraden in Deutschland?

Ich sehe die Tausende, die den Verlust der Freiheit, die Brandmarkung des Geistes lärmend und festlich feiern.

Die Tausende, die betrogen und getäuscht, in Wahrhaftigkeit glauben, das Reich der Gerechtigkeit auf Erden sei nahe.

Die Tausende, die sich sehnen, der geopferten Jugend Deutschlands in Flandern es gleichzutun und jubelnd und singend in den Tod zu marschieren.

Wo seid ihr, meine Kameraden?

Ich sehe euch nicht, und doch weiß ich, ihr lebt. Im Weltkrieg war ein Mann, unter Millionen ein Mann, die Stimme der Wahrheit und des Friedens, und das Grab des Zuchthauses konnte die Stimme Karl Liebknechts nicht ersticken.

Heute seid ihr seine Erben.

Ihr habt die Furcht überwunden, die den Menschen demütigt und erniedert. In stiller unermüdlicher Arbeit achtet ihr nicht Verfolgung und Mißhandlung, Gefängnis und Tod.

Morgen werdet ihr Deutschland sein.